Sicher im

Abi

Oberstufen-Wissen

Geschichte

19. Jahrhundert bis 1933

Georg Bemmerlein
Walter Göbel

Klett Lerntraining

Georg Bemmerlein ist Gymnasiallehrer für die Fächer Geschichte, Deutsch, Sozialkunde, Wirtschaft und Informatik in Rheinland-Pfalz.
Er hat folgende Kapitel geschrieben:
- Von Napoleon bis zum Wiener Kongress
- Vormärz und Revolution
- Industrielle Revolution und soziale Frage
- Das preußisch-deutsche Kaiserreich bis 1890
- Imperialismus und Wilhelminisches Zeitalter

Dr. Walter Göbel ist Gymnasiallehrer für die Fächer Geschichte und Englisch in Bayern und war langjähriger Referent an der Akademie für Lehrerfortbildung in Dillingen a.d. Donau und bei der Konrad-Adenauer-Stiftung. An der Universität Würzburg hat er einen Lehrauftrag für das Fach „Didaktik der Geschichte".
Er hat folgende Kapitel geschrieben:
- Der Erste Weltkrieg
- Entstehung und Etablierung der Weimarer Republik
- Die innenpolitischen Belastungen der Anfangsjahre
- Die Außenpolitik der Weimarer Republik
- Die ruhigen Jahre der Weimarer Republik und ihr Untergang

Bibliografische Information der Deutschen Nationalbibliothek
Die Deutsche Nationalbibliothek verzeichnet diese Publikation in der Deutschen Nationalbibliografie; detaillierte bibliografische Daten sind im Internet über http://dnb.dnb.de abrufbar.

1. Auflage 2017

www.klett-lerntraining.de
Teamleitung Lernhilfen Sekundarstufe II: Christine Sämann
Redaktion: Sandra Meyer, Christine Sämann
Innenlayout: Annette Siegel, Stuttgart
Umschlaggestaltung: Sabine Kaufmann, Stuttgart
Umschlagfoto: Thinkstock, München (Ibrix)
Satz: Klaus Bauer, Bondorf; Digraf.pl - dtp services
Druck: Gebr. Geiselberger GmbH, Altötting
Printed in Germany
ISBN 978-3-12-949475-2

1 Von Napoleon bis zum Wiener Kongress

2 Vormärz und Revolution

3 Industrielle Revolution und soziale Frage

4 Das preußisch-deutsche Kaiserreich bis 1890

5 Imperialismus und Wilhelminisches Zeitalter

6 Der Erste Weltkrieg

7 Entstehung und Etablierung der Weimarer Republik

8 Die innenpolitischen Belastungen der Anfangsjahre

9 Die Außenpolitik der Weimarer Republik

10 Die ruhigen Jahre der Weimarer Republik und ihr Untergang

Liebe Abiturientin, lieber Abiturient,

dieses Buch erklärt Ihnen **ausführlich** den **kompletten** Abiturstoff. Es ist der **ideale Begleiter** für die gesamte Oberstufenzeit und bestens geeignet für eine gründliche Wiederholung des Prüfungswissens. Schaffen Sie mit diesem Buch die Basis für eine **gute Note** und gehen Sie **sicher** durch jede Klausur und die Abiturprüfung!

Hilfreiche **Elemente** strukturieren den Lernstoff. Sie machen das Lernen mit diesem Buch komfortabel und sorgen für einen **optimalen**, **nachhaltigen Lernerfolg**.

AUF EINEN BLICK	Diese Doppelseiten dienen dem raschen Einstieg, indem sie die wesentlichen Lerninhalte des Kapitels optisch übersichtlich und in gegliederter Form präsentieren.
KURZINFO	Jedes Kapitel beginnt mit einer kurzen Zusammenfassung. Sie führt ins Thema ein und nennt das Wichtigste.
KAPITEL-TEXTE	Sie enthalten das umfassende und detaillierte Prüfungswissen. Dieses ist so aufbereitet und gegliedert, dass es auch in prüfungstechnischer Form (z. B. Ursachen, Verlauf, Ergebnisse, Bewertung) bei Klausuren und im Abitur angewandt bzw. wiedergegeben werden kann.
ZUSAMMENFASSUNGEN	bringen am Kapitel-Ende das Grundwissen auf den Punkt und schaffen die Voraussetzung für das Verständnis der folgenden Kapitel.
RANDSPALTENTEXTE	Sie enthalten die wichtigsten Lerninhalte in komprimierter Form und können als "Schnelllernstraßen" zur raschen Wiederholung genutzt werden.
PORTRÄTS	Wichtige Personen der Geschichte werden in separaten Porträts vorgestellt.
BEGRIFFSVERZEICHNIS	Zentrale Begriffe sind blau hervorgehoben und werden im Begriffsverzeichnis ab S. 194 erläutert.

Zusätzlich können Sie sich kostenlos passende Lernvideos ansehen. Sie stützen den nachhaltigen Lernerfolg durch die visuelle Aufbereitung. Zum Ansehen der Videos scannen Sie einfach mit einer QR-Code-App den Code. Sie gelangen dann zur Video-Übersicht. Alternativ können Sie auch die Seite www.abitur.klett-lerntraining.de aufrufen und in der Reihe „Oberstufen-Wissen" Ihr Buch anklicken. Sie sehen die Video-Übersicht und können dann per Klick ein Video starten.

Viel Erfolg im Abitur wünscht Ihnen
Ihr Team von Klett Lerntraining!

Das Ende des Heiligen Römischen Reiches Deutscher Nation

Seit 1792 führten Österreich und das Heilige Römische Reich Deutscher Nation Krieg gegen das revolutionäre Frankreich. Preußen blieb zunächst neutral. Frankreich siegte und gewann im **Frieden von Lunéville** (1801) die linksrheinischen Reichsgebiete. Für diese Verluste wurden die mit Frankreich verbündeten süddeutschen Fürstentümer **im Reichsdeputationshauptschluss** (1803) entschädigt. Sie erhielten die geistlichen Fürstentümer, die ihre Hoheitsrechte und ihr Reichskirchengut verloren (Säkularisation) sowie die meisten freien Reichsstädte und zahlreiche bisher freie Reichsritterschaften (Mediatisierung). Dies hatte folgende **Auswirkungen**: Der Kaiser verlor die letzten Grundlagen seiner Macht; Frankreich gewann in den süddeutschen Staaten Verbündete; Napoleon erhob 1805 bzw. 1806 Bayern, Württemberg und Sachsen zu Königreichen. 1806 schlossen die süd- und westdeutschen Fürsten den Rheinbund mit Napoleon und traten aus dem Reich aus; auf ein Ultimatum Napoleons hin legte Kaiser Franz II. **1806 die** deutsche Kaiserkrone nieder und besiegelte damit das **Ende des Heiligen Römischen Reich Deutscher Nation.**

Das Ende des Heiligen Römischen Reiches Deutscher Nation

Die Reformen in den deutschen Staaten

Zwischen 1803 und 1807 brachte Napoleon ganz Mitteleuropa durch die siegreichen Schlachten von Austerlitz (gegen Österreich und Russland, Dezember 1805) sowie Jena und Auerstedt (Preußen, Oktober 1806) unter seine Kontrolle. Große Teile des alten Reiches wurden annektiert. Mit den territorialen Veränderungen gingen umfassende Reformen Hand in Hand. Sie wurden durch drei Ursachen ausgelöst: durch die Nachahmung Frankreichs, durch dessen militärische Überlegenheit und durch die neuen Ideen des 19. Jahrhunderts (Liberalismus, Konstitutionalismus, Nationalismus). **Die preußischen Reformen wurden** durchgeführt von Freiherr vom Stein und Fürst Hardenberg 1807 bis 1811. Sie betrafen: **Bauernbefreiung und Bodenreform** (Befreiung der Bauern aus der Abhängigkeit vom Grundherrn; Überlassung der gepachteten Höfe gegen Entschädigung der Grundherren); **Städteordnung** (Wahl und Kontrolle der städtischen Selbstverwaltung durch das Besitzbürgertum); **Verwaltungsreform** (Zentralregierung mit den Fachministerien Inneres, Auswärtiges, Finanzen, Krieg sowie Justiz mit unabhängigen Richtern); **Wirtschaft** (Gewerbefreiheit, Aufhebung der Zünfte, freier Wettbewerb); **Judenemanzipation**; **Religionsfreiheit**; **Schulpflicht**; **Bildungsreform** (humanistische Bildung an Gymnasien, selbst verwaltete Universitäten mit Freiheit der Lehre und Forschung); **Heeresreform** (allgemeine Wehrpflicht, Abschaffung „entehrender“ Strafen, Offiziersausbildung an der Militärakademie). **Bayern** machte Graf **Montgelas** durch umfassende Reformen (Verwaltungs-, Rechts-, Wirtschafts-, Bildungsreform, religiöse Toleranz) zu einem modernen Staat.

Liberales Gedankengut fand Eingang in erste von oben verordnete (oktroyierte) Verfassungen.

Bewertung: Die Reformen waren, da von den Fürsten verordnet, eine „Revolution von oben“. Obwohl manche Reformen nur teilweise erfolgreich wurden (z.B. Bauernbefreiung), bedeuteten sie insgesamt einen Fortschritt, da sie die Bevölkerung an der gesellschaftlichen Verantwortung beteiligten.

1 Von Napoleon bis zum Wiener Kongress

Der Russlandfeldzug

Da Zar Alexander I. Verpflichtungen gegenüber Frankreich nicht einhielt, zog Napoleon mit einem 600.000 Mann starken Heer aus Franzosen und europäischen Verbündeten nach Russland. Frost, Hunger, Krankheiten, russische Attacken und die russische Taktik der „verbrannten Erde" bewirkten die **Niederlage der „Grande Armee"**.
Schwerwiegende **Auswirkungen** waren: Napoleons Armee erlitt riesige Verluste (nur 30.000 Soldaten der „Großen Armee" überlebten), der Mythos seiner Unbesiegbarkeit war verloren; die gewaltigen Verluste, die Kriegslasten sowie die französische Besatzung erbitterten die Bevölkerungen und Regierungen der europäischen Verbündeten.

Die Befreiungskriege

1813 schlossen Preußen und Russland ein Bündnis gegen Napoleon, dem Österreich beitrat. Auch der Rheinbund löste sich auf und wandte sich gegen Napoleon, der die Völkerschlacht von Leipzig (Oktober 1813) gegen englische, preußische, österreichische, russische und schwedische Truppen verlor. Paris wurde besetzt und Napoleon auf die Insel Elba verbannt. Nach seiner triumphalen Rückkehr im folgenden Jahr stellte er eine neue Armee auf. Im Juni 1815 schlugen preußische und englische Truppen Napoleon bei Waterloo (Belgien) entscheidend. Napoleon wurde auf St. Helena verbannt. Die unmittelbare Folge der Befreiungskriege war die Entstehung eines deutschen Nationalbewusstseins.

Russlandfeldzug - Befreiungskriege - Wiener Kongress

Der Wiener Kongress

Hauptakteure: Metternich (Österreich), Hardenberg (Preußen), Castlereagh (Großbritannien), Talleyrand (Frankreich), Zar Alexander I. (Russland).
Ziele: Wiederherstellung der vorrevolutionären territorialen und politischen Verhältnisse und Kampf gegen die „revolutionären" Ideen Liberalismus, Konstitutionalismus und Nationalismus; Regelung des Verhältnisses zu Frankreich; Neuordnung Deutschlands.
Die grundlegenden **Prinzipien des Kongresses** waren: Restauration (Herstellung der früheren Verhältnisse), Legitimität (= Gottesgnadentum) und Solidarität (Abwehr revolutionärer Ideen), für deren Umsetzung Zar Alexander I., Kaiser Franz I. und König Friedrich Wilhelm III. (Preußen) 1815 die Heilige Allianz gründeten, der fast alle europäischen Staaten beitraten.
Die **territoriale Neuordnung Europas:** Russland erhielt Finnland und den Großteil Polens, England die Kap Kolonie, Ceylon und Malta; Frankreich erlitt (als Gegengewicht zu Russland) keine Gebietsverluste und blieb Großmacht.
Die **territoriale Neuordnung des ehemaligen Heiligen Römischen Reiches:** Österreich gab seine rheinischen Besitzungen („österreichische Niederlande") auf, erhielt dafür die Lombardei,

Venetien und Teile des Balkans. Damit „wuchs Österreich aus Deutschland hinaus". Preußen erhielt Vorpommern, Nordsachsen, die Rheinprovinz sowie Westfalen und „wuchs nach Deutschland hinein". Bayern bekam im Tausch für Tirol, Vorarlberg und Salzburg (an Österreich) Würzburg, Aschaffenburg und Ansbach-Bayreuth.
Der Deutsche Bund: Zur Sicherung ihrer Souveränität gründeten in Wien 35 deutsche Staaten und vier freie Reichsstädte (Hamburg, Bremen, Lübeck und Frankfurt) den „Deutschen Bund", ein militärisches Defensivbündnis. Ihm gehörten auch Österreich und Preußen mit ihren deutschen Territorien an, ferner England (mit Hannover), die Niederlande (mit Luxemburg) und Dänemark (Schleswig). Die sehr schwache Zentralgewalt, der Bundestag zu Frankfurt, konnte Beschlüsse nur einstimmig fassen.

KURZINFO

1 Von Napoleon bis zum Wiener Kongress

- Die militärischen Niederlagen Österreichs gegen das revolutionäre und dann napoleonische Frankreich bewirkten 1806 das Ende des Heiligen Römischen Reiches Deutscher Nation.
- Bis 1809 führten Napoleons Siege auch über Preußen zur Teilannexion und völligen Neuordnung Deutschlands durch Frankreich.
- Der aufkommende Widerstand der deutschen Bevölkerung erzeugte ein neues Nationalbewusstsein und löste politische Reformen aus.
- Nach der Niederlage Napoleons versuchten die europäischen Fürsten im Wiener Kongress die alte Ordnung zu restaurieren.

Das Ende des Heiligen Römischen Reiches Deutscher Nation

Voraussetzungen

Seit 1792 führten die Mächte Europas Krieg gegen das revolutionäre Frankreich. Preußen war seit 1795 neutral. **Hauptgegner Frankreichs** zu Lande waren noch **Österreich und das** Heilige Römische Reich Deutscher Nation, die in Personalunion verbunden waren. Frankreich siegte und besetzte die Reichsgebiete links des Rheins. Nach dem verlorenen zweiten Koalitionskrieg 1801 mussten Österreich und das Deutsche Reich im **Frieden von Lunéville** endgültig die linksrheinischen Gebiete abtreten. Die seit 1797 geplante Entschädigung der deutschen Fürsten, die linksrheinische Besitzungen verloren hatten, mit rechtsrheinischem Reichsgebiet war Teil des Friedensvertrags. 1803 beschloss eine Reichsdeputation (Reichstagsausschuss) folgenden Plan:

Im **Reichsdeputationshauptschluss** wurden große deutsche Fürstentümer für den Verlust linksrheinischer Besitzungen an Frankreich mit den rechtsrheinisch gelegenen reichsunmittelbaren Territorien und den geistlichen Fürstentümern entschädigt.

Der Reichsdeputationshauptschluss 1803

Fast alle geistlichen und reichsunmittelbaren Herrschaften (Fürstbistümer und -abteien, Reichsstädte und Reichsritterschaften) wurden aufgelöst. Vier neue Kurfürstentümer entstanden, die Reichsverfassung wurde verändert (Ende der Reichskirche auch rechtlich). Preußen, Baden, Bayern und Württemberg vergrößerten sich um ein Mehrfaches ihrer Verluste.

Folgen und Auswirkungen

- Der Kaiser verlor die letzten Grundlagen seiner Macht im Reich.
- Frankreich gewann in den vorrangig betroffenen süddeutschen Staaten Verbündete.
- Der österreichische Herrscher und Deutsche Kaiser Franz II. nahm den Titel eines erblichen Kaisers von Österreich an, nachdem sich 1804 Napoleon zum Kaiser der Franzosen gekrönt hatte.
- Napoleon erhob im Jahre 1805 Bayern und Württemberg sowie 1806 Sachsen zu Königreichen.
- Die süd- und westdeutschen Fürsten gründeten unter Napoleons Protektorat den Rheinbund und traten aus dem Reich aus.
- Auf ein Ultimatum Napoleons legte Kaiser Franz 1806 die deutsche Kaiserkrone nieder. Damit hörte das Heilige Römische Reich Deutscher Nation auf zu existieren.

Die süd- und westdeutschen Fürsten gründeten **den Rheinbund** mit Napoleon und traten aus dem Heiligen Römischen Reich Deutscher Nation aus.

1805 erhob Napoleon die Fürstentümer Bayern, Sachsen und Württemberg zu Königreichen.
1806 legte der österreichische Kaiser die deutsche Kaiserkrone nieder. Damit endete das Heilige Römische Reich Deutscher Nation.

Die Kriege Napoleons I. von 1803–1809

NAPOLEON BONAPARTE (1769–1821)

- aus korsischem Niederadel
- steigt in der französischen Revolutionsarmee zum General auf
- macht sich 1799 zum Alleinherrscher Frankreichs und 1804 zum Kaiser
- verliert in den Jahren 1813 bis 1815 das von ihm 1796 bis 1812 eroberte europäische Großreich
- stirbt 1821 in Exilhaft auf der Insel St. Helena

PORTRÄT

Die Niederwerfung Österreichs und des Reiches

Zwischen 1803 und 1807 brachte Napoleon ganz Mitteleuropa unter seine Kontrolle.

Österreich wurde geschlagen, blieb aber bestehen. Nur noch **Russland** stand auf dem Kontinent Frankreich ernsthaft gegenüber. Zur See blieb **England** Frankreich überlegen.

1803 führte Frankreichs wirtschaftliche und koloniale Rivalität mit England erneut zum Krieg. 1805 gelang es dem englischen Premierminister William Pitt jun., England, Russland und Österreich in der so genannten **Dritten Koalition** gegen Napoleon zu einen. Trotz des britischen Seesieges bei Trafalgar (1804) verlor die Koalition in der Schlacht bei Austerlitz (1805) den Krieg zu Lande. Österreich bat um Frieden und Russland zog sich aus Mitteleuropa zurück. Nur England hielt an der Auseinandersetzung fest.

Der Sieg über Preußen und Russland 1806/07

Ursachen: Preußen fühlte sich durch die französische Besetzung des britischen Hannover (1803) in seiner Neutralität bedroht. 1805 überließ Napoleon jedoch Preußen Hannover als Ersatz für den Verlust süddeutscher preußischer Besitzungen. Als Bonaparte starke Truppenverbände an den Westgrenzen Preußens stationierte, glaubten antifranzösische Teile der preußischen Beamtenschaft, die Generalität und Mitglieder der königlichen Familie, Napoleon wolle mit Gewalt Preußen seinen Plänen dienstbar machen. Dadurch geriet der preußische König Friedrich Wilhelm III. unter innenpolitischen Druck.

PORTRÄT

FRIEDRICH WILHELM III. VON PREUSSEN (1770–1840)

- seit 1797 preußischer König
- gilt als unschlüssig, zaudernd und wenig begabt
- treibende reformerische Kraft ist bis 1810 seine Frau Luise
- nach dem Wiener Kongress politisch konservativer Spätabsolutist

Ausbruch und Verlauf des Krieges: Berlin hatte sich der russischen Unterstützung versichert und erklärte **1806** den Krieg, nachdem Frankreich ein Ultimatum auf Abzug der Truppen an der Westgrenze zurückgewiesen hatte.
In der **Doppelschlacht von Jena und Auerstedt** wurde die preußische Armee **1806** vernichtend geschlagen. Der König flüchtete in die Ostprovinzen und führte mit russischer Hilfe den Krieg weiter, während die französischen Truppen den größten Teil des Landes besetzten. Die preußische Bevölkerung brachte den Siegern sogar Sympathie entgegen, soweit sie sich nicht völlig passiv verhielt. **1807** erlitt das neue russisch-preußische Heer bei Friedland eine weitere Niederlage. Der Zar und Friedrich Wilhelm III. schlossen mit Napoleon den **Frieden von Tilsit**. Preußen blieb zwar bestehen, musste aber Gebietsverluste im Westen, hohe Kontributionszahlungen an Frankreich und teilweise militärische Besetzung hinnehmen.

Preußen verlor 1806/07 den Krieg gegen Frankreich, wurde teilweise besetzt und im Westen verkleinert.

Deutschlands Neuordnung durch Napoleon ab 1805

Das Ziel Bonapartes war die Organisation der betreffenden Territorien zur Sicherung und Erweiterung seiner eigenen Herrschaft.
Die **linksrheinischen** deutschen Gebiete annektierte Frankreich und etablierte die **einheitliche napoleonische Verwaltung**. Die Bereitschaft, mit den Franzosen zusammenzuarbeiten, war im Bürgertum dieser Gebiete vorhanden. Zur Sicherung der Kontinentalsperre gegen England verleibte Napoleon die **Gebiete der deutschen Nordseeküste** (Ostfriesland, Hansestädte) ebenfalls dem französischen Territorium ein. Dazu kamen **weitere Länder in Deutschland**, die sich der Korse als Stützpunkte vorbehielt und deshalb nach französischem Recht verwalten ließ (Teile Hannovers, Fulda, Erfurt, Bayreuth, Hanau). In diesen Gebieten kam es aus verschiedenen Gründen häufig zu Zusammenstößen zwischen der französischen Besatzung und der deutschen Bevölkerung:

- Abneigung gegen die französische Kultur- und Kirchenpolitik und das Gefühl einer Fremdherrschaft ausgeliefert zu sein,
- französische Waren wurden privilegiert,
- die Kontinentalsperre gegen England traf die Nordseeküste wirtschaftlich besonders stark, zumal die ehemals reichsfreien Gebiete des Nordens (Hansestädte) die alte Selbstständigkeit vermissten.

Große **Teile des alten Reiches** wurden **von Frankreich annektiert** und nach dem modernen französischen Rechts- und Verwaltungssystem umorganisiert.

Erste Konflikte zwischen der französischen Besatzung und der deutschen Bevölkerung entstanden.

Die Reformen in den deutschen Staaten

Reformen in den deutschen Fürstenstaaten

Im Westen wurden Reformen in den nicht besetzten Fürstentümern Deutschlands **nach französischem Vorbild** durchgeführt.

Im Osten und Norden kam es nur zu geringeren Veränderungen.

Der **Absolutismus** wurde aber **nicht beseitigt**.

Den Reformen lag die Erkenntnis der Regierungen zugrunde, dass die **überkommenen Herrschaftsstrukturen** angesichts der französischen Fortschrittlichkeit nicht mehr aufrecht erhalten werden konnten. Frankreich diente als Vorbild der Verwaltungs- und Gesellschaftsreformen. In den kleineren Staaten, v.a. im Osten und Norden des Reiches blieben die alten ständischen und absolutistischen Strukturen bestehen. In den drei süddeutschen Staaten Baden, Bayern und Württemberg kam es zu deutlichen Veränderungen: Bayern erhielt 1808 eine Verfassung. Den Code Napoléon übernahm Baden mit Zusätzen als Landrecht. In allen drei Staaten wurden religiöse Toleranzedikte verkündet, Steuer- und Verwaltungsreformen durchgeführt und Privilegien für einzelne Personen oder Gruppen beseitigt. Diese **Revolutionen von oben** fanden nur teilweise Zustimmung, da sie oft alte ständische Mitbestimmungsrechte beseitigten. Die Macht lag jetzt noch mehr in den Händen des Souveräns.

Die preußischen Reformen

Die Niederlage zwang Preußen zu Reformen.

Voraussetzungen

- Die **Unfähigkeit des preußischen Kabinetts** und die **passive Haltung der preußischen Bevölkerung gegenüber den Eroberern** zeigte, dass die Reform von Staat und Gesellschaft überfällig war.
- Nach der Niederlage sah dies auch der konservative **König** ein und **ernannte** den früheren Oppositionsführer im preußischen Kabinett, **Freiherrn vom Stein, zum ersten Minister**, der aber 1808 auf Druck Napoleons entlassen wurde. Der **Nachfolger, von Hardenberg**, trieb die Reformen, wenn auch vorsichtiger, weiter.

Inhalte

- **Bauernbefreiung:** Abschaffung der persönlichen Dienstbarkeit, Freiheit der Bauern im Güterverkehr, Überlassung der Höfe an die Bauern gegen Entschädigung der Grundherren, Aufteilung der Gemeindeländereien an die Bauern zur Individualnutzung;
- **Städteordnung:** Wahl der Stadtverordneten durch die vermögenden Bürger; diese Verordneten kontrollierten die Verwaltung und bestellten den Magistrat (Kommunale Selbstverwaltung);
- **Verwaltungsreform:** fünf Fachministerien: Inneres, Finanzen, Auswärtiges, Krieg und Justiz;

- **Wirtschaftsreform:** Gewerbefreiheit, Aufhebung der Zünfte und Standesschranken, freier Wettbewerb, Rechtsgleichheit in der Wirtschaft, weitgehende Abschaffung von Ausbildungs- und Qualifikationsanforderungen;
- **Judenemanzipation:** gesellschaftliche und wirtschaftliche Gleichberechtigung der Juden;
- **Bildungsreform:** humanistische Bildung an Gymnasien, selbstverwaltete Universitäten mit Freiheit von Lehre und Forschung;
- **Heeresreform:** allgemeine Wehrpflicht; Abschaffung „entehrender" Strafen; Militärakademie zur Offiziersausbildung.

Die preußischen Reformen (Bauernbefreiung, Städteordnung, Judenemanzipation, Verwaltungs-, Wirtschaft-, Bildungs- und Heeresreform) waren eine **„Revolution von oben"**, um die preußische Bevölkerung an der gesellschaftlichen Verantwortung zu beteiligen.

Bewertung der preußischen Reformen

- Preußens Reformen waren eine „Revolution von oben", die König und Adel dem Volk zugestanden. Jetzt sollten Bürger und Bauern an der gesellschaftlichen Verantwortung beteiligt werden.
- Ein großer Teil der Reformen blieb auch nach 1815 erhalten.
- Die Bauernbefreiung führte wegen der schlechten Finanzlage der Bauern nach 1815 nur zum Teil zum Erfolg. Ein Teil der Bauern sank in die Schicht der Lohnarbeiter herab.
- Viele weitergehende Reformpläne und Versprechungen aus der Zeit vor 1815, wie Verfassung, Bauernschutz und erweiterte kommunale Selbstverwaltung, scheiterten am Widerstand des preußischen Adels. Dennoch bedeuteten die **Reformen** unzweifelhaft einen **Fortschritt**.

Die Befreiungskriege

Ursachen

Zar Alexander hielt die Verpflichtungen aus dem Frieden von Tilsit nicht ein, vor allem nicht die Kontinentalsperre gegen England. Napoleon zog deshalb mit dem größten Heer, das es bis dahin in Europa gegeben hatte, gegen den Zaren. Er musste sich aber wieder zurückziehen. Hunger, Frost, Krankheiten und das russische Heer vernichteten die „Grande Armée" fast ganz mit schwerwiegenden Folgen:

- Napoleons Armee erlitt nicht wieder gutzumachende Verluste;
- der Mythos der Unbesiegbarkeit Bonapartes war endgültig dahin;
- die gewaltigen Verluste der verbündeten europäischen Heereskontingente erbitterten Bevölkerung und Regierungen dieser Staaten.

Napoleon verlor den Russlandfeldzug 1812; das führte zu einem russisch-preußisch-österreichisch-englischen Bündnis.

Weitere Ursachen für den Beginn der Befreiungskriege:

- **Unzufriedenheit der Bevölkerung** in den von Napoleon unterworfenen Gebieten wegen der Kriegslasten und des ungeschickten Verhaltens französischer Besatzer und ihrer Verwaltungsbeamten;
- Entstehung eines deutschen **Nationalbewusstseins**;
- Anteilnahme der Untertanen am Schicksal des Staates durch politische Reformen und Zugeständnisse der Herrschenden an das Volk;
- wachsendes Misstrauen der absolutistischen deutschen Fürsten gegen die französische Herrschaft, weil die Besatzungsmacht den liberalen Geist (Verfassungen, Code civil u. a. m.) begünstigte.

Es entstand ein **deutsches Nationalbewusstsein** in Abgrenzung zur französischen Besatzungsmacht.

Verlauf

- Während des Russlandfeldzuges heimliche Waffenstillstandsabkommen zwischen preußischen und russischen Truppenteilen;
- 1813 Bündnis Preußens mit Russland gegen Napoleon;
- Österreich schloss sich erst nach längerem Zögern an, da es Frankreich als Gleichgewicht gegen Russland in Europa brauchte;
- Zusammenbruch des Rheinbundes durch Austritt Bayerns;
- Niederlage Napoleons in der Völkerschlacht bei Leipzig 1813;
- Einmarsch der Koalitionstruppen in Frankreich, Besetzung von Paris und Abdankung Napoleons 1814.

1813 brach der Rheinbund zusammen. Napoleon wurde bei Leipzig von den Alliierten geschlagen. **1814 war Frankreich endgültig besiegt** und blieb in den Grenzen von 1792 bestehen.

Ergebnis

- Der **Sieg der absolutistischen Fürsten** führte, soweit möglich, zur **Wiedererrichtung der alten Verhältnisse** vor der Revolution;
- eine territoriale Neuordnung Europas wird notwendig;
- die **Gewinner sind England und Russland**: England als erste See- und Kolonialmacht, Russland als europäische Hegemonialmacht;
- viele Reformen in Deutschland sind nicht rückgängig zu machen;
- der **nationale und liberale Gedanke der Französischen Revolution findet in weiten Kreisen des europäischen Bürgertums Eingang.**

Folgen des Sieges:
- Restauration
- territoriale Neuordnung Europas
- liberale Reformen
- Vorherrschaft Englands und Russlands
- Entstehung des Nationalismus und Liberalismus

Die Neugestaltung Europas im Wiener Kongress

Der Wiener Kongress

Ziele

- Revision der von Napoleon geschaffenen Gebietsveränderungen;
- Wiederherstellung des europäischen kontinentalen Gleichgewichts;
- Regelung des Verhältnisses zu Frankreich;
- Auseinandersetzung mit Liberalismus und Nationalismus (→ S. 24 ff.);
- Wiederherstellung der alten monarchischen Herrschaftsordnung in Europa durch Stabilität, Kontinuität und Legitimität der Throne.

Ziele des Wiener Kongresses:
- **Wiederherstellung der politischen Verhältnisse vor der Französischen Revolution**
- Kampf gegen Liberalismus und Nationalismus
- Gleichgewicht der Mächte in Europa
- Neuordnung Deutschlands
- Aufteilung von Gebietsgewinnen auf Kosten Frankreichs in Übersee und Polens in Europa

Die verhandelnden Mächte

- Großbritannien wollte das Übergewicht irgendeiner Macht in Europa verhindern. Da es der Finanzier der Allianz gewesen und seit 1814 erste Seemacht war, hatte es außerordentlich großen Einfluss.
- Österreich war vor allem daran interessiert, Russlands Vordringen nach Mitteleuropa und Preußens Macht in Deutschland zu begrenzen. Darin war sich Österreich mit Großbritannien einig.
- Preußen versuchte, die liberalen und nationalen Hoffnungen der Deutschen für seine Politik zu nützen. Verhandlungsziel war die Arrondierung der preußischen Besitzungen in Deutschland.
- Die territorialen Pläne des Zaren ermöglichten es Frankreich, sich Wien und London als Verbündeten anzubieten. Dadurch gelang dem Verlierer die Rückkehr in das Konzert der europäischen Mächte.
- Die deutschen Mittel- und Kleinstaaten waren auf die Großmächte angewiesen. Ein Fünferausschuss (Österreich, Preußen, Bayern, Württemberg, Hannover) legte die Neuordnung Deutschlands fest.
- Russlands Zar Alexander I. glaubte an seine Mission bei der Errichtung einer theokratischen Herrschaftsordnung und einer Gemeinschaft der Nationen auf dieser Grundlage, verzichtete aber nicht auf die Annexion Polens und die polnische Krone.

Die territoriale Neugestaltung

Frankreichs Verbündete Schweden und Polen zahlten den Preis für Napoleons Niederlage, **nicht Frankreich selbst, das territorial verschont blieb**.

Die Neuordnung Europas

- Russland erhielt Finnland (von Schweden) und den Großteil Polens.
- England erhielt Überseegebiete (Kapkolonie, Ceylon, Malta).
- **Frankreich wurde** als Gegengewicht zu Russland auf dem Kontinent **verschont**. Es blieb Großmacht in den Grenzen von 1792.
- Es entstand das **Königreich der Vereinigten Niederlande**, das die Nordseeküste vor Frankreichs Zugriff sichern sollte.

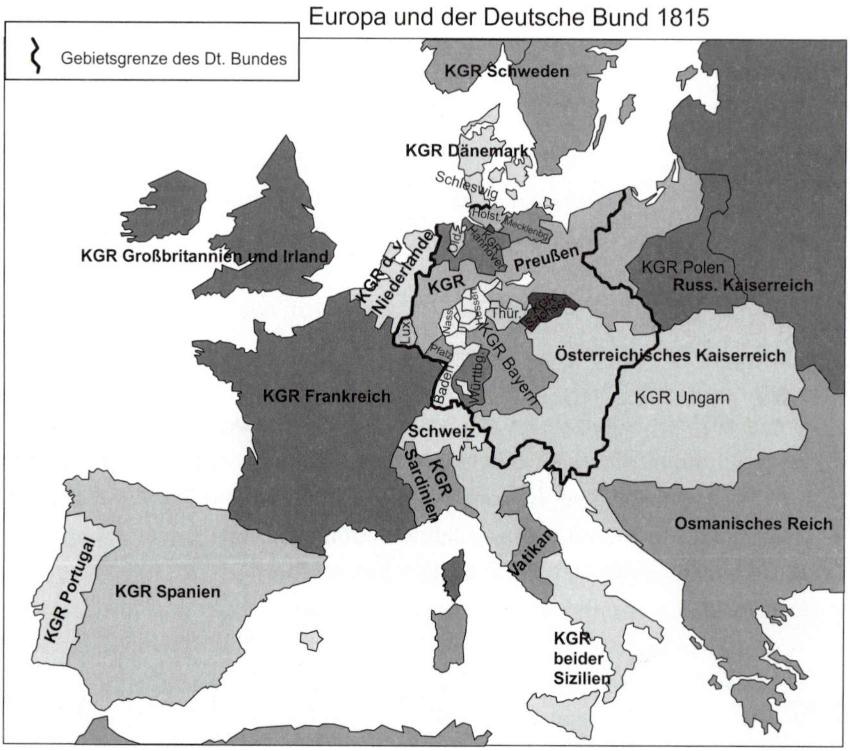

Europa une der Deutsche Bund 1815

Preußen drang am Rhein bis nach Süddeutschland vor, verlor aber Ansbach-Bayreuth an Bayern. Es entstand ein **Staatenbund von 39 deutschen Staaten**.

Die territoriale Neuordnung des ehemaligen Heiligen Römischen Reiches

- Preußen erhielt die Rheinprovinz, Westfalen, Vorpommern und Nordsachsen; es „wuchs **nach Deutschland hinein**".
- Österreich erhielt Oberitalien, gab die Besitzungen am Rhein auf und „wuchs **aus Deutschland hinaus**".
- Bayern erhielt Würzburg, Aschaffenburg und Ansbach-Bayreuth.
- Baden und Württemberg behielten den territorialen Bestand.
- Hamburg, Bremen, Lübeck und Frankfurt (Bundeshauptstadt) blieben frei. Im Bereich des alten Deutschen Reiches gab es 39 Staaten.

Grundsätze der politischen Neuordnung Europas

Restauration

Wie bei der territorialen Frage galt auch für politische Neuordnung das Prinzip der **Wiederherstellung des früheren politischen Zustandes**, also die Rückkehr alter Dynastien und die Wiederherstellung der Adelsprivilegien.

Der aufgeklärte Absolutismus, das Gottesgnadentum des Adels und das dynastische Prinzip der Monarchien kehrten ebenso zurück wie das Prinzip der Untertänigkeit.

Legitimität

Die Rechtmäßigkeit der Monarchien wurde aus **göttlichem Herrschaftsauftrag** abgeleitet. Daraus folgerte man die Rechtmäßigkeit ererbter Herrschaftsansprüche und kein Selbstbestimmungs- bzw. Widerstandsrecht für das Staatsvolk.

Solidarität

Zur **Abwehr revolutionärer Ideen und Bewegungen**, die das restaurative System gefährden könnten, betrieben die Fürsten eine gemeinsame Politik des politischen Einvernehmens. Dazu gründeten sie das Bündnis der „Heiligen Allianz“ zwischen den Kaisern von Österreich und Russland und dem König von Preußen zur gegenseitigen Hilfe gegen revolutionäre Bewegungen (Interventionsprinzip) und zur Sicherung des Friedens in Europa. Diesem Bündnis traten fast alle europäischen Fürsten bei.

Das europäische **„Bündnis zwischen Thron und Altar“ von 1815** führte zu einer der längsten Friedenszeiten in Europa. Dies allerdings auf Kosten des liberalen, wirtschaftlichen und wissenschaftlichen Fortschritts der betroffenen Völker.

Ergebnis

Die politische Neuordnung Europas bestimmte die Entwicklung in Europa für Jahrzehnte. So herrschte **40 Jahre Frieden** zwischen den europäischen Staaten. Da die Interventionspolitik zuerst erfolgreich war, kamen liberale und nationale Bewegungen für die folgenden Jahrzehnte nicht zum Zuge.

Die politische Neuordnung Deutschlands

In Deutschland entstand ein starkes deutsches Gemeinsamkeitsgefühl als Folge des Sieges über Napoleon und damit der bürgerliche Nationalgedanke. Die europäischen Großmächte lehnten ein neues deutsches Reich ebenso ab, wie die konkurrierenden deutschen Großmächte Österreich und Preußen. Auch der Partikularismus der Mittelstaaten stand dem Reichsgedanken entgegen.

Der Deutsche Bund

Es entstand der so genannte Deutsche Bund als Staatenbund der 39 deutschen Staaten, dessen Organisation in einer **Bundesakte** festgelegt war, die in die Wiener Kongressakte aufgenommen wurde. Dadurch wurde der Bund mit insgesamt 35 Fürstentümern und vier Stadtrepubliken international anerkannt. Österreich und Preußen traten nur mit den deutschsprachigen Gebieten des alten Reiches bei. Die Herrscher Englands, Dänemarks und der Niederlande waren als Souveräne deutscher Fürstentümer ebenfalls Mitglieder des Deutschen Bundes (Hannover, Holstein und Luxemburg).

Im **Deutschen Bund als Staatenbund** mischten neben Österreich und Preußen auch England, Dänemark und die Niederlande mit. Er war **antinational und antiliberal**. Der Bund spätabsolutistischer Regierungen wurde mehr als **Mittel gegen das Selbstbestimmungsrecht des deutschen Volkes** denn als Verteidigungsbündnis errichtet.
Der Bundesrat der deutschen Fürsten verlangte Einstimmigkeit bei Beschlüssen. Es gab ein gemeinsames Bundesheer.

Die Bundesakte

Die Bundesakte war ein unauflösbares militärisches Defensivbündnis souveräner Einzelstaaten. Ein „Deutscher Bundestag“ als Zentralgewalt wurde von den Regierungen beschickt. In den wichtigsten Angelegenheiten war Einstimmigkeit erforderlich. Einheiten der Einzelstaaten bildeten das Bundesheer. Der Deutsche Bund war kein Bundesstaat, sondern ein **Staatenbund ohne Exekutive**. In Rechts-, Wirtschafts-, Finanz- und Verkehrssachen bestanden keine einheitlichen Regelungen. Der Zweck des Bundes war nicht auf nationale deutsche Politik gerichtet, sondern auf „Erhaltung der äußeren und inneren Sicherheit ... der deutschen Staaten“. Die Organisation des Bundes entsprach nicht dem politischen Willen weiter Kreise des deutschen Volkes, vor allem der nationalen Bewegung. Dennoch war der Deutsche Bund der erste Schritt auf dem Weg zum deutschen Nationalstaat.

Die dem deutschen Volk von den Fürsten versprochenen Verfassungen entstanden **nur in Süddeutschland**. Es waren **konservative ständische Verfassungen** mit Zensuswahlrecht und zweiter bürgerlicher Kammer, die als Machtmittel nur über das Budgetrecht verfügte.

Das Prinzip der Volkssouveränität wurde nicht zugestanden. Die **Landtage** waren praktisch **ohne politische Bedeutung**.

Die neuen Verfassungen in Süddeutschland

Seit 1815 führten die Fürsten in Bayern, Württemberg und Baden Verfassungen ein, um die neu zusammengesetzten Staaten zu stabilisieren und das liberale Bürgertum für sich einnehmen zu können. Dem Vorbild der restaurativ-absolutistischen französischen Charte consititutionelle Ludwigs XVIII. entsprechend - seit 1814 verfassungsrechtliche Grundlage des Königreichs Frankreich - enthielten die Verfassungen die **Ablehnung der Volkssouveränität**: Die Verfassung war „Geschenk“ des Königs. Beim Wahlrecht kam die Zensuswahl zur Anwendung. Nur ca. 5% der Bevölkerung durften dank ihrer hohen Steuerzahlungen wählen. Die Verfassungen bevorzugten ein **Zweikammersystem mit bevorrechtigtem adeligem Oberhaus**. Die ständische zweite Kammer hatte neben dem Budgetrecht kaum Befugnisse. Ausnahme war die **badische Verfassung**, die von allen **die modernste** war. Ihre zweite Kammer war ohne Zensuswahlrecht von Bezirksabgeordneten besetzt. Aber bald fühlten sich die absolutistischen Regierungen belästigt und legten die Landtage lahm.

Napoleons Aufstieg und Ende

Mit der **Französischen Revolution** begann in Deutschland eine **Zeit grundlegender Veränderungen**. Den absolutistischen Höfen Europas gelang es nicht, die Französische Revolution und ihre Heere zu stoppen. Der **unaufhaltsame Aufstieg** des Militärgenies **Napoleon** und die **Niederlagen der deutschen Fürsten** führten 1806 zum **Zusammenbruch des Heiligen Römischen Reiches Deutscher Nation**. Die zahlenmäßig verringerten, zugleich vergrößerten deutschen Staaten lehnten sich im **Rheinbund** eng an das napoleonische Frankreich an. Preußen verhielt sich neutral. So musste die Donaumonarchie die deutsche Kaiserkrone niederlegen. Der Sieger, das napoleonische Frankreich, organisierte sich die neuen deutschen Klein- und Mittelstaaten nach seinen Interessen, soweit es sie nicht annektierte. Die **durch das französische Vorbild** geprägten Reformen im napoleonischen Deutschland führten zu einer erheblichen **Modernisierung von Recht und Verwaltung**. Preußens Aufbegehren endete 1806 in einer verheerenden Niederlage, ebenso Österreichs Versuch der Gegenwehr 1809. Österreich und Preußen mussten Volksarmeen schaffen, um sich gegen die Volksheere Napoleons zur Wehr setzen zu können. **Die deutschen Landesherren**, vor allem Preußen unter den Ministern Stein und Hardenberg, machten deshalb der Bevölkerung in einer **„Revolution von oben"** Zugeständnisse, wie **Verfassungen, Freiheitsrechte, Bauernbefreiung, Gleichstellung von Minderheiten, Teilhabe an der Macht durch Parlamente**. Daneben begannen die Fürsten den aufkeimenden **deutschen Nationalismus** für sich zu nutzen. Nach der katastrophalen Niederlage Napoleons in Russland 1812 zeigten die Zugeständnisse Wirkung: Napoleon wurde 1813 aus Deutschland gedrängt und bis 1815 endgültig besiegt.

Die Neuordnung Europas und Deutschlands

Im **Wiener Kongress 1815** wurden Europa und Deutschland neu geordnet. Das untergegangene Reich wurde durch einen **Staatenbund von 39 absolutistischen deutschen Staaten** ersetzt, dessen Hauptaufgabe darin bestand, die dem deutschen Volke zugestandenen Freiheiten zurückzunehmen. Deutschland blieb wirtschaftlich und politisch zersplittert. Die beiden deutschen Großmächte Österreich und Preußen waren nur mit ihren deutschen Gebieten am Bund beteiligt. Während **Preußen** durch Gebietszuwächse im Bund **nach Deutschland hineinwuchs**, wuchs **Österreich** durch seine Zugewinne außerhalb des Deutschen Bundes **aus Deutschland hinaus**. Der absolutistischen Neuordnung Europas entsprach auch die politische Ausrichtung im Sinne der Restauration der absolutistischen Verhältnisse. Im **Bündnis von Thron und Altar** versicherten sich die europäischen Fürsten gegenseitiger Hilfe **bei Abwehr liberaler und revolutionärer Strömungen**.

Die deutschen **Klein- und Mittelstaaten** gestanden **landständische Verfassungen** zu. Auch wenn die meisten der Verfassungen bald kassiert wurden, ließ sich der Konstitutionalismus nicht mehr aus den Köpfen der Untertanen beseitigen.

AUF EINEN BLICK

Definition Vormärz

= Zeitraum zwischen Wiener Kongress 1815 und Revolutionen in Deutschland (März 1848). Er war geprägt vom Gegensatz zwischen absolutistischer Restauration einerseits und den „revolutionären" Forderungen des Besitz- und Bildungsbürgertums (Liberalismus, Konstitutionalismus und Nationalismus) andererseits.

Die Forderungen des Liberalismus

Der Liberalismus forderte **politisch**: Freiheits- und Bürgerrechte des Einzelnen (Recht auf Leben, Freiheit und Eigentum), festgeschrieben in einer auch die Fürsten bindenden Verfassung (= Konstitutionalismus) und dadurch Beschränkung der Allmacht des Staates; ferner Gewaltenteilung; unabhängige Gerichte; Volksheere; wirtschaftliche Verbesserungen (ungehinderte Entfaltung des Einzelnen, freie Nutzung des Privateigentums, Rückzug des Staates aus der Wirtschaft).

Der Nationalismus

Er erhielt in Europa starken Auftrieb durch die napoleonischen Kriege. Die Träger des deutschen Nationalismus, Studenten und einige Professoren, Republikaner und liberale Bürgerliche, waren der Meinung, dass eine Bevölkerung aufgrund gleicher Abstammung, Geschichte, Sprache und Kultur sowie des Zusammengehörigkeitsgefühls berechtigt sei, in freier Selbstbestimmung einen eigenen Staat zu errichten. Ihre konkreten Forderungen waren ein einheitlicher deutscher Nationalstaat und das Prinzip der nationalen Selbstbestimmung für alle Völker Europas.

Vormärz

Hambacher Fest 1832

Die Ereignisse des Vormärz

Auf dem **Wartburgfest** forderten 1817 revolutionäre studentische Burschenschaften die nationale Einheit. Ihr Motto war „Freiheit, Ehre, Vaterland". Sie verbrannten Bücher konservativer Schriftsteller und Symbole der Unfreiheit (Beamtenzopf, Korporalstock, Husarenschnürleib). 1819 ermordete ein Student den konservativen Dichter und Diplomaten August von Kotzebue. Daraufhin initiierte Metternich die **Karlsbader Beschlüsse** (1919). Sie beinhalteten Pressezensur, Kontrolle der Vereine, strikte Überwachung der Universitäten, Entlassung oppositioneller Professoren, Verbot der Burschenschaften, Verfolgung der „Demagogen" und eine zentrale Untersuchungskommission (in Mainz) für politische Straftaten. Die **französische Juli-Revolution** (von 1830) gab der Opposition großen Aufrieb. Auf dem **Hambacher Fest** (1832) wurden radikale liberale und nationale Forderungen laut. 1833 versuchten revolutionäre Studenten durch die **Erstürmung der Frankfurter Hauptwache** eine Revolution auszulösen. Das Vorhaben scheiterte und die Opposition wurde noch rigoroser unterdrückt. Die Entlassung von sieben oppositionellen Professoren der Göttinger Universität durch König Ernst August von Hannover 1837 (die **„Göttinger Sieben"**) machte diese zu Idolen der revolutionär Gesinnten.

Der Verlauf der Revolution

Die Revolution verlief in den einzelnen Fürstentümern unterschiedlich. In **Preußen** begann sie aus Versehen, als sich Berliner Bürger vor dem Stadtschloss bei König Friedrich Wilhelm III. für liberale Zugeständnisse bedanken wollten. Es kam zu Straßen- und Barrikadenkämpfen. Der König machte Zugeständnisse an die Nationalbewegung („Fortan geht Preußen in Deutschland auf") und bildete ein liberales Kabinett. In **Österreich** verstärkte die revolutionäre Stimmung die nationalen Unabhängigkeitsbestrebungen der ethnischen Minderheiten des Vielvölkerstaates. In Prag, Oberitalien und Ungarn und Wien kam es zu Aufständen, die die österreichische Armee niederschlug. Die Regierungen **der Mittel- und Kleinstaaten** gaben dem Druck der Öffentlichkeit rasch nach und spalteten bzw. beschwichtigten das Bürgertum durch die Einsetzung liberaler Märzkabinette, liberaler Zugeständnisse und Reaktivierung auf Eis gelegter Verfassungen.

Die Ursachen und Forderungen der „Revolution" 1848/49

Wesentlichen **Ursachen** waren: Aufklärung, Menschenrechts - und Demokratiebestrebungen der Französischen Revolution, Nationalismus, die restaurative Politik der Fürsten, zunehmende Politisierung des Volkes. **Forderungen** waren die Einführung bzw. Reaktivierung „eingefrorener" Verfassungen, politische Mitbestimmung größerer Bevölkerungskreise durch Änderung des Wahlrechts, mehr soziale Gerechtigkeit zur Verbesserung der Lage verarmter Bürger.

Revolution

Nationalversammlung 1848

Die Versammlung in der Frankfurter Paulskirche

Das Bürgertum organisierte Gesamtwahlen zur Nationalversammlung, die in der Frankfurter Paulskirche von Mai 1848 tagte. Das Honoratiorenparlament konnte zwar grundlegende Probleme lösen (großdeutsche oder kleindeutsche Lösung, Monarchie oder Republik, Zentralstaat oder Bundesstaat, nationale Frage). Insgesamt zeigte es jedoch zu wenig Realitätssinn, war oft kompromissunfähig und hatte keine Exekutive, um Beschlüsse durchzusetzen. Seine Verfassung sah ein Erbkaisertum (preußischer König) vor, einen aus zwei Häusern bestehenden Reichstag, eine nur vom Kaiser abhängige Regierung, die Legislative für die Volksvertretung und ein modernes Wahlrecht.

Scheitern der Revolution

Das Scheitern begann mit der Ablehnung der Kaiserkrone durch Friedrich Wilhelm III. (29.4.1848). Der revolutionäre Schwung erlahmte, die Fürsten stellten 1848/49 die alte Ordnung wieder her.

Die Bewertung

Die Ereignisse von 1848/49 waren keine Revolution im klassischen Sinne (vgl. 1789): Sie ging nicht von der Masse des Volkes aus, sondern vom intellektuellen Bürgertum; die Mehrheit blieb monarchisch; gewaltsame Aktionen süddeutscher Radikaler wurden mit Billigung der Paulskirche durch Militär niedergeschlagen, die Nationalversammlung konnte sich gegen Militär und königstreue Beamtenschaft nicht durchsetzen.

KURZINFO

2 Vormärz und Revolution

- Immer wieder kam es zwischen 1815 und 1848 zum Aufbegehren der liberalen und nationalen bürgerlichen Opposition.
- Während die Revolution 1848 in Österreich blutig niedergeschlagen wurde, taktierte der preußische König nach anfänglicher Gewalt geschickter und konnte die Revolution in Preußen gewaltlos ersticken.
- Ein gesamtdeutsches Parlament, das in der Frankfurter Paulskirche tagte, erstellte eine Verfassung, entschied sich für eine kleindeutsche Lösung und trug dem preußischen König erfolglos die Kaiserkrone an.
- Die Revolution wurde bis 1849 in Deutschland überall niedergeschlagen.
- Viele Revolutionäre mussten ins Ausland flüchten, das Bürgertum zog sich wieder ins Privatleben zurück und legte den Schwerpunkt auf wirtschaftliche Tätigkeit.
- Die Fürsten wollten das Bürgertum durch Zugeständnisse versöhnen und installierten oder reaktivierten reaktionäre Verfassungen.

Der Vormärz

Der Begriff „Vormärz“ kennzeichnet den Zeitraum der deutschen Geschichte **zwischen dem Wiener Kongress 1815 und der März-Revolution in Deutschland 1848**. Er war geprägt vom Gegensatz zwischen absolutistischer Restauration auf der einen Seite und Liberalismus und nationaler Bewegung auf der anderen Seite.

Der Liberalismus

Der Liberalismus (→ S. 17, 31, 69, 92, 94) ist eine Staats- bzw. Gesellschaftsauffassung, die in geistiger, politischer und wirtschaftlicher Hinsicht für die **freie Entfaltung des Individuums gegen staatliche Bevormundung eintritt**. Der Begriff tauchte zum ersten Mal 1812 in Spanien auf.

Kennzeichen des Liberalismus im Vormärz

Der Liberalismus fußt auf der Vertrags- und Naturrechtslehre der Aufklärung. Grundlage der Freiheit des Menschen ist die Selbstständigkeit des Menschen im Denken, Urteilen und Handeln. Der Liberalismus vertraut auf den Fortschritt der Vernunft (Fortschrittsglaube). Eigennutz ist gesellschaftlich gesund, solange als Gegengewicht Toleranz geübt wird. Das Toleranzprinzip lässt eine große Zahl verschiedener Ideen und Werte bei den Liberalen zu.

Die Träger des Liberalismus

Liberale Ideen wurden vor allem vom **Besitz- und Bildungsbürgertum** vertreten. Da dieses hohe Steuern zahlte, beanspruchte es vom Staat entsprechende politische Rechte. Außerdem wollte es sich auch wirtschaftlich der staatlichen Bevormundung durch den Absolutismus entziehen. Der Kampf des Bürgertums erfolgte in zahlreichen kleinen Vereinen und Bünden und durch die bürgerlichen Akademiker, die einen großen Teil der Beamten stellten (Beamtenliberalismus).

Forderungen des Liberalismus

Grundsätzlich fordert der Liberalismus ein **Höchstmaß an geistiger und wirtschaftlicher Freiheit des Individuums**. Dies bedeutet gleichzeitig den Rückzug des Staates und seiner Macht aus dem gesellschaftlichen Bereich, wo immer dies möglich ist.

Der Liberalismus ist das **Ergebnis der bürgerlichen Aufklärung**. Er fordert Vernunft, Toleranz und Handlungsfreiheit des Bürgers, vor allem auch im wirtschaftlichen Bereich. Die Freiheitsrechte des Bürgers, vor allem Meinungs-, Glaubens- und Gewissensfreiheit sind wie alle anderen Bürgerrechte in einer **Verfassung** niederzulegen. Bürgerrechte sind Recht auf Leben, Freiheit und Eigentum. Organisatorisch verlangt der Liberalismus vom Staat ein **parlamentarisches Zweikammersystem, Gewaltenteilung und Volksheer.** Wirtschaftliche Forderungen sind dem Bürgertum besonders wichtig: freie Nutzung des Privateigentums, **Rückzug des Staates aus der Wirtschaft.** Träger des Liberalismus ist das Bürgertum.

Forderungen im geistigen Bereich

- Meinungsfreiheit und Freiheit der Lehre;
- Glaubens- und Gewissensfreiheit.

Forderungen im politischen Bereich

- Abwehr politischer Allmacht des Staates und Schutz des Bürgers durch Verfassung;
- Recht auf Leben, Freiheit (des Handelns) und Eigentum;
- Gewaltenteilung;
- nationale Einigung als Voraussetzung der Verwirklichung eines liberalen Staatswesens;
- Volksvertretung durch Zweikammersystem;
- unabhängige Schwurgerichte;
- Volksbewaffnung (Kampf gegen das adelige Offiziersmonopol);
- Pressefreiheit.

Forderungen im wirtschaftlichen Bereich

- Ungehinderte wirtschaftliche Entfaltung des Einzelnen;
- Rückzug des Staates aus dem wirtschaftlichen Bereich;
- Recht auf freie Nutzung von Privateigentum.

Der Nationalismus

Nationalismus bezeichnet aus soziologischer Sicht den **Bewusstwerdungs- und Integrationsprozess einer Großgruppe (Nation)**, die sich, während sie eine eigene Identität entwickelt, von einer Umwelt anderer Nationen bzw. Staaten abgrenzt. Das dazu nötige Nationalbewusstsein entwickelt sich dabei aus dem Aufstieg einer neuen Gesellschaftsschicht (z. B. Bürgertum), dem Kampf eines sich bewusst werdenden Volkes gegen eine fremde Herrschaft und der Bewusstheit einer eigenen Kulturnation.

Grundzüge der historischen Entwicklung

Im Spätmittelalter entstanden in Europa mit dem Übergang vom Personenverbands- zum Territorialstaat in England und Frankreich in sich geschlossene Staatsnationen. In der Französischen Revolution konnten die revolutionären bürgerlichen Kräfte das im Volk verankerte Nationalgefühl gegen den Absolutismus ausnutzen. Die französische Republik ersetzte den Treueid gegenüber dem Monarchen durch den nationalen Treueschwur. Daraus entwickelte sich in Frankreich der bürgerliche Nationalismus.
In Deutschland existierte im Spätmittelalter ebenfalls ein lebhaftes Nationalbewusstsein. Die Vorstellung von der deutschen Nation blieb aber aufgrund der politischen und territorialen Zersplitterung des Reiches auf den kulturellen Bereich beschränkt. Es entstand in Deutschland der Begriff der Kulturnation (Nation = Volk mit einheitlicher sprachlicher und kultureller Tradition ohne Berücksichtigung seiner staatlichen Grenzen).

Entstehung des Nationalismus in Deutschland

Der Nationalismus in Europa entstand im Spätmittelalter im Krieg zwischen Frankreich und England. Die französische Republik förderte den Nationalismus als Ersatz für die Treue zum Monarchen. Mit den **napoleonischen Kriegen** sprang der Funke des Nationalismus auf ganz Europa über. Im Abwehrkampf gegen Napoleon nutzten die deutschen Fürsten den neu entstandenen deutschen Nationalismus, versuchten ihn aber seit dem Wiener Kongress wieder zu unterdrücken.

Zur Zeit des Ausbruchs der Französischen Revolution erschien die Schaffung eines deutschen Nationalstaates aussichtslos. Die Gründe lagen in der **politischen Struktur des Deutschen Reiches**, das aus zahlreichen Staaten verschiedener Größe bestand und dem gering entwickelten Nationalgefühl in der Bevölkerung, die eher eine Art „Lokalpatriotismus" gegenüber der jeweiligen Landesherrschaft pflegte. Darüber hinaus herrschte im gebildeten Bürgertum die aufgeklärte Vorstellung von Deutschland als Kulturnation.
Erst das Vorbild des französischen Nationalismus und die Förderung des nationalen Gedankens durch Napoleon selbst, soweit er ihm politisch Vorteile brachte, erzeugte, in Verbindung mit den Belastungen der napoleonischen Fremdherrschaft, den deutschen Nationalismus. Dieser wurde nun auch von den deutschen Fürsten im Abwehrkampf gegen Napoleon ausgenutzt. Die Kulturströmung der Romantik förderte Nationalismus durch Hinwendung zur deutschen Geschichte und deren Mystifizierung.

Kennzeichen des Nationalismus im Vormärz

- Verbindung der Ideen von Freiheit und Gleichheit mit dem Streben nach nationaler Einheit;
- Glaube an das Selbstbestimmungsrecht der Nation (Prinzip der Volkssouveränität);
- als Merkmale der Nation galten z.B. die Siedlungsräume in ihren natürlichen Grenzen oder biologische Abstammung, kulturelle Gemeinsamkeiten wie Sprache, Religion und Tradition, politische Faktoren wie gemeinsame Geschichte oder das Gefühl gemeinsamer politischer Bedrohung von außen, subjektive und irrationale Vorstellungen wie Bewusstsein einer Schicksalsgemeinschaft oder Existenz bloßen Nationalgefühls innerhalb einer Gruppe;
- nationaler Freiheitsbegriff als Freiheit von Fremdbestimmung und Fremdherrschaft anderer Nationen;
- der nationale Gedanke konnte mit allen anderen politischen Richtungen verbunden werden;
- nationale Ideen übersteigerten sich oft zum Nationalismus und zum Chauvinismus;
- der Nationalismus ist oft Teil des politischen Selbstverständnisses bürgerlicher Herrschaft.

Der deutsche Nationalismus wurde im Vormärz mit dem Liberalismus verbunden. Vor allem das **Groß- und Bildungsbürgertum** verschrieb sich dieser Idee. Aber auch unter **Frühsozialisten** war der Nationalismus verbreitet.

Forderung war die Idee, dass eine Bevölkerung infolge gleicher Abstammung, Geschichte, Sprache, Kultur oder auch nur aus Zusammengehörigkeitsgefühl auf dem von ihr bewohnten Territorium **in freier Selbstbestimmung einen eigenen Staat errichten darf**, der sie von anderen Bevölkerungen abgrenzt.
In Deutschland war dementsprechend umstritten, was zu Deutschland gehören sollte (**Was ist des Deutschen Vaterland?**). Unbestritten blieb das Recht anderer Völker, Nationen zu bilden.

Träger des Nationalismus im Vormärz

- Studenten und einige Professoren, die meist aus der Schicht des Groß- und Bildungsbürgertums hervorgingen. Sie organisierten sich in Burschenschaften und waren oft radikal;
- die meist aus kleinbürgerlichen Schichten stammenden Republikaner und Frühsozialisten bildeten anfänglich die kleinste Gruppe. Sie waren in kleinen Klubs und Zirkeln organisiert und dachten radikal;
- gemäßigter zeigte sich die gebildete und begüterte bürgerliche Oberschicht, die zahlreiche liberale Zirkel und Vereine gründete, in denen sie ihre Ideen wach hielten und weiterentwickelten.

Forderungen des Nationalismus im Vormärz

- Ein einheitlicher deutscher Nationalstaat sollte möglichst alle zum deutschen Sprach- und Kulturkreis gehörenden Menschen umfassen;
- die Bevölkerungsgruppen sollten selbst bestimmen, zu welcher Nation sie gehören wolten, oder ob sie einen eigenen Staat gründen wolten;
- das Prinzip der nationalen Selbstbestimmung sollte auf alle Völker Europas angewendet werden.

Folgen und Entwicklungen

Das Wartburgfest

Viele deutsche Studenten hatten während des Freiheitskrieges gegen Napoleon als Freiwillige gekämpft. Der starke Idealismus und Patriotismus, den sie dabei entwickelt hatten, wurde durch die Ergebnisse des Wiener Kongresses tief enttäuscht. So entstanden an einigen Universitäten **ab 1815 patriotische Studentenvereinigungen. 1817** trafen sich ca. 500 Mitglieder dieser so genannten Burschenschaften auf der **Wartburg** in Thüringen zu einer Gedenkfeier, in deren Verlauf Schriften reaktionärer Autoren sowie Symbole der obrigkeitshörigen Verwaltung und Armee (Zopf und Korporalstock) verbrannt wurden. Diese symbolische Verbrennung schuf bei den Regierungen der deutschen Staaten Misstrauen gegenüber der akademischen Jugend und ihren Lehrern.

Die Karlsbader Beschlüsse

Das national und liberal orientierte Treffen von Burschenschaften auf der **Wartburg** und später die Ermordung Kotzebues gaben den herrschenden deutschen Absolutisten den Vorwand, mittels der so genannten **Karlsbader Beschlüsse** gegen die nationale und liberale Opposition vorzugehen. Überwachung der Universitäten, Pressezensur, Kontrolle von Vereinen, Bespitzelung Verdächtiger wurden vorgenommen, um politische Straftäter ausfindig zu machen.

Im Jahr **1819** erdolchte der radikale Student Karl Ludwig Sand den Schriftsteller August von Kotzebue, der sich durch seine spöttische Kritik an der studentischen nationalen Bewegung unbeliebt gemacht hatte und als Agent für den Zaren Berichte schrieb. Bei den restaurativen Regierungen, die in dem Mord nur die logische Fortsetzung der Ereignisse auf der Wartburg sahen, machte sich Entsetzen breit. Noch im selben Jahr einigten sich die Bundesstaaten in Karlsbad auf eine Liste von Beschlüssen:

- Einführung der Pressezensur und Kontrolle der Vereine;
- Entlassung oppositioneller Hochschullehrer;
- Überwachung der Universitätsvorlesungen durch Staatskommissare;
- Verbot der Burschenschaften;
- Zentraluntersuchungskommission für politische Straftaten in Mainz.

Die Karlsbader Beschlüsse wurden in allen Bundesstaaten rigoros durchgeführt. Einige Intellektuelle mussten sich im Ausland in Sicherheit bringen und einige Lehrer wurden entlassen. Die Bespitzelungen führten bei Professoren zu einer unpolitischen Haltung. Die süddeutschen Landtage wurden zur Wirkungslosigkeit verurteilt. Durch die Kontrolle der Vereine wurde die Bildung von Parteien verhindert und die Pressezensur machte eine Beeinflussung der öffentlichen Meinung für die Opposition unmöglich. **Das unabhängige politische Denken in Deutschland war zum Schweigen gebracht.**

Das Hambacher Fest

Als der bayerische König sich zunehmend verfassungsfeindlich zeigte, reagierten besonders die Pfälzer Oppositionellen, die enge Verbindungen zu demokratischen Gruppen im französischen Elsass unterhielten. **Die politischen Radikalen hatten sich organisiert** und hielten 1832 am Hambacher Schloss eine Feier zum Jahrestag der bayerischen Verfassung ab. Trotz Verbotes kamen etwa 30000 Menschen aus Süddeutschland und dem Elsass. Die dort gehaltenen Reden waren für damalige Verhältnisse sehr radikal. Im Vordergrund stand das **Verlangen nach nationaler Einheit**. Die Versammlung hatte sich als Zeichen die schwarz-rot-goldenen Farben der Studentenverbindungen gewählt. Seitdem waren sie die Farben der demokratischen Bewegung in Deutschland. Das Hambacher Fest übertraf alle Erwartungen seiner Organisatoren. Deshalb leiteten die restaurativen Regierungen des Bundes die Unterdrückung der neu erstarkten Opposition in die Wege.

Die Revolution 1830 in Frankreich ließ aber neuen Widerstand wachsen, der in Aktionen, wie dem **Hambacher Fest**, dem **Frankfurter Wachensturm** oder der Eidesverweigerung von **sieben Göttinger Professoren** mündete.

Der Frankfurter Wachensturm

1833 hatten sich einige Burschenschaften reaktiviert. In der Hoffnung, es werde in Deutschland eine Revolution ausbrechen, versuchten einige dieser studentischen Gruppen, die Frankfurter Hauptwache zu stürmen, um anschließend den Bundestag zu besetzen. Das Vorhaben schlug jämmerlich fehl und bot der Reaktion den gewünschten Anlass, um gegen die Opposition loszuschlagen. **1834 beschlossen die deutschen Fürsten eine erneute Verschärfung des Kampfes gegen Liberale, Nationale und Demokraten.** Sie setzten eine neue Zentraluntersuchungskommission ein und es folgte eine Flut von Untersuchungen und Gerichtsaktionen.

Der Versuch studentischer Gruppen, die Frankfurter Hauptwache zu stürmen, schlug fehl und löste die Verschärfung des Kampfes der reaktionären Fürsten gegen Liberale, Nationale und Demokraten aus.

Die Göttinger Sieben

Als 1837 der neue König von Hannover die Beamten ihres Eides auf die Verfassung entband, erklärten **sieben Göttinger Professoren** sich auch weiterhin an den Eid gebunden. Alle sieben wurden **sofort entlassen**. Das Bürgertum finanzierte die Gelehrten so lange, bis sie in anderen deutschen Staaten neue akademische Stellen gefunden hatten.

Der König von Hannover entließ sieben Göttinger Professoren, die an der Vereidigung auf die Verfassung festhielten.

Biedermeier und das Junge Deutschland

Die absolutistisch herrschenden Fürsten erstickten den Widerstand mit rigorosen Polizeimaßnahmen.
Das Bürgertum selbst flüchtete sich ins Private, ins ästhetisierende und romantisierende **Biedermeier**, das die heile häusliche Welt als Gegengewicht zur tyrannischen Öffentlichkeit betonte.

Allgemeine politische Enttäuschung, Hoffnungslosigkeit und Unfreiheit des deutschen Bürgertums, mit der Folge des Rückzugs ins Private, fanden ihren kulturellen Niederschlag in der Epoche des **Biedermeier**. Sie war gekennzeichnet durch die Betonung des Gemüts und Weltschmerzes bis zum Lebensüberdruss (vgl. Romantik). Die Grundlagen der sozialen Beziehungen sind Häuslichkeit und Geselligkeit in Familie und Freundeskreis.
Nach dem Hambacher Fest mussten einige Schriftsteller der so genannten „jungdeutschen Schule" wegen ihrer scharfen Kritik an den bestehenden politischen Verhältnissen als „subversive Elemente" aus Deutschland fliehen. Vom Ausland aus übten sie dennoch großen Einfluss auf die deutsche Kultur aus, allen voran **Georg Büchner, Heinrich Heine** und **Ludwig Börne**.

Der Pauperismus (Massenarmut)

Die Zeit des Vormärz kennzeichnete **weit verbreitete Armut**.

Ursachen der frühindustriellen Massenarmut (= Pauperismus)

Medizinischer Fortschritt und Beendigung der absolutistischen Politik der Bevölkerungsregelung führten zu **starkem Bevölkerungszuwachs, dem keine entsprechend steigende Wirtschaftsleistung gegenüberstand**. Die Folge waren Hungerkrisen, Landflucht, Auswanderung und erste sozialistische Ideen. Die absolutistischen Staaten reagierten mit Förderung der Lebensmittelproduktion, Straßenbau und vorsichtiger Sozialgesetzgebung.

- Starke **Zunahme der Bevölkerung**, medizinischer Fortschritt (Gesundheit und Lebensdauer), Friedenszeit durch Wiener Kongress, Bevölkerungsanstieg um 50 % 1800–1850;
- **Landflucht**;
- **Zunahme von Armut** durch Erwerbslosigkeit infolge ungenügenden Arbeitsangebotes bei Bevölkerungszunahme, Rationalisierung in der Landwirtschaft (adelige Großgüter) und infolge des Überangebotes handwerklicher Arbeitskraft (Gewerbefreiheit → Verlagswesen S. 203).

Die Folgen des Pauperismus

- **Ernährungskrisen** wie etwa die Hungerkrise 1816/17;
- **Anwachsen der Städte**, Elendsviertel, neue soziale Probleme;
- Entstehen **erster frühsozialistischer Gedanken**;
- die deutschen Bundesstaaten gerieten unter Handlungsdruck, verbesserten die Verkehrswege, begannen mit erster zaghafter Sozialgesetzgebung und gezielter Förderung der Lebensmittelproduktion;
- **Auswanderung**.

Die Revolution 1848/49 (Märzrevolution)

Geistige und politisch-gesellschaftliche Voraussetzungen

Die Aufklärung

Die **Naturrechtsphilosophie** der Aufklärung hatte im 18. Jahrhundert das Bild des Menschen entscheidend verändert. Die Schriften der Philosophen wurden jetzt nicht nur mehr vom Adel, sondern auch vom vermögenden Bildungsbürgertum gelesen. Die Gedanken John Lockes (1632–1704), Montesquieus (1689–1755), Rousseaus (1712–1778) und Adam Smiths (1723–1790) waren **Grundbestandteile bürgerlicher Bildung** geworden.

Menschenrechte und Demokratie in der Französischen Revolution

Schon zu Beginn der Französischen Revolution waren nach amerikanischem Vorbild die Menschenrechte in der „Déclaration des droits de l'homme et du citoyen" (1789) formuliert worden. Diese Menschenrechtsdeklaration wurde der Verfassung von 1791 vorangestellt. Damit hatte die Revolution die Forderung nach allgemein gültigen Menschenrechten durch das europäische Bürgertum eingeleitet. Das Vorbild der revolutionären französischen Demokratie hatte die Funktionsfähigkeit demokratischer Einrichtungen bewiesen. Die Revolutionsarmeen brachten diese Einrichtungen auch nach Deutschland und ein großer Teil des westdeutschen Bürgertums lernte die Gemeindeselbstverwaltung und andere Mitbestimmungsrechte kennen und schätzen. Der **größte Teil des liberalen Besitz- und Bildungsbürgertums** lehnte jedoch die **völlige Verwirklichung von politischer Gleichheit und Demokratie**, nämlich Wahlgleichheit und republikanische Verfassung, als **zu radikal** ab.

Das Bürgertum hat die **Ideen der Aufklärung** übernommen. Die Französische Revolution hatte gezeigt, dass die Ideen von Demokratie und Menschenrechten politisch realisierbar waren. Das Bürgertum wollte aber mehrheitlich die **Beibehaltung der Monarchie** und **kein gleiches Wahlrecht**.

Liberale Bestrebungen in Deutschland

Die Wurzeln des deutschen Liberalismus lagen im Vorbild der Französischen Revolution und in den Erfahrungen mit der liberalen französischen Verwaltung in den besetzten deutschen Gebieten (1795–1815). Dazu traten die liberalen Reformen der Befreiungskriege und die liberalen Bestrebungen der gebildeten bürgerlichen Beamtenschaft. Vielerorts gab es bürgerliche, liberale Zirkel und Vereine. Ein Hauptbestreben des Bürgertums war die Emanzipation von der wirtschaftlichen Bevormundung durch den Staat.

Der Gedanke der nationalen Einheit Deutschlands

Liberale und nationale Gedanken bildeten den Kern des oppositionellen Denkens. Träger des liberalen und nationalen Gedankengutes war das **Besitz- und Bildungsbürgertum**. Den nationalen Einheitsgedanken nutzen aber **auch Konservative** in Preußen für die Idee einer preußischen Hegemonie über Deutschland.

Der nationale Gedanke in Deutschland hatte sich entwickelt aus:

- dem Vorbild des französischen revolutionären Nationalismus;
- dem gemeinsamen Befreiungskrieg gegen Napoleon;
- der Pflege des Nationalgedankens in Burschenschaften und Vereinen und der Entwicklung nationaler Tendenzen in Geisteswissenschaften und Literatur (Romantik);
- der Organisation eines deutschen Wirtschaftsraumes (Zollverein → S. 50, 60);
- der Förderung durch preußische Nationalisten, die glaubten, über den deutschen Nationalstaat die Hegemonie Preußens über den Rest der deutschen Staaten erringen zu können;
- der allgemeinen nationalen Strömung in Europa.

Der Druck der Reaktion

Seit dem Hambacher Fest 1832 versuchte die absolutistische Reaktion verstärkt liberale, nationale und demokratische Bestrebungen zu unterdrücken. Zensur, politische Gerichtsverfahren mit harten Urteilen, Berufsverbote, Ausweisungen, polizeiliche Verfolgung und Bespitzelung, die Überwachung der Universitäten und Vereine und das Verbot der Burschenschaften verärgerten das Bürgertum zunehmend und verstärkten dessen Enttäuschung über das Ausbleiben der Versprechungen des Wiener Kongresses. In Österreich und Preußen war das Verfassungsversprechen von 1815 noch immer nicht eingelöst. Viele Fürsten von verfassten Klein- und Mittelstaaten kümmerten sich einfach nicht um die Verfassungsschranken.

Zunahme der politischen Organisation in Deutschland

Ab 1840 wurde Deutschland zusehends politischer. Die Märzforderungen nach der Februarrevolution in Frankreich zeigten eine deutliche Radikalisierung der Forderungen.

Ab 1840 entstanden in Deutschland immer mehr bürgerliche politische Zirkel und Vereine, das Interesse der Öffentlichkeit an der Politik nahm zu. Außerdem führte die Bedrohung der Rheingrenze durch Frankreich im Jahr 1840 zur Aktivierung der nationalen Bewegung in Deutschland. Dennoch waren diese Klubs klein und selten.

Die Märzforderungen

Die so genannten Märzforderungen, 1848 im süddeutschen Raum formuliert, enthielten folgende Postulate:

- Einführung neuer oder Reaktivierung „eingefrorener" Verfassungen;
- Garantie der Menschen- und Bürgerrechte; Abschaffung der Karlsbader Beschlüsse und politische Mitbestimmung für weite Kreise der Bevölkerung (z.B. Minderung oder Aufhebung des Wahlzensus);
- Forderung nach mehr sozialer Gerechtigkeit, z.B. Recht auf Arbeit;
- Forderung nach Einheit der deutschen Nation.

Gesellschaftliche Voraussetzungen – Soziale Spannungen

Die Veränderung der Gesellschaftsstruktur wurde durch eine Reihe von Maßnahmen und Entwicklungsfaktoren ausgelöst, z.B. die Reformen in Preußen und den süddeutschen Staaten während der napoleonischen Ära.

Die **Bauernbefreiung** hatte für viele Bauern keinen Gewinn gebracht, da sie durch Entschädigungszahlungen an frühere Gutsherren entweder hoch verschuldet waren oder durch Überschuldung und Abtretung (Ablösung) des Bodens ihren Hof ganz an die Grundherren verloren hatten.

Bauernbefreiung, Einführung der Gewerbefreiheit, Landflucht, Industrialisierung und der Zerfall der Großfamilien führten viele Menschen ins Elend. Es entstand eine **neue Schicht verelendeter Lohnarbeiter, das Proletariat.**

Die **Einführung der Gewerbefreiheit** führte zu erhöhter Konkurrenz. Die Preise für gewerbliche Produkte sanken, die Zahl der Betriebe nahm zu, während die Gewinnspannen im Handwerk zurückgingen.

Die Zahl der Arbeitsplätze in Landwirtschaft und Gewerbe stieg nicht im gleichen Verhältnis wie die Bevölkerungszahl. Die Folge war **Landflucht** der Bauern in die Städte, wo sie auf Arbeit im gewerblichen Sektor hofften. Das Überangebot an Arbeitskräften führte zum Verfall der Löhne.

Die Industrielle Revolution und die Rationalisierung der Produktion in Landwirtschaft und Gewerbe führten zur Zunahme der Lohnarbeit. Als neue soziale Schicht begann die Arbeiterklasse, das **Proletariat**, zu entstehen (Proletarisierung). Mit dem Zuzug von Teilen der Landbevölkerung in die Städte zerbrach die bäuerliche Großfamilie. Die neu entstehende städtische Kleinfamilie konnte aber den sozialen Schutz der großfamiliären Solidargemeinschaft nicht leisten. Dadurch verschlechterte sich für große Teile der Bevölkerung die soziale Lage noch mehr.

1846/47 kam es in Deutschland zu **Hungerkrisen und Elendsaufständen.**

1846/47 kam es in Deutschland infolge von Missernten und der stark angespannten Lage in der Agrarproduktion zu einer **Hungerkrise**, die zu örtlichen Unruhen führte. Darüber hinaus entstand die erste, durch den verstärkten Einsatz von Maschinen bedingte, **soziale Krise** in Deutschland, nämlich der Aufstand der schlesischen Weber, deren Heimarbeit mit der maschinellen Textilproduktion nicht mehr Schritt halten konnte.

Der Verlauf der Revolution

Die Revolution in Preußen

Im März 1848 begann die **französische Februarrevolution auf Deutschland überzugreifen**. Erste Unruhen in Berlin konnte der preußische König durch Zugeständnisse eindämmen.

Friedrich Wilhelm IV.

Der neue König Friedrich Wilhelm IV. dachte patriarchalisch-historisch. Die **1815 versprochene Verfassung wollte der König so wenig gewähren wie ein vom Volk gewähltes Parlament**. Die **1847** vom preußischen Monarchen eingerichtete **ständische Volksvertretung**, der so genannte „Vereinigte Landtag", stieß wegen seiner geringen Macht **bei den Liberalen auf Ablehnung**.

Der Ausbruch der Revolution in Berlin

Bei der ersten Einberufung des Vereinigten Landtages verweigerte dieser dem König eine Staatsanleihe. Der König **löste den Landtag wieder auf**. Als die Liberalen in Berlin daraufhin unruhig wurden, gab der Monarch nach, weil er die Wirkung der in Paris ausgebrochenen bürgerlichen Revolution fürchtete. Er machte dem Bürgertum wesentliche Zugeständnisse, nämlich Aufhebung der Zensur, Wiedereinsetzung des Landtages und das Versprechen einer Verfassung. Die gespannte Situation in Berlin schien bereinigt. Am 18. März kam es zu Massenversammlungen vor dem Berliner Schloss, als die Berliner dem König danken wollten. Dabei lösten sich aus den Gewehren der Wachtruppen vor dem Schloss einige Schüsse. Schon in den Tagen zuvor hatte es in Berlin bei einigen Zusammenstößen mit dem Militär Tote gegeben. Die Berliner glaubten jetzt, der König habe sie verraten. Die Folge waren erbitterte und blutige Barrikaden- und Straßenkämpfe zwischen Revolutionären aus allen Bevölkerungsschichten und der preußischen Armee, die noch immer fest in der Hand des Königs war. Es gab 143 Tote.

Die Revolution in Berlin begann **aus Versehen**.

Das Einlenken des Königs

Der König gab bis zum Äußersten nach, ehrte die gefallenen Barrikadenkämpfer, heuchelte deutschen Nationalismus und **gestand eine liberale Verfassung zu**.

Die Unsicherheit Friedrich Wilhelms, der von dem Blutbad sehr betroffen war, kennzeichnet den weiteren Verlauf der Ereignisse in Preußen.

- 19.3.1848 Proklamation „An meine lieben Berliner"; der König verspricht, die Truppen aus Berlin abzuziehen und ehrt öffentlich gefallene Revolutionskämpfer, die so genannten Märzgefallenen.

- 21.3.1848 Der König reitet durch Berlin mit schwarz-rot-goldener Armbinde als Zugeständnis an die Nationalbewegung. In seinem Aufruf „An mein Volk und an die deutsche Nation“ erklärt Friedrich Wilhelm IV: „Fortan geht Preußen in Deutschland auf.“
- 28.3.1848 Bildung eines liberalen Kabinetts
- 22.5.1848 Zusammentreten der aus allgemeinen und gleichen Wahlen hervorgegangenen verfassunggebenden Versammlung

Preußen blieb bis zum Jahresende innenpolitisch instabil.

Die Revolution in Österreich

Politisch-ethnische Spannungen in der Donaumonarchie

Der österreichische Außenminister Metternich hatte die von ihm im Deutschen Bund durchgesetzte restaurative Politik in Österreich besonders gründlich betrieben. Der harte Druck von Polizei und Zensurapparat unterband nahezu jede oppositionelle Tätigkeit. In Wien hatte die Arbeiterschaft aus den Vorstädten wegen der sozialen Missstände, unter denen sie zu leiden hatte, ein besonders starkes revolutionäres Bewusstsein entwickelt. Gleichzeitig verschärfte sich der Nationalgedanke der nichtdeutschen Völker in der Donaumonarchie. Bürgertum, Arbeiter, Tschechen, Italiener und Ungarn waren zur Revolution bereit.

CLEMENS WENZEL LOTHAR FÜRST VON METTERNICH (1773–1859)

- aus rheinischem Adel
- seit 1809 österreichischer Außenminister
- führender Politiker der Restaurationszeit
- erschafft gegen die liberale und nationale Opposition in Österreich und Deutschland das „Metternichsche System“ der Unterdrückung
- er wird 1849 aus Wien verjagt, kehrt 1851 wieder zurück, bekleidet aber keine politische Position mehr

PORTRÄT

Im Vielvölkerstaat kam es zu **Nationalaufständen der Tschechen, Ungarn und Italiener,** die genauso wie der **bürgerliche und Arbeiteraufstand in Wien** von der österreichischen Armee brutal niedergeworfen wurden. Gegen Ungarn half sogar der Zar.

Der Verlauf der Revolution in Österreich

Am 13. März kam es in Wien zu Unruhen; Metternich wurde vertrieben. Ein weiterer Aufstand im Mai führte zur Einrichtung eines verfassunggebenden Reichstages und zur Beseitigung der Leibeigenschaft, soweit diese noch bestand. Gleichzeitig brach unter den anderen Völkern der Donaumonarchie die nationale Revolution aus:

- Den Pfingstaufstand in Prag unterdrückten die Truppen des Feldmarschalls Fürst Windischgrätz mit brutaler Gewalt.
- Den Aufstand in Oberitalien beendete im Sommer 1848 Feldmarschall Radetzki, mit der Eroberung Mailands.
- Der ungarische Aufstand wurde erst 1849 durch einen russisch-österreichischen Zangenangriff besiegt.
- Den großen Oktoberaufstand in Wien, der den Hof zwang, nach Olmütz zu fliehen, warf Windischgrätz blutig nieder.

In Österreich wurde der **Absolutismus noch verschärft** und die Völker noch stärker unterdrückt.

Auswirkungen und Ergebnisse

Mit dem Sturz Metternichs ging die **Ära der Restauration auch in Österreich zu Ende**. Nur die Armee konnte die Donaumonarchie gegen die demokratische und nationale Bewegung retten. Für Österreich wurde die Integration der verschiedenen Völker zum politischen Hauptproblem. Die Regierung Schwarzenberg verschärfte den Kurs Metternichs noch durch ihr rigoroses Vorgehen gegen politische Gegner und gegen die auf Verwirklichung ihrer nationalen Ansprüche drängenden Völker der Donaumonarchie. Damit „belastete er den Staat mit der Hypothek permanenter Auseinandersetzungen, an denen er schließlich zugrunde gehen sollte".

Die Revolution in den Klein- und Mittelstaaten

Die Voraussetzungen

- Die meisten dieser Staaten waren traditionell liberaler als Preußen und Österreich und damit auch empfindlicher für Übergriffe der Regierung;
- bei den süddeutschen Staaten spielte die Nähe zum moderner verfassten Frankreich eine Rolle.

Mehr **Radikalität** herrschte in den **deutschen Kleinstaaten.** Die Fürsten mussten nachgeben.

Der Verlauf

Schon im Februar formulierte man die „Märzforderungen" in Baden. Hier zeigten sich schon zu Beginn der Revolution **Spaltungstendenzen** zwischen den dort zahlreichen **radikalen**, demokratischen Republikanern und den **bürgerlich-gemäßigten** liberalen **Oppositionellen.** Die Regierungen der Klein- und Mittelstaaten „ergaben" sich schnell dem Druck der Öffentlichkeit. Es entstanden liberale Kabinette, die „eingefrorenen" Verfassungen traten wieder in Kraft. In Bayern richtete sich der Volkszorn gegen das Regiment König Ludwigs I., der

zuließ, dass sich seine Geliebte, Lola Montez, in die Politik einmischte.
Nach der Ablehnung der Frankfurter Verfassung durch die Regierungen im Mai 1849 und der Auflösung des Paulskirchenparlaments fanden radikale Aufstände vor allem in Sachsen, im Rheinland, in der Pfalz und in Württemberg statt. Die badische Armee lief zum größten Teil zu den badischen Aufständischen über, der Großherzog flüchtete. Die aus der badischen Armee und Revolutionären gebildete Truppe konnte erst von einem preußischen Korps unter Kronprinz Wilhelm nach schweren Kämpfen niedergeworfen werden. Anschließend gingen preußische Standgerichte rechtswidrig mit drakonischen Strafen (Erschießungen) gegen die Revolutionäre vor.

Das Ergebnis
In den deutschen Klein- und Mittelstaaten verlief die Revolution **anfangs erfolgreich.** Durch das Paktieren des liberalen Besitzbürgertums mit den alten Mächten gegen die Radikalen, die in den Kleinstaaten zahlreicher waren als in den großen Mächten, verlor die Revolution an Kraft. **Die Reaktion setzte sich genau wie in Preußen und Österreich durch.**

In den kleineren Staaten kam es zu schweren Kämpfen, als feststand, dass die Revolution scheitern wird. **Die Revolutionäre verloren.**

Einschätzung und Bewertung der Revolution

Die Erfolge der deutschen Revolution 1848

- **Liberale Kabinette:** In den deutschen Staaten wurden die liberalen Oppositionsführer Regierungschefs.
- **Verfassungsrechtliche Zugeständnisse** und Veränderungen: Wiedereinführung, Revisionen und Verbesserungen der Verfassungen in den Mittel- und Kleinstaaten; Einrichtung verfassunggebender Versammlungen in Österreich und Preußen
- **Liberale Zugeständnisse:** Aufhebung der Gesetzgebung der Karlsbader Beschlüsse; Aufhebung ständischer und feudaler Wirtschaftsprivilegien zugunsten des Besitzbürgertums
- **Politisierung der Öffentlichkeit:** Weckung des politischen Bewusstseins breiter Schichten der Bevölkerung, die Probleme der deutschen Verfassungsdiskussion und der nationalen Einheit blieben nachhaltig in der deutschen Bevölkerung verankert.

Dennoch waren das **nur Anfangserfolge**. Wenige Monate später stellten Regierungen und Monarchen die früheren Verhältnisse wieder her.

Zuerst feierte die Revolution Erfolge: Liberale Kabinette und Verfassungen entstanden. **Deutschlands Bürgertum politisierte sich zum ersten Mal** massenhaft.

Die Ursachen des Scheiterns der Revolution 1848

Die Revolution scheiterte aus folgenden Gründen:
1. Die sozialen Spannungen waren geringer als etwa in Frankreich.

Revolution ohne Mehrheit?

Anders als die Revolution 1789 in Frankreich veränderte die Revolution in Deutschland die Verhältnisse nicht. Dies hatte zum einen den Grund, dass die sozialen und politischen Spannungen in Deutschland nicht so erheblich waren wie in Frankreich vor der Revolution. Daher besaß die Revolution in Deutschland weniger politische Sprengkraft. Weitere Gründe lagen darin, dass das ausgebeutete **Industrieproletariat** entsprechend dem geringen Industrialisierungsgrad Deutschlands noch **gering** war, die **Mehrheit der Bevölkerung auf dem Land ansässig** und von der Revolution in den Städten weniger berührt war und das Jahr 1848 kein Hungerjahr war, wie die Jahre zuvor.

2. Die Mehrheit des Bürgertums wollte keine wirkliche Revolution.

Revolution ohne Revolutionäre?

Die **liberale Mehrheit** des Bürgertums wollte gar **keine radikalen Veränderungen.** Dynastien, Beamtenapparat und Offizierskorps, also die Träger des Absolutismus, sollten nach der Revolution erhalten bleiben. Die Revolution blieb, nachdem das Bürgertum Angst vor dem Druck der Straße bekam, „vor den Thronen stehen". Dem Bürgertum war die **Freiheit des Eigentums wichtiger, als politische Freiheit** und Selbstbestimmung.

Berliner Clubbs

Der politische Clubb. | Der konstitutionelle Clubb. | Der patriotische Verein.

Wir haben eine **Revolution** gemacht! | Man hat eine Revolution **gemacht**! | Na, wer **hat** denn man eigentlich die Revolution gemacht?

Karikatur aus der satirischen Zeitschrift *Kladderadatsch* (1848)

Revolution ohne klare Ziele

Schon vor der Revolution zeichnete sich eine Spaltung der Liberalen in radikale Demokraten und gemäßigte Liberale ab. In der Frage, wie groß die Nation sein und welche Ordnung sie besitzen solle, gab es bei allem Nationalismus kein Einvernehmen. Die Zeit, die deshalb die Nationalversammlung in endlosen Debatten verlor, nutzte die Reaktion umso besser.

3. Unter den Revolutionären herrschte zu wenig Einigkeit.

Revolution ohne Führung

Anders als Frankreich hatte Deutschland **keinen zentralen Ort**, um dort den Sieg der Revolution durchzusetzen. Sie fand in jedem Land getrennt statt. Die Aufstände in Wiens Elendsvierteln, die Berliner Barrikadenkämpfe oder Heckers Revolutionskrieg in Baden waren Einzelereignisse verschiedenen Charakters. **Kein deutscher Staat übernahm** im Verlauf der Revolution eine **Führungsrolle** und **keiner der revolutionären Führer** oder Sprecher vermochte sich in ganz Deutschland **an die Spitze der Bewegung** zu stellen. Die nationalen Egoismen innerhalb der Einzelstaaten waren zu stark; Preußen und Österreich betrieben nach wie vor Großmachtpolitik gegeneinander (Dualismus); der „provisorischen Zentralgewalt“ der Paulskirche fehlten Machtmittel, um ihre Beschlüsse durchzusetzen.

4. Es gab weder einen zentralen Revolutionsort, noch eine zentrale Führung und die nationalen Egoismen der einzelnen Teilstaaten waren zu stark.

Die Folgen des Scheiterns der Revolution 1848

Das Scheitern der Revolution erzeugte beim deutschen Bürgertum **Resignation und Erstarrung**.

- Die bürgerlichen Liberalen wandten sich der **„Realpolitik“** zu.
- Der **Einheitsgedanke** gewann Vorrang gegenüber den Forderungen nach Freiheit und Selbstbestimmung.
- Aber auch die deutsche Einheit versuchte das Bürgertum nicht mehr aus eigener Kraft zu erreichen, vielmehr im Bündnis mit den feudalen Regierungen Deutschlands.
- Das Besitzbürgertum paktierte mit dem absolutistischen Staat aus **Angst vor dem** stärker werdenden **Proletariat**.
- Die Regierungen ließen den Bürgern weitgehende wirtschaftliche Freiheit, die das Bürgertum band und von der Politik ablenkte.
- Zugleich zogen sich große Teile des Bürgertums, wie schon zuvor, wieder in den privaten Bereich zurück.

Dennoch war die Revolution von **großer Bedeutung für die deutsche Geschichte**, denn sie etablierte die **erste gesamtdeutsche Verfassung** und beendete das System der Restauration. Viele liberale Märzzugeständnisse, vor allem für das Großbürgertum, blieben erhalten. In Deutschland entstanden erste politische Parteien.

Nach Ende der Revolution wandte sich das Bürgertum entweder privaten oder wirtschaftlichen Lebensschwerpunkten zu oder es beschäftigte sich mit **„Realpolitik“**, strebte also nur noch das Machbare an. Die **revolutionäre Linke verschreckte das Besitzbürgertum** derart, dass es von nun an mit dem Adel paktierte und dafür eine Schmälerung seiner Rechte in Kauf nahm.

Die Bewertung der deutschen Revolution 1848

Die Ereignisse von 1848/49 waren keine wirkliche Revolution, da sie nicht von der Masse des Volkes ausgingen, sondern vom liberalen Bürgertum, das keine grundlegenden Veränderungen, sondern lediglich einige liberale Zugeständnisse wollte.

Historiker sind sich einig, dass die Ereignisse von 1848/49, verglichen mit 1789, keine wirkliche Revolution waren. Bezüglich ihrer langfristigen Auswirkungen kommen sie jedoch zu unterschiedlichen Ergebnissen. Die "Revolution" wird als schwacher Versuch des zerstrittenen liberalen Bürgertums gesehen, der ohne konkrete politische Auswirkungen geblieben sei. Andere sehen 1848/49 als "epochalen Einschnitt in der deutschen Geschichte", da die Revolution "einen nicht mehr rückgängig zu machenden Prozess der Erneuerung in allen Lebensbereichen" eingeleitet habe. Erstmals habe sich der Ausblick eröffnet "auf eine von politischer Freiheit und sozialer Gerechtigkeit bestimmte Gesellschaftsordnung, in der der Einzelne nicht mehr Objekt fremder Befehlsgewalt, sondern Subjekt eigener Entscheidung ist. ... Die geschichtliche Entwicklung hat gezeigt, dass die Ideen von 1848 mächtiger und zukunftsträchtiger waren als die Ideen von 1871, auf denen der Obrigkeitsstaat Bismarcks beruhte."[2]

Die Frankfurter Nationalversammlung

Die Nationalversammlung in der Frankfurter Paulskirche war das erste frei gewählte Parlament, das Vertreter der gesamten deutschen Nation umfasste. Die von ihm geschaffene Verfassung hatte auf die deutsche Verfassungsgeschichte großen Einfluss.

Das Vorparlament

Das ohne Wahl von überwiegend süddeutschen Demokraten und Liberalen provisorisch einberufene Vorparlament einer verfassunggebenden Nationalversammlung war zerstritten und konnte sich lediglich auf eine deutsche Einheit mit einem Monarchen an der Spitze einigen.

Die Erfolge der Märzrevolution führten dazu, dass schon am 5. März ein Ausschuss vornehmlich süddeutscher Vertreter der Demokraten und Liberalen einen Siebener-Ausschuss wählte, der Ende März ein Vorparlament nach Frankfurt einberief. Das ohne Wahl berufene provisorische Parlament leitete Wahlen zur verfassunggebenden Nationalversammlung ein, ohne den Verlauf der Revolutionsereignisse abzuwarten. Im Vorparlament und dem von ihm berufenen Fünfziger-Ausschuss kam es zwischen gemäßigten Liberalen und radikalen Demokraten zu ersten Auseinandersetzungen, als die Radikalen unter der Führung der südwestdeutschen Abgeordneten Hecker und Struve versuchten, schon jetzt die Republik auszurufen und das Vorparlament zur legitimen Volksvertretung zu erklären. Die gemäßigten Liberalen konnten sich jedoch mit großer Mehrheit durchsetzen, die Frage der deutschen Einheit zusammen mit den deutschen Monarchen zu klären. Damit war eine **Vorentscheidung für das monarchische Prinzip** gefallen, das die gemäßigten Liberalen aus Angst vor der „Straße" erhalten wollten.

Die Konstituierung

Am **1. Mai 1848** wurde die **Frankfurter Nationalversammlung** in allen Staaten des deutschen Bundes gewählt. Die Wahl der einzelnen Abgeordneten erfolgte nach den Grundsätzen der Persönlichkeitswahl, d.h. sie war frei, gleich, unmittelbar und geheim.
Am **18. Mai** wurde die Nationalversammlung **feierlich eröffnet**. Unter den 830 Abgeordneten (mit Stellvertretern) befanden sich zahlreiche angesehene und bekannte Persönlichkeiten. Zum Präsidenten der Versammlung wurde **Heinrich von Gagern** gewählt, ein angesehener Liberaler, der an den Freiheitskriegen teilgenommen hatte und aktiver Burschenschaftler gewesen war. Die Zahl der wirklich in Frankfurt anwesenden Abgeordneten schwankte zwischen 300 und 500. Dies lag daran, dass die Abgeordneten anderweitigen Verpflichtungen nachzukommen hatten und Reisen sehr beschwerlich waren. Die Abgeordneten fanden sich in lockeren Gruppen zusammen, die nach dem jeweiligen Tagungsort benannt waren. Im Parlament saßen die Abgeordneten wie im französischen Parlament seit 1814 je nach politischer Einstellung auf einer bestimmten Seite (vom Präsidenten aus gesehen):

Konservative (Rechte)	ca. 40 Abgeordnete
Gemäßigte Liberale (Rechte)	ca. 120 Abgeordnete
Liberale (Rechtes Zentrum)	ca. 40 Abgeordnete
Fortschrittliche Liberale (Linkes Zentrum)	ca. 130 Abgeordnete
Gemäßigte Demokraten (Linke)	ca. 55 Abgeordnete
Radikaldemokraten (Linke)	ca. 50 Abgeordnete
Gesamt	ca. 435 Abgeordnete

Daneben existierte eine **sehr große Zahl von fraktionslosen Abgeordneten**, die nicht bereit waren, sich zu organisieren und festzulegen.

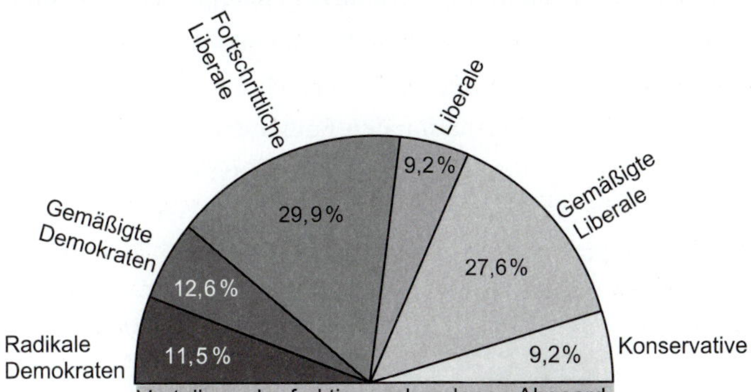

Verteilung der fraktionsgebundenen Abgeordneten in der dt. Nationalversammlung 1848

In ganz Deutschland wurde am 1. Mai 1848 in freier, gleicher, unmittelbarer und geheimer Wahl das **erste demokratische Parlament Deutschlands** gewählt. Es tagte in Frankfurt, der Bundeshauptstadt. Das Parlament schwankte größenmäßig zwischen 300 und 500 Abgeordneten. Es entstanden verschiedene politische Gruppierungen, die sich wie im französischen Parlament anordneten. Rechts die Konservativen, links die Radikalen, dazwischen je nach Gemäßigtheit von rechts nach links die Liberalen der verschiedenen Richtungen, die die absolute Mehrheit der Abgeordneten bildeten.

Die Zusammensetzung des Parlaments – Das Honoratiorenparlament

Das Parlament wird heute als **Honoratiorenparlament** bezeichnet, da die meisten Abgeordneten aufgrund ihrer öffentlichen Verdienste und ihres guten Rufes in das Parlament gewählt worden waren, vor allem akademisches Bürgertum.

1848 gab es noch keine organisierten Parteien. Die politisch Engagierten arbeiteten in kleinen Zirkeln und Clubs. Diese waren zwar zahlreich, standen aber aufgrund der noch schlecht entwickelten Verkehrsstruktur und der staatlichen Zersplitterung in Deutschland untereinander nur selten in enger Verbindung. Deshalb mussten die Wähler auf Männer zurückgreifen, die ohne Schulung oder Programme in der Lage waren, politische Verhältnisse zu erfassen und Ziele zu formulieren. Die bekannten Vertreter der Opposition gegen die restaurative Politik waren zumeist Angehörige des Bildungsbürgertums, vor allem Juristen und Professoren. Aus diesen Wahlvoraussetzungen ergab sich in der Nationalversammlung folgende Zusammensetzung: **Zwei Drittel der Abgeordneten** gehörten dem **akademischen Bürgertum** an, insbesondere Juristen, Beamte und Lehrer. Grundbesitzeradel und Besitzbürgertum stellten etwa ein Siebtel der Parlamentarier. Arbeiter und Handwerker waren so gut wie nicht vertreten.
Entsprechend dieser Zusammensetzung besaßen die **bürgerlichen Liberalen** im Parlament **eine große Mehrheit**. Die radikaleren Demokraten waren im Vergleich zu vorherigen Versammlungen verhältnismäßig gering beteiligt. Das „Professoren- und Honoratiorenparlament“ der Paulskirche spiegelte die soziale Zusammensetzung des deutschen Volkes zwar in keiner Weise wider, aber es garantierte in der Nationalversammlung politische Arbeit auf hohem intellektuellem Niveau. Das brachte aber die Gefahr mit sich, nach akademischer Tradition „über den Wolken zu schweben“.

Die Beteiligung der deutschen Staaten

Die deutschen Regierungen hatten unter dem **Druck der Straße** der Bildung des Parlaments zustimmen müssen, arbeiteten aber nicht mehr mit ihm zusammen, als sie wieder stärker wurden.

Die Regierungen der deutschen Staaten hatten der Konstituierung der Nationalversammlung während der revolutionären Ereignisse hilflos zuschauen müssen. Die Einzelstaatsregierungen hatten ihre Einwilligung zur Wahl und Einrichtung des Parlaments widerstrebend gegeben. Mit der Festigung der Stellung der Monarchen zeigte sich aber schnell, dass die Regierungen nicht mit dem Parlament zusammenarbeiten wollten. So versuchten Preußen und Österreich, das Parlament in der Frage der nationalen Einigung aus egoistischem Interesse auszuspielen. Auch in allen Fragen der Schaffung einer gesamtdeutschen Zentralgewalt stieß die Nationalversammlung auf den **Widerstand der Regierungen**. Darüber hinaus zeigten die verfassunggebenden Versammlungen in den Einzelstaaten oft partikularistische Züge.

Die Hauptaufgaben der Nationalversammlung

Die Interessen und Ziele der Abgeordneten und der verschiedenen Gruppierungen bei der Erstellung der Verfassung waren sehr unterschiedlich. Als wichtigste Streitpunkte ergaben sich drei Hauptfragen.

Die Frage nach der Staatsform: Monarchie oder Republik – Einheits- oder Bundesstaat?

Der Wunsch der Demokraten nach der Republik wurde schon im Vorparlament von einer Mehrheit gemäßigter Liberaler abgewiesen. Dennoch kämpften die Republikaner weiter um den unitaristischen republikanischen Staat und gegen föderalistische Bestrebungen. Die gemäßigten Demokraten waren darin kompromissbereiter.

Die Liberalen traten für die nationale Einheit in Form eines Bundesstaates ein. Die Volksvertretung sollte auf die Legislative beschränkt sein. Sie hielten, wie die Konservativen, eine starke monarchische Zentralgewalt in Form eines erblichen Kaisertums für notwendig.

Die gemäßigten Konservativen wollten in der Verfassung möglichst viele monarchische und föderalistische Elemente erhalten wissen. Sie lehnten eine starke Zentralgewalt ab.

Die Nationalversammlung hatte drei problematische Fragen zu beantworten: Die **Frage nach der Staatsform**, also Monarchie oder Republik, Bundesstaat oder Einheitsstaat. Man entschied sich für die **Monarchie**.

Die Frage nach der Nation: groß- oder kleindeutsch?

Die so genannte großdeutsche Lösung sah als Territorium des deutschen Nationalstaates das Gebiet des Deutschen Bundes vor. Daraus ergaben sich folgende Probleme: Österreich hätte nur zu einem Drittel zum deutschen Staat gehört, den Rest des Vielvölkerstaates hätte ein habsburgisches deutsches Kaiserhaus in Personalunion regieren müssen. Die polnisch sprechenden preußischen Ostprovinzen hätten zum deutschen Staatsgebiet gehört. Dies verstieß aber gegen das nationale Recht auf Selbstbestimmung, auf das die deutsche Einheitsbewegung selbst Anspruch erhob. Deshalb trat die Nationalversammlung **zunehmend für die so genannte kleindeutsche Lösung** ein. Darunter wurde ein deutsches Erbkaisertum verstanden, das mit der preußischen Krone in Personalunion verbunden war. Die Donaumonarchie sollte mit einem „unauflöslichen Bündnis“ abgefunden werden.

Vor allem die liberale Mehrheit sah darin am ehesten ihre Vorstellung von Nation als politischer Gemeinschaft mit Gleichheit von Volkstum, Sprache und Herkunft erfüllt. Die Entscheidung der Nationalversammlung für die kleindeutsche Lösung wurde in der Paulskirche heftig debattiert. Der Vorteil der kleindeutschen Entscheidung lag in der leichteren Realisierbarkeit, weil sie den preußisch-österreichischen Dualismus innerhalb des neuen Staates ausschloss und das Konzept in ideologischer Übereinstimmung mit der nationalen Idee stand. Die Nachteile waren zum einen die **Feindschaft Österreichs** gegenüber der Nationalversammlung, die mit dem Abzug der österreichischen Abgeordneten aus

Die Frage nach dem Umfang der Nation, also mit oder ohne Österreich, mit oder ohne fremde Nationen, wie Polen, Tschechen oder Ungarn. Man entschied sich für die **kleindeutsche Lösung ohne Österreich** als preußisch deutsches Erbkaisertum.

Frankfurt endete und zum anderen das Problem der preußischen Ostprovinzen mit polnischer Bevölkerung im deutschen Nationalstaat. Hier setzte sich der nationale Egoismus durch.

In der **Frage nach dem Wahlrecht** setzte sich das **Prinzip der Wahlgleichheit** der Bürger durch.

Die Frage nach dem Wahlrecht: Allgemeine Wahl oder Zensuswahl?
Der demokratische Flügel der Paulskirchenversammlung legte auf die Durchsetzung des **gleichen Wahlrechts für alle Bürger** besonderen Wert. Das liberale Bürgertum hingegen trat für das Zensuswahlrecht ein, demzufolge das Recht auf Mitwirkung am Staat mit der Steuerleistung des Einzelnen für den Staat verbunden sein sollte.
Die Demokraten setzten sich zusammen mit den linken Liberalen in dieser Frage schließlich durch.

Die Schwächen der Nationalversammlung

Neben die großen konzeptionellen Probleme traten Erschwernisse aus dem politischen und sozialen Umfeld der Abgeordneten.

Das Parlament hatte etliche Schwächen: Es war zu **unerfahren, zu nationalistisch**, zu blauäugig und zu wenig realistisch in der Einschätzung der eigenen Möglichkeiten, vor allem außenpolitisch verscherzte es sich alle Sympathien der europäischen Nachbarn.

Die geringe politische Erfahrung der Abgeordneten
Viele der Abgeordneten der Nationalversammlung waren sehr eifrig, fleißig und intellektuell befähigt, besaßen aber **keinen Blick für die tatsächlich vorhandenen politischen Möglichkeiten** und Situationen. Viele Abgeordnete bemerkten überhaupt nicht, in welchem Ausmaß die Reaktion die Macht zurückgewann. Die Liberalen fürchteten eher eine Revolution der radikalen Demokraten. Die Tatsache, dass Österreich im Falle der angestrebten kleindeutschen Lösung den Machtgewinn Preußens nicht zulassen konnte und die anderen Mächte Europas aus demselben Grund intervenieren könnten, wurde entweder verniedlicht oder mit Kriegseuphorie beantwortet.
Vor allem **außenpolitisch** verscherzte sich die Nationalversammlung durch ihren **heftigen Nationalismus** alle ursprünglich vorhandenen Sympathien. Frankreich fürchtete um seine deutschsprachigen Gebiete und der Konflikt um Schleswig-Holstein ließ auch die Sympathie der Engländer schwinden; so wie auch die polnische Nationalbewegung zunehmend misstrauisch wurde, je mehr die Nationalversammlung sich an Preußen als deutscher Vormacht anlehnte.

Vor allem in der Frage nach Kompromissbereitschaft war die Nationalversammlung amateurhaft.

Mangel an Kompromissfähigkeit
Vor allem die demokratische Linke verlor angesichts der zunehmenden Annäherung des liberalen Besitz- und Bildungsbürgertums an die Regierungen das Vertrauen in die Liberalen. Selbst der hoch angesehene liberale Präsident von Gagern wurde jetzt von den Demokraten heftig attackiert. Unfähigkeit zum Kompromiss innerhalb der einzelnen Gruppierungen führte zu Abspaltungen und Neugruppierungen, so dass **von keiner Seite ein stabiles politisches Programm** zu Stande kam.

Mängel des parlamentarischen Instrumentariums

Schon die hohe Zahl der fraktionslosen Abgeordneten lässt erkennen, wie wenig die Organisation der politischen Arbeit gefestigt war:

- **Es fehlten Parteien** mit Organisation oder Programm;
- es gab keine festen Fraktionen, deren Rechte oder Pflichten festgelegt gewesen wären;
- der Parlamentsbetrieb und die Geschäftsordnung wirkten anfangs unfertig, da viele Abgeordnete nur geringe parlamentarische Erfahrungen besaßen.

Es gab auch **keine programmatisch gefestigten Parteien** oder Fraktionen, ebenso wenig eine klare Geschäftsordnung.

Die Unfähigkeit, Beschlüsse durchzusetzen

Diese Schwäche gab das Parlament der Lächerlichkeit preis. Gagern hatte sofort versucht, dem Parlament in irgendeiner Weise eine Exekutive zu geben, indem er die Schaffung einer **„Zentralgewalt"** durchsetzte. Die Form dieser provisorischen Regierung konnte für das Verfassungswerk vorentscheidend sein. Zwar hatte Gagern den Streit um das Amt des Regierungschefs schnell beenden können, indem er die Wahl des Erzherzogs Johann von Österreich zum Reichsverweser durchsetzte, aber **die Reichsexekutive besaß weder Verwaltung noch Exekutionsmittel.**

Da das Parlament **keine wirksame Exekutive** hatte, machte es sich schnell zur lächerlichen „Quasselbude".

Das Scheitern der Paulskirche und die Ursachen

Aufgrund der nahezu unlösbaren Probleme und der zahlreichen Schwächen, die dem ersten deutschen Parlament anhafteten, war das Scheitern vorprogrammiert. Die wichtigsten Ziele konnten nicht oder nicht zufriedenstellend realisiert werden.

Die fehlende Zentralgewalt

Die Frankfurter Abgeordneten erkannten schnell, dass das Parlament, um handlungsfähig zu sein, über eine Exekutive verfügen musste. Aber das neu gegründete Reichsministerium war ohne Einfluss:

- Es besaß **keinen Verwaltungsapparat**, der sich in den Einzelstaaten hätte durchsetzen können;
- es war finanziell über die „Reichsmatrikularbeiträge" **von den Einzelstaaten abhängig**;
- es besaß weder das Kommando über die Reichstruppen, noch das Recht auf Wahrnehmung der außenpolitischen Interessen Deutschlands;
- **weder von den deutschen Staaten noch vom Ausland** wurde die Zentralgewalt **anerkannt**.

Die gesamtdeutsche Exekutive erwies sich als Wunschbild. Tatsächlich waren die Regierungen der Einzelstaaten des Deutschen Bundes nicht bereit, die oberste Autorität der neu geschaffenen deutschen Bundesregierung anzuerkennen.

Die Nationalversammlung scheiterte an ihrer **fehlenden Exekutive**, an **fehlenden Geldmitteln**, an der **fehlenden Anerkennung durch die Regierungen Deutschlands** und Europas und an **fehlenden Machtmitteln**, wie Polizei und Militär.

Auch die **nationale Frage** blieb durch die kleindeutsche Lösung unklar. Die Entscheidung des Paulskirchenparlamentes förderte den **preußisch-österreichischen Dualismus**.

Das Problem großdeutsch–kleindeutsch

Die Frage, die einst Ernst Moritz Arndt in seinem Lied aus den Befreiungskriegen gestellt hatte: „Was ist des Deutschen Vaterland?“, blieb ungelöst:

- Die österreichische Regierung dachte nicht daran, der Forderung der Paulskirche nach einem Regiment über die nicht deutschen Teile Österreichs getrennt von den deutschsprachigen Teilen nachzugeben;
- die Nationalversammlung akzeptierte außerdem das nationale Selbstbestimmungsrecht etlicher Volksminderheiten in Preußen und Südtirol nicht;
- hinter der letztlich vom Parlament angestrebten kleindeutschen Lösung stand bis zuletzt die Hoffnung, doch noch zu einer großdeutschen Alternative zu finden;
- durch die Entscheidung der Paulskirche, ein Deutschland unter Führung Preußens zu gründen, war die Großmacht Österreich herausgefordert, selbst um die Hegemonie in Mitteleuropa zu kämpfen. **Das Ergebnis war der preußisch-österreichische Dualismus**, der von 1849 bis 1866 das Geschehen in Mitteleuropa prägte.

Die verabschiedete Reichsverfassung wurde von den deutschen Regierungen **nicht anerkannt**, das Parlament verlor seine Autorität.

Die Verfassung ließ sich nicht durchsetzen

- Das Erstarken der verfassungsfeindlichen Reaktion und die Ablehnung der Kaiserkrone durch Friedrich Wilhelm IV. Ende Dezember 1848 verhinderten die Durchsetzung der Reichsverfassung;
- die Nationalversammlung hatte bei der Beratung der Grundrechte so viel Zeit verloren, dass die Verfassung erst vollendet war, als das Frankfurter Parlament bereits jede Autorität verloren hatte;
- die **aufgezwungenen Verfassungen**, die 1848 in den Einzelstaaten, vor allem von Preußen und Österreich, erlassen wurden, konkurrierten mit der Reichsverfassung. Da diese Verfassungen aber von den Fürsten respektiert wurden und das alltägliche politische Leben der Bürger in den Einzelstaaten bestimmten, **erwiesen sie sich sehr schnell der Paulskirchenverfassung als überlegen**.

Die Bedeutung der Nationalversammlung für die deutsche Geschichte

Die Bedeutung der Nationalversammlung lag darin, dass sie die **politische Zukunft Deutschlands teilweise vorausbestimmte**. Die Verwirklichung der deutschen Einheit war als Wunsch der Mehrheit des deutschen Volkes vorbestimmt, das preußisch-deutsche Kaiserreich vorgegeben.

Nach dem Scheitern der Revolution in den deutschen Einzelstaaten waren keine unmittelbaren Veränderungen eingetreten, die von der Nationalversammlung beeinflusst gewesen wären. Langfristig gesehen aber war die Arbeit der Nationalversammlung von außerordentlicher Bedeutung:

- Die **deutsche Einigung** hatte sich als unbestreitbarer **Wunsch der Mehrheit der Deutschen** erwiesen.
- Die Form des deutschen Einheitsstaates, ein kleindeutsches Reich als Bundesstaat unter preußischer Führung und als konstitutionelle Monarchie, war vorgezeichnet.

- Der liberale **Konstitutionalismus (Verfassungsbewegung) hatte endgültig gesiegt**. Eine absolutistische Fürstenherrschaft war nicht mehr möglich. Auch wenn die folgenden Verfassungen von den Fürsten aufgezwungen wurden, mussten sie von nun an Gesetz und Recht folgen.

An Verfassungen und Parlamenten in den deutschen Staaten ging kein Weg mehr vorbei, so unvollkommen sie auch sein mochten.

Nachdem sich in der Paulskirche erste politische Gruppierungen ausgebildet hatten, begann sich in Deutschland das Bewusstsein zu verstärken, dass nur regional übergreifende politische Organisationen auf die Dauer wirksam sein würden. **Die Bildung von Parteien** war durch die Nationalversammlung entscheidend **begünstigt** worden.

Die von der Paulskirche formulierte **Verfassung beeinflusste alle nachfolgenden deutschen Verfassungen: Das allgemeine Wahlrecht setzte sich** gegen das Zensuswahlrecht **durch**. Der **Katalog von Grundrechten war** in seiner detaillierten Ausführung nicht nur für Deutschland, sondern für ganz Europa **vorbildlich**.

Die Paulskirchenverfassung **beeinflusste alle folgenden deutschen Verfassungen** bis heute.

Als Vorlage hatten die amerikanische Verfassung und die Grundrechtsformulierungen der französischen Verfassungen gedient, aber auch die Erfahrungen des oppositionellen Bürgertums mit dem Polizei- und Klassenstaat der Reaktion waren in die Formulierungen der Grundrechte eingeflossen. Die Weimarer Verfassung hat auf sie bewusst zurückgegriffen. Auch im Grundgesetz der Bundesrepublik Deutschland finden sich zahlreiche Formulierungen, die in dem Frankfurter Grundrechtskatalog wurzeln.

Begrenzte Liberalisierung – die Zeit der Reaktion

Rücknahme der liberalen Zugeständnisse in Deutschland

In der zweiten Hälfte des Jahres 1848 begann sich deutlich eine Wendung des Geschehens abzuzeichnen. Die österreichischen Truppen siegten gegen die aufständischen Nationalbewegungen Italiens und Ungarns und wendeten sich nach Wien, das im Oktober erobert wurde. Danach kam es zu zahlreichen Erschießungen von Führern der revolutionären Bewegung.

In Preußen hatte sich die dortige Nationalversammlung durch innere Streitigkeiten zwischen den einzelnen politischen Gruppierungen und die Passivität und Verzögerungstaktik der preußischen Regierung als unfähig erwiesen, zusammen mit dem König eine Verfassung auszuarbeiten. Gleichzeitig kam es in Berlin, das von preußischen Truppen geräumt war, zu Unsicherheit und wirtschaftlichen Problemen. Die **Einigkeit der revolutionären Bewegung** war zerbrochen und die einzelnen politischen Gruppen arbeiteten gegeneinander. Außerdem erstarkte die konservative Gegenbewegung bei Bürgertum und Adel zusehends.

Während die Revolutionen in Österreich blutig erstickt wurden, konnte der preußische König die zunehmend zerstrittene und sich radikalisierende **preußische Nationalversammlung** Ende 1848 unter dem Druck des Militärs **gewaltlos auflösen.** Dadurch bekamen auch die kleinen Monarchen Deutschlands Oberwasser und begannen, Widerstand zu leisten und die Anerkennung der neuen Reichsverfassung zu verweigern.

Als sich die preußische Nationalversammlung dazu entschloss, Adelstitel und Orden sowie den Titel „König von Gottes Gnaden" abzuschaffen, war für den Preußenkönig das Maß voll. Am 10. November marschierte die preußische Armee, ohne auf Widerstand zu stoßen, in Berlin ein. Am **5. Dezember** wurde die **preußische Nationalversammlung** endgültig **aufgelöst**.

Diese Erstarkung der Position der Monarchen in den beiden deutschen Großmächten ermöglichte es allmählich auch den Fürsten der Klein- und Mittelstaaten, dem Druck durch die Öffentlichkeit Widerstand zu leisten. **Als die Nationalversammlung in Frankfurt dem König von Preußen schließlich die Kaiserkrone antrug, lehnte dieser sie Ende Dezember 1848 mit der Begründung ab**, die Annahme impliziere die Anerkennung der Frankfurter Verfassung. In Wirklichkeit verbot ihm seine Vorstellung von der deutschen Kaiserwürde und vom Gottesgnadentum die Annahme der Krone aus "der Hand des Volkes". In einem Briefwechsel mit dem preußischen Diplomaten Freiherr von Bunsen schreibt der König ganz offen: „Soll die tausendjährige Krone deutscher Nation [...] wieder einmal vergeben werden, so bin ich es und meinesgleichen, die sie vergeben werden".

Nachdem Preußen und Österreich ihre Abgeordneten aus dem Parlament zurückgezogen hatten, blieb nur noch ein **Rumpfparlament in Stuttgart** übrig, das Mitte **1849 mit Gewalt aufgelöst wurde**.

Wenn die Revolutionäre nicht emigrierten, mussten sie mit drakonischen Strafen rechnen. Das **alte Repressionssystem** kehrte in verstärkter Form zurück.

Der Beamtenapparat wurde gesäubert, Demokraten rigoros verfolgt, **reaktionäre Verfassungen eingeführt**, der deutsche Bund unter österreichischem Vorsitz wieder hergestellt.

Jetzt begannen auch die anderen Landesfürsten in Deutschland, die zähneknirschend akzeptierte Frankfurter Verfassung offen abzulehnen.

Als Österreich und Preußen per Federstrich die Mandate ihrer Abgeordneten in Frankfurt für beendet erklärten, blieb **nur noch ein Rumpfparlament** von süddeutschen Demokraten und Liberalen übrig. Sie verlegten ihren Sitz nach Stuttgart, wo sie am **18. Juni 1849** von württembergischen Soldaten **auseinandergejagt** wurden. Überall hatten die alten Mächte gesiegt. Wer von den Teilnehmern der Revolution nicht emigrierte, musste mit Verhaftung und Aburteilung wegen Hochverrats und Majestätsbeleidigung rechnen.

In **Preußen und Österreich wurde** die **Beamtenschaft einer Säuberung von liberalen Elementen unterzogen**. Die schon zuvor ausgeübten polizeistaatlichen Methoden wie Bespitzelung, Sondergerichte für politische Fälle, Zensur und Vereinsüberwachung wurden in verbesserter und verfeinerter Form allmählich wieder eingeführt.

Die in der Revolution zugestandenen **liberalen Verfassungen** wurden wieder abgeschafft und **durch reaktionäre Verfassungen ersetzt**.

Österreich befürchtete, von Preußen aus Deutschland herausgedrängt zu werden, zumal sich sogar in der Paulskirche das kleindeutsche Prinzip durchgesetzt hatte. Deshalb erzwang es die **Wiederherstellung des Deutschen Bundes** unter österreichischem Vorsitz.

Preußen gab nach, um einen Krieg zu vermeiden. Der wiederhergestellte Bundestag erklärte die Frankfurter Verfassung für ungültig und setzte eine Kommission ein, die alle deutschen Verfassungen auf liberale Ideen hin, die gefährlich wirken könnten, untersuchen sollte.

Auch der nationalen Idee wurde 1852 mit der Bestätigung der von den Nationalen bekämpften Verbindung Schleswig-Holsteins in Personalunion mit Dänemark ein schwerer Schlag versetzt. Am härtesten traf es die Demokraten, deren Führer fast alle auswandern mussten. Bis 1918 wagte es, außer in Württemberg, keine bürgerliche Partei mehr, sich offiziell als demokratisch zu bezeichnen.

Die oktroyierte (aufgezwungene) Verfassung in Preußen

Gründe für die Entstehung

Nachdem am 10. November 1848 die Soldaten des preußischen Königs in Berlin einmarschiert waren, hatte der Monarch sogleich eine von der Regierung ausgearbeitete liberale Verfassung in Kraft gesetzt, die allerdings bis 1850 in einigen wesentlichen Punkten reaktionär geändert wurde. Die Gründe, weshalb Friedrich Wilhelm IV. dem preußischen Volk freiwillig eine Konstitution zugestand, waren:

- Der Versuch, das Volk mit der Monarchie auszusöhnen;
- die Bewahrung der Macht für die Krone durch eine konstitutionell-monarchische statt durch eine liberal beeinflusste Regierung;
- die Überzeugung, Preußen werde mit einer fortschrittlichen Verfassung innerhalb Deutschlands eine besondere Rolle spielen und die Sympathien der deutschen Liberalen gewinnen.

Die **reaktionäre Verfassung Preußens wurde 1850** dem preußischen Volk vom König als Versöhnungsgeste aufgedrückt (**oktroyiert**). Dadurch wollte der König in ganz Deutschland als liberal gelten und seine Macht stabilisieren.

Die Grundzüge der oktroyierten Verfassung

- Bürgerrechte: Der erste Teil der Verfassung garantierte in großzügiger Weise bürgerliche Freiheiten, z.B. die Freiheit der Person, Religion, Meinungsäußerung und Versammlung, sowie die Gleichheit vor dem Gesetz.
- Zweikammersystem: Herrenhaus und Abgeordnetenhaus übten zusammen mit dem König die Gesetzgebung aus. Ihr wichtigstes Recht war das Budgetrecht.
- Dreiklassenwahlrecht: Wahlrecht nach Steueraufkommen der Bürger in drei Wahlklassen, die je ein Drittel der Abgeordneten stellten. Die Wahl war ungleich, öffentlich und indirekt, also über Wahlmänner.
- Unabhängigkeit der Justiz: Die Unabhängigkeit der Richter von obrigkeitlichen Weisungen wurde formal garantiert.
- Provisorischer Charakter: Die Verfassung war leicht zu ändern.
- Keine Volkssouveränität: Die Betonung des Gottesgnadentums der Monarchie.
- Die Armee bleibt auf den König vereidigt: Der König behielt das stärkste Machtmittel Preußens für sich.

Die Inhalte:
- Garantie (eingeschränkter) bürgerlicher Freiheitsrechte
- Zweikammersystem mit Adels- und Volkshaus
- Zensuswahlrecht, ungleich, öffentlich und indirekt
- formale Unabhängigkeit der Justiz
- Provisorium ohne Volkssouveränität

Diese Verfassung war der **endgültige Sieg der Reaktion in Preußen**. Sie war undemokratisch, bevorzugte Adel und Besitzbürgertum und war mit Scheinrechten ausgestattet.

Die Beurteilung der preußischen Verfassung von 1850

Diese **Verfassung** blieb in den wesentlichen Grundzügen **bis 1918 in Kraft**. Das plutokratische Dreiklassenwahlrecht sicherte im Abgeordnetenhaus stets eine konservative Mehrheit. Vor allem die adeligen preußischen Junker und Großgrundbesitzer waren im Parlament überrepräsentiert. In der Mitte des 19. Jahrhunderts beeindruckte diese Verfassung die Liberalen, während die Royalisten und Adeligen, denen sie zugute kam, sie als Katastrophe betrachteten. Insgesamt bedeutete diese Verfassung den Sieg der Reaktion in Preußen.

Die reaktionären Regierungen liberalisierten den Wirtschaftssektor. Dadurch banden sie das Besitzbürgertum, förderten die Industrialisierung und verbesserten ihr Steueraufkommen.

Liberalisierung der Wirtschaft

Um das Bürgertum, besonders das Großbürgertum, zu beruhigen und den Rückzug der Bürger aus der Öffentlichkeit zu fördern, begannen die reaktionären Regierungen den wirtschaftlichen Bereich zu liberalisieren, zumal man zunehmend das reiche Bürgertum als Steuerzahler benötigte. 1853 wurde der Zollvereinsvertrag (→ S. 32, 60) erneuert. Österreich trat diesem Vertrag nicht bei und schloss sich damit selbst aus dem deutschen Wirtschaftsraum aus.

Vormärz

Die Zeit von **1815 bis zur Revolution 1848** wird als Vormärz bezeichnet. Der Adel kehrte in die Epoche des **aufgeklärten Absolutismus zurück**. Aber der bürgerliche Liberalismus forderte energisch Teilhabe an der Macht im verfassten nationalen Rechtsstaat und Freiheitsrechte. Immer wieder kam es zu Kundgebungen der unterdrückten Bürgerschicht. Die **Karlsbader Beschlüsse** führten zu Einzelaktionen **gegen Demokraten und Republikaner** zum Zweck der Einschüchterung. Die Enttäuschung über die spätabsolutistische Tyrannei führte zur **Flucht ins Private** und war die Voraussetzung für Biedermeier und Romantik. Zugleich veränderte sich die soziale Lage. Zunehmender **Verarmung großer Bevölkerungsteile** infolge **Bevölkerungswachstum** und Veränderung sozialer Strukturen standen Unfähigkeit und Unwille der Herrschenden gegenüber tragfähige Sozialpolitik zu betreiben.

Revolution 1848

Die **Pariser Februarrevolution 1848** brachte die angespannte Situation zuerst in Südwestdeutschland, dann in Wien und schließlich **in ganz Deutschland** zur **Explosion**. Die liberalen Nationalen kämpften um den **deutschen Einheitsstaat**, die radikalen Republikaner zusätzlich um das **Ende der Monarchien**, die konservativeren Wirtschaftsliberalen um **wirtschaftliche Handlungsfreiheit**, die Liberalen für **verfasste Freiheitsrechte** und die verarmte Handwerkerschicht kämpfte mit der neuen Arbeiterklasse als radikale Republikaner um **sozialen Fortschritt**. Die weniger gebildete **Landbevölkerung stand meist abseits** und neigte eher zur Unterstützung der alten Mächte. Sie war an Kopfzahl und Ressourcen den revolutionären Bevölkerungsgruppen überlegen.

Das Paulskirchenparlament

Das Bürgertum organisierte im Deutschen Bund Gesamtwahlen zur deutschen **Nationalversammlung in Frankfurt**. Die Monarchien gaben nach, versprachen Verfassungen und ließen das liberale Bürgertum den deutschen Nationalstaat planen. Das Frankfurter Honoratiorenparlament schaffte es tatsächlich, alle grundsätzlichen Differenzen, groß- oder kleindeutsche Lösung, Monarchie oder Republik, Zentralstaat oder Bundesstaat, Zensus- oder allgemeine Wahl, nationale Frage usw. zu überwinden und die **Verfassung eines kleindeutschen föderalen Nationalstaates mit parlamentarischer Monarchie und egalitärem Wahlrecht** unter preußischer Führung zu präsentieren.

Sieg der alten Mächte Ende 1848

Die Reaktion war 1849 so erstarkt, dass der **preußische König die Kaiserkrone ablehnte** und die Fürsten die **Parlamente auflösen** konnten. Erfolglosen Widerstand leisteten nur die südwestdeutschen Revolutionsarmeen. Mehr als **aufgezwungene konservative Verfassungen** und großzügigere Handhabe von Presse- und Wirtschaftsfreiheit gestanden die Sieger dem Bürgertum nicht zu. Die größere wirtschaftliche Handlungsfreiheit lenkte die Energien des enttäuschten Bürgertums auf das Feld wirtschaftlicher Betätigung.

Die Industrielle Revolution in England

Sie begann wesentlich früher als auf dem Kontinent in den 70er-Jahren des 18. Jahrhunderts. Die Gründe hierfür waren:
Geografisch-geologische Strukturen: atlantisches Klima, Naturhäfen, allgemeine Küstennähe, Kohle, ausreichend Erz, günstige Infrastruktur;
Politische Strukturen: geschlossenes Staats- und Wirtschaftsgebiet, Grundrechte, modernes Parlament und Wahlrecht, konstitutionelle Monarchie;
Außenbeziehungen: Seemacht, Kolonien, Rohstoffe, Absatzmärkte, Dreieckshandel;
Geistige Strukturen: Liberalismus, calvinistische Erwerbsethik;
Soziale Strukturen: Bevölkerungsanstieg, soziale Mobilität, keine Leibeigenschaft;
Wirtschaftliche Strukturen: Handels- und Gewerbefreiheit; Schutz des Eigentums, rationelle Landwirtschaft; Bereitschaft, Kapital zu investieren.

Die wirtschaftlichen Rückständigkeit Deutschlands

zu Beginn des 19. Jahrhunderts hatte folgende Gründe:
Partikularismus: territoriale Kleinstaaterei, kleine Märkte, Handelsbeschränkungen, keine Außenbeziehungen, schlechte Infrastruktur;
Absolutismus: die Fürsten bestimmten auch die Wirtschaft, kein selbstständiges Bürgertum; obrigkeitsstaatliches Denken;
Merkantilismus: eine auf die Bedürfnisse der Fürsten ausgerichtete Wirtschaft, Zölle, Ein- und Ausfuhrverbote, gehemmte Unternehmerinitiative;
Gesellschaft: starre Klassengesellschaft, unfreie Bauern handwerkliche Beschränkungen, Adel nicht an Wirtschaft interessiert, geringes technisches Können, schlechtes Bildungssystem.

Die Industrielle Revolution in England und Deutschland

Bedingungsfaktoren der Industriellen Revolution in Deutschland

Bevölkerungsexplosion: höherer Bedarf an Nahrungsmitteln, Kleidung etc.;
Bauernbefreiung und **Gewerbefreiheit:** Mobilisierung von Arbeitskräften, Eigeninitiative, Wettbewerb;
Deutsche Zollverein: 1834 Abschaffung der Zollschranken, einheitliches Wirtschaftsgebiet;
Liberalisierung merkantilistischer Wirtschaftspolitik: Unternehmerinitiative neben staatlicher Lenkung, staatliche Förderung, wissenschaftlicher Fortschritt, Stärkung des Bürgertums;
Verbesserung der Produktionstechniken: Bergwerks- und Verhüttungstechnik;
Ausbau des Geldwesens: moderner Zahlungsverkehr, Kredite;
Verbesserung des Bildungs- und des Verkehrswesens.

Gussstahlwerk Krupp 1820

Vom Agrarstaat zum Industriestaat

Die wichtigsten industriellen Bereiche waren: Kohle und Stahl, Maschinenbau, Textilindustrie und die Eisenbahn. Der primäre Sektor (Landwirtschaft) ging zurück, der sekundäre (Gewerbe, Industrie) nahm zu, der dritte (Verwaltung, Dienstleistung) wuchs stark.

3 Industrielle Revolution und soziale Frage

Phasen der Industriellen Revolution in Deutschland

1. Aufbruchsphase 1800 bis 1835/50: erste wirtschaftliche Reformen;
2. Startphase 1835/50 bis 1873: verbesserte Verfahren, neue technische Entwicklungen, industrielle Massenproduktion, verbesserte Infrastruktur, Eisenbahn, Schwerindustrie ist die Schlüsselindustrie;
3. Gründerkrise 1973 bis ca. 1885: riskante Spekulationen, 1873 Zusammensturz von Banken und Wirtschaftsunternehmen, wirtschaftlicher Rückgang, Verschlechterung der Lage des Proletariats);
4. Ausbauphase ca. 1885-1914: Gesundschrumpfung, Hochkonjunktur, Entwicklung zur stärksten europäischen Wirtschaftsmacht.

Die soziale Frage

Sie war für das Leben der Arbeiterklasse im 19. Jahrhunderts prägend und hatte folgende **Ursachen**: Die Industrielle Revolution, der unsoziale Wirtschaftsliberalismus, das Überangebot an Arbeitskräften und die harte Konkurrenz im Handwerk. Sie hatte zahlreiche **Auswirkungen**:
Arbeit: inhumane Arbeitsbedingungen, überlange Arbeitszeiten, unsichere Beschäftigungslage; fehlende Sicherheitsvorkehrungen, Frauen- und Kinderarbeit, niedrige Löhne, strenge Arbeitsdisziplin, handwerkliche Konkurrenz;
Leben am Existenzminimum, Armut und Hunger, Wohnungselend, extreme gesundheitliche Bedingungen, schlechtes Familienleben, Verwahrlosung, keine soziale Sicherheit (Krankheit, Arbeitslosigkeit, Arbeitsunfähigkeit, Alter);
Rechte: politische Rechtlosigkeit, Streikverbot, politische und gesellschaftliche Deklassierung.

Charakteristika der sozialen Frage - Lösungsversuche

Versuche zur Lösung der sozialen Frage

Einzelne Privatunternehmer (Krupp, Harkort, Stumm) richteten Betriebskrankenkassen und betriebliche Altersversorgung ein, stellten Werkskantinen und billige Werkswohnungen zur Verfügung.
„Kathedersozialisten": Bürgerliche Wissenschaftler forderten Tarifverträge, Arbeitslosenversicherung, Anerkennung der Gewerkschaften, staatliche Sozialpolitik.
Marxisten: Marx, Engels und deren Anhänger wollten grundlegende Veränderungen durch Revolution, Abschaffung des Privateigentums, Verstaatlichung der Produktionsmittel und die klassenlose Gesellschaft.
Die Amtskirchen engagierten sich spät, die katholische z.B. erst gegen Ende des 20. Jahrhunderts. Einzelne Geistliche (Kolping, von Ketteler, Bodelschwingh, Wichern) kümmerten sich um Randgruppen (Arbeitslose, Wandergesellen, gefährdete Jugendliche, Epileptiker, Geisteskranke).

erste Fabrikanlage von Krupp 1890

Arbeiterparteien und Gewerkschaften und in geringerem Maße auch andere Parteien forderten die Verbesserung der Lebensbedingungen der Arbeiterschaft.
Bismarcks staatliche Sozialgesetzgebung der 80er-Jahre umfasste Kranken-, Unfall-, Renten- und Invaliditätsversicherung. Sie brachte nur geringe Veränderungen, da die grundlegenden Probleme nicht angegangen wurden. Bismarck kam es neben humanitären Gründen vor allem darauf an, der SPD „den Wind aus den Segeln zu nehmen".

3 Industrielle Revolution und soziale Frage

KURZINFO

- Die besonderen gesellschaftlichen und ökonomischen Voraussetzungen führten in Großbritannien im 18. Jahrhundert zur Industriellen Revolution.
- In den ersten Jahrzehnten des 19. Jahrhunderts änderten sich auch in Deutschland die gesellschaftlichen und ökonomischen Verhältnisse und schufen die Voraussetzung für die Industrielle Revolution.
- Auch die deutschen Staaten, allen voran Preußen, waren am wirtschaftlichen Fortschritt zunehmend mehr interessiert, da Möglichkeiten gefunden werden mussten, die angestiegene Bevölkerung zu ernähren.
- Um die Mitte des 19. Jahrhunderts begann in Deutschland die Industrielle Revolution.
- Die soziale Lage der Mehrheit der Bevölkerung, die in bitterster Armut lebte, änderte sich erst allmählich.

Die Industrielle Revolution in England

Ursachen

Ursachen der Industrialisierung in England waren
- der **Bevölkerungszuwachs**, der einen Überschuss billiger Arbeitskräfte erzeugte,
- die **Mechanisierung**, hervorgerufen durch Handwerks- und Seefahrtstraditionen,
- **Kapitalkraft** und **Risikofreude** der gebildeten britischen **Kaufleute**, Märkte in Übersee,
- wirtschaftlich-politischer Druck durch die **Kontinentalsperre Napoleons**.

Im 19. Jahrhundert veränderten sich die ökonomischen und sozialen Bedingungen der Gesellschaft in Europa von Grund auf. Etwa gleichzeitig mit der Französischen Revolution begann die Industrielle Revolution in England. Sie sollte die politische und soziale Zukunft Europas und der Welt nicht weniger beeinflussen als das revolutionäre Geschehen 1789 in Paris.
Die Ursachen der Industriellen Revolution liegen in der Verknüpfung günstiger wirtschaftlicher Gegebenheiten mit wissenschaftlich technischen Veränderungen, verbunden mit begünstigenden politischen Faktoren.

Wirtschaftliche Voraussetzungen

- Als einer der wichtigsten Bedingungsfaktoren der Industriellen Revolution gilt der **überproportionale Bevölkerungszuwachs**. Das Land besaß eine fortschrittliche Landwirtschaft, die viele Menschen ernähren konnte. Über den entwickelten britischen Seehandel konnte außerdem ein Mangel an Lebensmitteln teilweise ausgeglichen werden. Dazu kamen medizinische und hygienische Fortschritte, die die Sterblichkeit eindämmten.
- Der Bevölkerungsanstieg setzte **genügend Arbeitskräfte** frei, die der aufstrebenden Industrie zur Verfügung standen.
- Die Vermehrung der Einkommen in Landwirtschaft, Handel und Gewerbe **verstärkte** die **Kaufkraft** der Bevölkerung; der Markt vergrößerte sich. Ursache waren die napoleonischen Kriege.

- Großbritannien war als erste Seemacht in der Lage, auch die **Kaufkraft ausländischer Märkte** zu nutzen. Napoleons Kontinentalsperre konnte das Empire nur kurzfristig treffen, bis England den Seehandel auf die neuen Märkte Indien und Amerika umstellte.
- Infolgedessen konnte das englische Besitzbürgertum, das in der „Glorious Revolution" sein Selbstbestimmungsrecht gegen den Adel schon im 17. Jahrhundert erkämpft hatte, ungestört **Kapital** ansammeln und **für neue Unternehmungen** einsetzen.
- Das britische liberale, **aufgeklärte Bürgertum** stand technologischen Neuerungen offen gegenüber.
- Die **Risikobereitschaft** der britischen Kaufleute war in Folge der Seehandelstradition und des wirtschaftsliberalistischen Konkurrenzdenkens stark ausgeprägt.
- Die englische Kaufmannschaft hatte seit dem 17. Jahrhundert große **Erfahrung in Organisation und Führung** von Manufakturbetrieben.
- Alle diese **Entwicklungen sind** miteinander **vernetzt**.

Wirtschaftliche Voraussetzungen: starkes Bevölkerungswachstum, genügend Arbeitskräfte, Export, Kapitalakkumulation und Investitionen, aufgeklärtes Bürgertum, Risikobereitschaft der Händler und Unternehmer, Erfahrung bei der Organisation und Führung von Manufakturen.

Wissenschaftliche und technische Voraussetzungen

- England verfügte über ein **hoch entwickeltes Handwerk**;
- die traditionelle Hochseefahrt förderte das positive Verhältnis zu Technik und Naturwissenschaft;
- die knappen Holzvorräte in England führten zum Versuch, wo möglich, Holz als Brenn- bzw. Werkstoff durch Kohle oder Eisen zu ersetzen, die in ausreichendem Maße vorhanden waren;
- der Übergang von Eisenverhüttung mittels Holzkohle zur Verhüttung mittels Steinkohlenkoks um 1800 führte zu Verfahrensverbesserungen und zur **Massenproduktion von Gussstahl**;
- gleichzeitig erlaubte die Erfindung der **Dampfmaschine** durch James Watt die rationelle Umsetzung von Wärmeenergie in mechanische Arbeit (1769). Die Maschine verbrauchte 75% weniger Brennstoff als herkömmliche Dampfmaschinen. Die Folge war die Entwicklung von Maschinen, die mit der neuen Antriebsquelle verbunden werden konnten. So konnte die Güterproduktion enorm gesteigert werden;
- die Herstellung dieser Maschinen verlangte neue Fertigungstechniken: Wirtschaftlichkeit, Präzision und Auswechselbarkeit der Teile bewirkten ein neues technisches und rationelles Denken;
- durch die Dampfmaschine **entfiel die Standortbindung** der Industrie an Standorte mit natürlicher Energie (Wälder, Wasserkraft);
- die Eisenhütten wurden an die Kohlestandorte verlegt, soweit die Transportmöglichkeiten des Erzes dies erlaubten. Auch andere Industrien konnten an kostengünstigere Standorte umsiedeln.

Wissenschaftliche und technische Voraussetzungen: hoch entwickeltes Handwerk, positive Einstellung zu Technik und Naturwissenschaft, Verwendung von Kohle und Eisen anstelle von Holz, Massenproduktion von Gussstahl, Erfindung der Dampfmaschine, keine Standortbindung der Industrie mehr, neue, kostengünstige Transportmittel. Entscheidend waren die **Massenproduktion von Eisen bzw. Stahl** und die Bereitstellung mechanischer Arbeit durch **fortschrittliche Dampfmaschinen**.

- die Massenproduktion preiswerten Stahls erlaubte in Verbindung mit der Dampfmaschine den **Einsatz neuer, kostengünstiger Massenverkehrsmittel (Eisenbahn und Dampfschiff)**;
- die rationellen, schnellen und wetterunabhängigeren Transportmittel begünstigten ihrerseits wieder die Entwicklung der Industrie.

Folgen

Langfristig löste die Industrialisierung das Überbevölkerungsproblem, führte zu **Wirtschaftsaufschwung** und weltweiter **Dominanz der Industriestaaten**.

Langfristige Folgen dieser Entwicklung

- **Lösung des Problems der Unterbeschäftigung** durch Überbevölkerung und der damit verbundenen Massenarmut;
- **wirtschaftliche Auftriebsspirale** mit entsprechender Kapital- und Kaufkraftvermehrung;
- globale wirtschaftliche und politische **Dominanz der Industriestaaten.**

Kurzfristig entstand ein harter Wettbewerb auf Kosten der Löhne, der zu erbarmungsloser Ausbeutung und bitterster **Armut** der neu entstandenen sozialen **Klasse der Arbeiterschaft** führte.

Kurzfristige soziale Folgen der wirtschaftlichen Entwicklung in England

- Die Ausweitung der Industrieproduktion in England erzeugte einen zunehmenden Anteil abhängiger Lohnarbeiter in der Gesellschaft:
- Die Arbeiter waren entweder landlose Bauern (Verarmung durch billige Agrarimporte oder Überbevölkerung) oder Handwerker, die der billigeren industriellen Konkurrenz zum Opfer gefallen waren.
- In England herrschte ein Überangebot an Arbeitskräften, das es den Fabrikanten ermöglichte, im freien Wettbewerb die Löhne auf ein Minimum zu drücken und Arbeitsbedingungen stetig zu verschlechtern.
- Unmenschliche Arbeitszeitforderungen, Kinder- und Frauenarbeit und das Fehlen jeder sozialen Absicherung für Alter und Krankheit führten zur Verelendung weiter Teile der lohnabhängigen Industriearbeiterschaft.
- Der harte Wettbewerb der Unternehmer erlaubte diesen oft auch bei gutem Willen keine Lohnerhöhungen.
- Das Proletariat in England lernte allmählich, sich als eigene soziale Schicht zu begreifen, und begann, sich zu organisieren.
- Hauptziele des Kampfes waren: Die Verbesserung der sozialen Lage und die politische Partizipation der Arbeiterschaft im Parlament, die durch das britische Zensuswahlsystem ausgeschlossen war.

Wirtschaftliche und soziale Veränderung in Deutschland nach 1800

Kennzeichen der alten Ordnung in Deutschland

- Geringe gesellschaftliche Mobilität (statische Gesellschaft);
- Übergewicht der Agrarwirtschaft;
- niedrige Produktivität.

Das überkommene Feudalsystem verhinderte durch gesellschaftliche Unterdrückung und Erstarrung in tradierten gesellschaftlichen Ordnungen entscheidende gesellschaftliche Fortschritte. Zugleich stieg die Bevölkerungszahl in Europa und Deutschland stark an: **Liberale Reformen** der **napoleonischen Ära** lösten zugleich alte Ordnungen auf.

Ursachen

- Das absolutistische Feudalsystem war wirtschaftlich auf den traditionellen agrarischen Bereich festgelegt (Adel = Grundbesitzer).
- Die adeligen Grundherren behinderten die gesellschaftliche und berufliche Freiheit;
- überlieferte Rechts- und Sozialordnungen erschwerten Produktivitätserhöhungen (z. B. Gemengelagen in der Landwirtschaft, Zunftordnungen im Gewerbe).

Soziale Veränderungen

- Die Bevölkerungsexplosion in Deutschland führte zur Verdoppelung der Einwohnerzahl innerhalb der ersten 75 Jahre des 19. Jahrhunderts. Ursache dafür waren die verbesserte medizinische Versorgung der Bevölkerung und neu eingeführte Hygienevorschriften (Rückgang von Epidemien), der sich allmählich verbessernde Lebensstandard, Frieden seit 1815 und die teilweise Aufhebung unfreiheitlicher absolutistischer Maßnahmen gegen das Bevölkerungswachstum (z. B. Heiratsverbote).
- Das Bevölkerungswachstum in Europa stand in direkter Beziehung zum wirtschaftlichen und sozialen Fortschritt (Wachstum auf der einen Seite bedingt dasselbe auf der anderen).
- Der Bevölkerungszuwachs führte zu einer Zunahme der Arbeitskräfte und der Nachfrage nach Versorgungsgütern.
- Die Bauernbefreiung in Deutschland führte zur Auflösung der alten, von feudalen Interessen bestimmten Sozialordnungen.
- Die Alphabetisierung und Grundbildung der Gesamtbevölkerung erzeugte ein besseres Verständnis für Technik und Rationalisierung, die selbstbewusster und gesellschaftlich und geografisch mobiler waren.
- Den Forderungen des liberalen, selbstbewusst gewordenen Bürgertums trugen die feudalen Regierungen im wirtschaftlichen Bereich Rechnung, da sie so wirtschaftlich von ihm profitieren konnten.
- Das Recht auf Freizügigkeit und freie Berufswahl sowie die Lösung des Einzelnen von alten Gruppen- oder Herrschaftsbindungen (Zünfte, Erbuntertänigkeit) ermöglichten einen erheblich höheren Grad an Mobilität innerhalb der Gesellschaft.

Gründe für die Reformen

Die Gründe, weshalb die absolutistischen Regierungen Reformen durchführen, waren:

Die **aufgeklärten Reformen des Adels** dienten vorrangig fiskalischen und **herrschaftlichen Interessen**.

- Verbesserung der wirtschaftlichen Verhältnisse in den deutschen Staaten zur **Deckung der sehr hohen staatlichen Finanzbedürfnisse**. Diese entstanden in Folge der starken Staatsverschuldungen durch die Finanzierung der Kriege während der napoleonischen Zeit;
- **Einführung aufgeklärter**, liberaler **Ideen** in Wissenschaft und Verwaltung;
- **Verringerung der Macht der** Stände durch Abbau der ständischen Hoheitsrechte.

Folgen der Bauernbefreiung

Positiven gesamtwirtschaftlichen Aspekten standen viele negative Folgen im sozialen Bereich gegenüber.

Die Vorteile der Bauernbefreiung lagen ökonomisch betrachtet in einer **Steigerung der Agrarproduktion**. Der Nachteil lag in negativen sozialen Folgen für **landlos gewordene Bauern**, Verelendung und Landflucht.

Positive wirtschaftliche Folgen

- **Vergrößerung der** nutzbaren **Ackerfläche** durch Neuverteilung der Böden und Urbarmachung nicht genutzter Böden;
- **Veränderung der Produktionsmethoden** durch Sommerstallhaltung mit kontrollierter Fütterung und Einführung der verbesserten Dreifelderwirtschaft:

einfache Dreifelderwirtschaft	verbesserte Dreifelderwirtschaft
1. Jahr: Wintergetreide	1. Jahr: Wintergetreide
2. Jahr: Sommergetreide	2. Jahr: Sommergetreide
3. Jahr: Brache (Weideland)	3. Jahr: Blattfrucht (Ackergemüse, Stallfutter)

- **Steigerung der Erträge** durch verbesserte Düngung (Dung aus Sommerstallhaltung), Anbauverfahren und Pflanzenzüchtung;
- **Veränderung der Verbrauchergewohnheiten** zugunsten wachstumseffizienter Lebensmittel (z. B. Kartoffeln).

Folgen im sozialen Bereich

- **Aufhebung des „feudalen Bauernschutzes“** vor der Reform; dieser bestand aus Rechtschutz vor Bodenaufkauf durch den Grundherrn und Erlass der Abgaben bei Missernten und Seuchen;
- **hohe Ablösesummen** für den erhaltenen Boden als Entschädigung des Grundherrn;
- bei Zahlungsunfähigkeit **Verkauf oder Abtretung** des erhaltenen Bodens an den Ablöseberechtigten;

- Entstehung von **großen Gutsbetrieben**, in die der ehemalige Grundherr die von den Bauern erworbenen Höfe eingliedert;
- **Lohnarbeit** der ganz oder teilweise landlos gewordenen Bauern auf den grundherrlichen Gütern;
- die Entstehung des **ländlichen Proletariats** wurde durch das Bevölkerungswachstum noch verstärkt;
- **Freisetzung zahlreicher Arbeitskräfte**, die in andere Wirtschaftsbereiche drängen;
- **Bevölkerungswachstum** führte auch bei größeren Bauernhöfen in Teilen Deutschlands zur **Betriebsverkleinerung** in Folge von Realteilungen bei Vererbung.

Die Gewerbefreiheit nach den preußischen Reformen

- Die Gewerbefreiheit hob ständische Schranken, Ortsbindungen und Ausbildungsbeschränkungen ebenso auf, wie staatliche oder Zunftbeschränkungen der Produktionsmengen, Herstellungsweisen und Schutz vor Konkurrenz.
- Die Durchführung erfolgte in Deutschland unterschiedlich rasch, in den französisch besetzten Gebieten 1795 bis 1810, in Preußen ab 1807, wohingegen in den deutschen Klein- und Mittelstaaten liberale und konservative politische Perioden wechselten. Mit der Verfassung von 1871 hatte sich die Gewerbefreiheit endgültig durchgesetzt.
- Beschränkungen persönlicher Art (z. B. Konzessionen) und beruflicher Art blieben erhalten (z. B. Approbationen).

Die Gewerbefreiheit förderte die **Produktivität des Gewerbes** und senkte die Preise durch die Aufhebung von Beschränkungen und freie Konkurrenz.

Wirtschaftliche Folgen der Gewerbefreiheit

- Genereller **Anstieg der Zahl der gewerblichen Betriebe**, zugleich Verkleinerung schon vorhandener Betriebe durch **Konkurrenz**;
- **Anstieg der Handwerkerzahlen** im ländlichen Bereich wegen des Wegfalls von Standesschranken und durch freie Arbeitskräfte;
- **sinkende Preise** für Gewerbegüter in Folge starker Konkurrenz bei Vergrößerung des Angebotes an gewerblichen Gütern;
- der dadurch entstehende Rationalisierungsdruck zwang vor allem die Manufakturen zur Einführung **fortschrittlicher Produktionsverfahren und zur Verschlechterung der Arbeitsbedingungen**;
- vor allem der preußische Staat, aber auch andere Bundesstaaten griffen nicht nur im Bereich der Technologie der Wirtschaft unter die Arme und förderten die Industrialisierung gezielt durch Privilegien und Schutz vor ausländischer Konkurrenz.

Nachteilig für die Gewerbefreiheit waren die sozialen Folgen durch ein **Überangebot gewerblicher Arbeitskraft** und Lohnverfall.

Soziale Folgen der Gewerbefreiheit

- Zunehmende Beschäftigung gering entlohnter Frauen und Kinder in Manufaktur- und Verlagsbetrieben;
- sinkende Einkommen im gewerblichen Sektor;
- Zunahme der Lohnarbeit;
- Freisetzung qualifizierter Arbeitskräfte (Überangebot an Arbeitskraft);
- soziale Unruhe vor allem bei den schlecht entlohnten Gesellen.

Der tertiäre Sektor nach den preußischen Reformen

Auch der Handel verbesserte seine Leistungsfähigkeit durch **Ausbau der Verkehrsnetze und Abschaffung von Weg- und Schutzzöllen**.

Entscheidend für die Entwicklung des Handels- und Dienstleistungssektors in Deutschland in der ersten Hälfte des 19. Jahrhunderts war:

- Die **Verbesserung des Verkehrswesens** durch den Bau fester, steigungsarmer Straßen seit dem 18. Jahrhundert (Chausseen);
- seit Ende des 18. Jahrhunderts Förderung der Binnenschifffahrt durch Stromregulierung und Kanalbau;
- **Beginn des Eisenbahnbaus 1834**;
- die **Verbesserung der Handelsbedingungen**; Vergrößerung der Wirtschaftsräume in Deutschland nach 1815 durch die territoriale Neuordnung;
- **Abschaffung der Binnenzölle und Wegeabgaben** (Akzisen) in den deutschen Staaten;
- allmähliche **Entwicklung eines einheitlichen deutschen Wirtschaftsraumes** mit Schutzzöllen nach außen seit 1819.

Der Deutsche Zollverein

Vorgeschichte

Der deutsche Zollverein entstand allmählich **ab 1819 bis 1832**, bedeutend war der Einfluss des Nationalökonomen Friedrich List.

- Art. 19 der Deutschen Bundesakte von 1815 forderte eine bundeseinheitliche Regelung für Handel und Verkehr.
- Preußen bot seit 1819 den anderen Staaten Deutschlands die Bildung eines Zollverbandes an, auch um über seine wirtschaftliche Stärke im Bereich des Deutschen Bundes Einfluss ausüben zu können.
- Gründung des Deutschen Handels- und Gewerbsvereins unter dem Einfluss des Nationalökonomen **Friedrich List** in Frankfurt 1819; Ziel des Vereins, dem eine große Zahl angesehener und einflussreicher deutscher Kaufleute angehörte, war die Beseitigung der innerdeutschen Handelshemmnisse.

Entstehung

- Von 1819–1828 allmählicher Anschluss der benachbarten deutschen Staaten an den von Preußen initiierten Zollverein;
- zwischen 1824 und 1833 wirtschaftliche Zusammenschlüsse deutscher Mittelstaaten ohne Preußen (gegen Preußen);
- **1833** Zusammenschluss der Mittelstaatenbünde mit dem preußisch geführten Zollverein zum **Deutschen Zollverein**;
- **Österreich blieb dem Zollverein fern**, da die Wirtschaftskraft der Donaumonarchie zu gering schien, um mit Preußen und den deutschen Staaten ohne Nachteile konkurrieren zu können und weil die Regierung in Wien Preußen nicht wirtschaftlich stärken wollte.
- Spätere Beitrittsversuche Österreichs konnte Preußen verhindern.

Entstehung des Deutschen Zollverein 1833, der am 1.1.1834 in Kraft trat. Österreich blieb dem Zollverein fern, was Preußens Einfluss in Deutschland stärkte.

Wirkung

- Die **wirtschaftliche Einigung Deutschlands** unter preußischer Führung nahm die Form der politischen Einigung (→ S. 80 ff.) vorweg.
- Die höhere Binnennachfrage innerhalb des neuen Wirtschaftsraumes führte zu einer **Zunahme der inländischen Produktion**.
- Die Vereinheitlichung des deutschen Marktes beschleunigte die Industrielle Revolution in Deutschland, vor allem an Rhein und Ruhr.

Der Zollverein förderte Deutschlands Wirtschaft und die Industrialisierung.

Bewertung

Die politische Bedeutung der Einigung Deutschlands auf wirtschaftlichem Gebiet war groß. Immerhin trat jetzt **Deutschland im ökonomischen Bereich nach außen als Einheit** auf. Der hauptsächliche Nutznießer war Preußen, dessen Industrielle Revolution nun begann und das nun über sehr starken Einfluss in Deutschland verfügte. Österreich war wirtschaftlich aus Deutschland verdrängt worden. Dennoch blieb auch im ökonomischen Bereich vieles getrennt, es gab **keine einheitlichen Währungen**, **Maße und Gewichte** und nur **geringe Koordination** beim Bau von Verkehrswegen.

Die wirtschaftliche Einheit hatte eine große Bedeutung, da sie die politische vorweg nahm.

Die Industrielle Revolution in Deutschland

Die Anfangsphase der Industrialisierung des deutschen Wirtschaftsraumes führte zu einer raschen Veränderung der wirtschaftlichen und sozialen Verhältnisse innerhalb Deutschlands, die mit den Wandlungen vorhergehender Epochen nicht vergleichbar ist. Die stetige Beschleunigung in der Veränderung wirtschaftlicher und sozialer Strukturen, sei es durch Bedarfsänderungen, Marktverschiebungen oder technische Innovationen, und die damit einhergehende Häufung der auftretenden Probleme finden bis heute kein Ende.

Der Beginn der Industriellen Revolution in Deutschland

"Industrielle Revolution" bezeichnet die ersten, rasant verlaufenden Jahrzehnte der wirtschaftlichen Entwicklung eines Landes, die von tief greifenden wirtschaftlichen und sozialen Folgen geprägt wird. "Industrialisierung" dagegen betont den gesamten wirtschaftlich-technischen Entwicklungsprozess eines Industrielandes, der in Industriestaaten permanent ist.

- Die "Industrielle Revolution" bezeichnet die ersten Jahrzehnte der wirtschaftlichen Entwicklung eines Landes, die geprägt sind von der revolutionären technischen Entwicklung, die tief greifende wirtschaftliche, politische und soziale Veränderungen bewirkt. "Industrialisierung" dagegen betont den gesamten wirtschaftlich-technischen Entwicklungsprozess eines Industriestaates, dessen revolutionäre Anfangsphase die Industrielle Revolution ist.
- Ein kleinerer Teil der Geschichtsschreibung geht davon aus, dass die Industrielle Revolution in Deutschland bereits **1835** begann, da:
  - die Zahl der Lohnarbeiter (auch in der Landwirtschaft) so zunahm, dass man von einer Veränderung der Gesellschaftsstruktur sprechen kann;
  - manuelle Arbeit zunehmend durch mechanische ersetzt wurde;
  - das verfügbare Investitionskapital spürbar anstieg;
  - der neu gegründete Zollverein den Handel erleichterte
  - und der Eisenbahnbau in Deutschland begann.
- Die meisten Historiker setzten den **Beginn erst 1850** an, da:
  - erst ab 1850 im großen Stil in die Industrie investiert wurde, weil nun erst die Finanzierungsmöglichkeiten entstanden;
  - das Wirtschaftswachstum erst nach 1850 durch bestimmte, führende Industriezweige erheblich beschleunigt wurde;
  - nach 1850 der politische und gesellschaftliche Rahmen für ein kontinuierliches Wachstum entstand, z. B. Förderung der Industrie durch den Staat in Preußen; der Staat selbst investierte sogar in großem Maße;
  - ausreichende Eisenbahnverbindungen im deutschen Wirtschaftsraum erst ab 1850 vorhanden waren.

Voraussetzungen der Industriellen Revolution in Deutschland

Eine wesentliche Rolle spielte die Einführung wissenschaftlich-technischer Neuerungen in die gewerbliche Produktion, eine neue ökonomische Mentalität in Staat und Gesellschaft, Bevölkerungswachstum und Kapitalentwicklung treten hinzu.

Ursachen der Industriellen Revolution in Deutschland:
- staatliche Förderung
- wissenschaftlicher Fortschritt der Universitäten
- Patentschutz
- englisches Vorbild

Ursachen

- Neue **Bedeutung der Naturwissenschaft in** der Aufklärung;
- **staatliche Förderung** des technischen Fortschritts (Polytechnische Schulen, Bergbauschulen, Musterbetriebe u. Ä.);
- der Rationalisierungsdruck durch **freie Konkurrenz** (Gewerbefreiheit) ververlangte Überlegungen hinsichtlich Maschineneinsatzes (Investitionsanreiz);

- **Patentgesetze** sicherten die Rechte des Erfinders;
- das **Vorbild Englands**.

Wichtige technische Neuerungen

- **Massengewinnung von Rohstoffen** in mechanisierten Bergwerksanlagen;
- **Massenverhüttung von Eisen** durch Erforschung der Vorgänge im Hochofen, Massenstähle;
- **Maschinen**: Dampfmaschine, Textilmaschinen (Spinnmaschine, mechanischer Webstuhl, Nähmaschine), Werkzeugmaschinen, später elektrische Maschinen und Geräte; Einsatz neuer Rohstoffe (Zement, Gummi).

Die wichtigsten Neuerungen:
- Bergwerkstechnik
- Massenstahlerzeugung
- Maschineneinsatz

Geistige Voraussetzungen

- Die Erkenntnis absolutistischer Regierungen, dass staatliche Regelungen wirtschaftlich oft nicht effizient sind; deshalb sollten gesetzliche Maßnahmen das **freie Wachstum der Industrie sichern**;
- **wachsendes Selbstbewusstsein des Besitzbürgertums**, das sich am englischen Vorbild orientierte und, von dem Misserfolg der Revolution 1848/49 ernüchtert, sich auf den wirtschaftlichen Bereich zurückzog und dort seine Rechte gegen den Staat durchsetzte;
- Veränderung der liberal-humanistischen Gesinnung im Besitzbürgertum zum so genannten Manchestertum.

Dazu traten wirtschaftliche Liberalität der Regierungen und Selbstbewusstsein des Wirtschaftsbürgertums.

Kapitalentwicklung

Durch die hohen Gewinne der Unternehmer kam es in den ersten Jahrzehnten der Industrialisierung zur **Anhäufung von Kapital** in der Hand von Kapitaleignern (Akkumulation des Kapitals), das wieder in junge Industrien investiert wurde. Den Aufschwung trugen vor allem der Eisenbahnbau und die Investitionsgüterindustrie (Nachfrage aus der Industrie selbst). Erst nach 1880 spielt auf Grund der steigenden Einkommen die Konsumgüternachfrage eine Rolle.

Entscheidend für den weiteren Fortgang der Industriellen Revolution waren:
- die stetige Kapitalausweitung durch hohe Industriegewinne
- Bevölkerungswachstum
- das Entstehen der Industriestädte

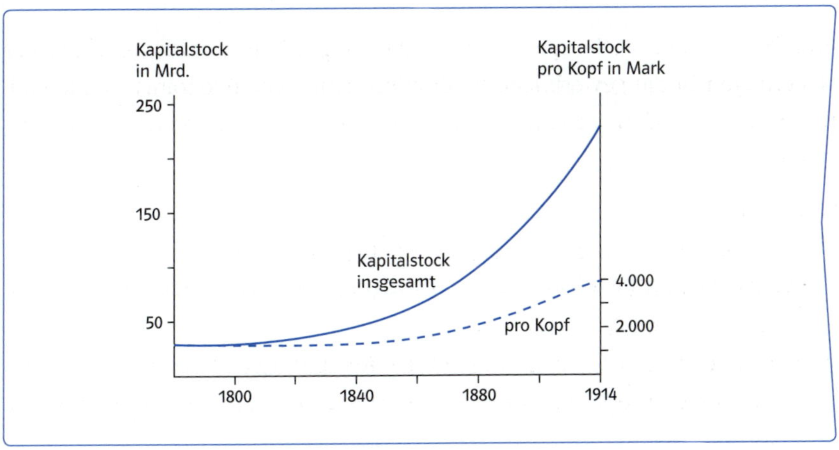

Entwicklung des Kapitalstockes insgesamt und pro Kopf der Bevölkerung in Deutschland von 1780 bis 1914

Die Bevölkerung wuchs in den Industriegebieten fast doppelt so schnell wie im ländlichen Raum.

Entstehung zahlreicher Großstädte in den neuen Industriezentren und Entstehung von Ballungsräumen

Bevölkerungsentwicklung

Der Zusammenhang zwischen Industrialisierung und Bevölkerungswachstum in Deutschland lässt sich anhand von Statistiken leicht beweisen. **In den Industriegebieten wuchs die Bevölkerung** beinahe **doppelt so schnell** an wie in Gebieten, in denen Landwirtschaft als Haupterwerbsquelle vorherrschte. Der größere Zuwachs in den Industriegebieten ergibt sich aus Zuwanderung und erhöhter Geburtenrate.

Der Bevölkerungszuwachs in den Industriezentren bedeutete für die Industrialisierung:

- **genügend Arbeitskräfte** zu billigen Preisen,
- **erhöhte Nachfrage nach Gütern** infolge höheren Bedarfs.

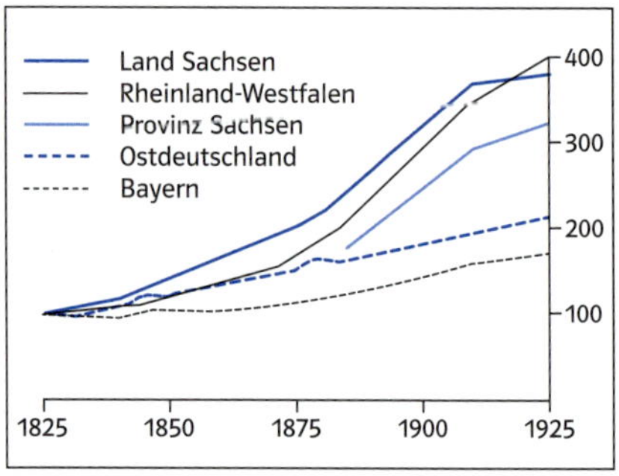

Bevölkerungswachstum in verschiedenen Teilen Deutschlands von 1825–1925 (1825 = 100)

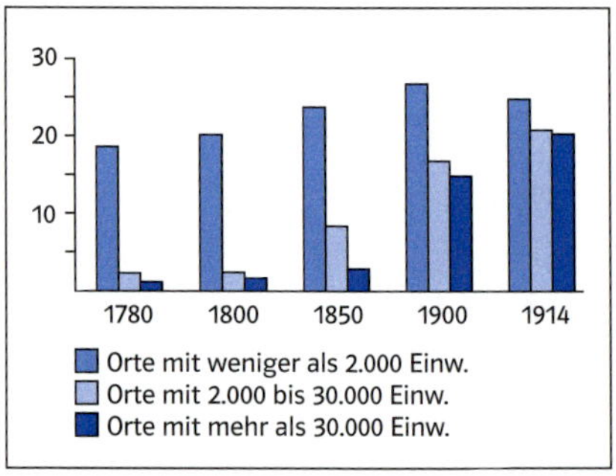

Die Urbanisierung des Bevölkerungszuwachses Mio. Einwohner

Die Urbanisierung

- Seit 1850 Verstärkung der Landflucht;
- Entstehung zahlreicher Großstädte in den neuen Industriezentren (Bau von Arbeitersiedlungen);
- Vergrößerung zentraler Städte mit Gewerbe infolge
  - Eisenbahn (schneller Massentransport von Verbrauchsgütern aus entfernten agrarischen Gebieten),
  - Entwicklung von Lagertechniken (Kühlhäuser) und Einführung fortschrittlicher sanitärer Verhältnisse;
- **Entstehung von Ballungszentren**, die durch eine starke Binnenwanderung in Deutschland von Ost nach West verstärkt wurde.

Die mit der raschen Bevölkerungsentwicklung und der Industriellen Revolution einhergehende Urbanisierung begann Mitte des 19. Jahrhunderts. Konkrete Ursachen waren die wirtschaftliche Attraktivität von Städten, die Eisenbahn (schnelles Massentransportmittel), neue Lagerhäuser (z.B. Kühlhäuser) und fortschrittliche sanitäre Wohnverhältnisse.

Entwicklung in den wichtigsten industriellen Bereichen

Kohle und Stahl:

- Kohleabbau in großtechnischen Anlagen;
- Produktivitätszunahme durch technischen Fortschritt;
- Industrieregionen entstehen durch Verlagerung weiterer Industrien in die Kohleabbaugebiete;

- moderne Kokshochofenverhüttung in großem Ausmaß ab 1840;
- Hüttenindustrie in der Nähe von Kohle oder Erzvorkommen;
- Importabhängigkeit, der einheimische Eisenerzabbau kann mit dem wachsenden Bedarf der Hüttenindustrie nicht Schritt halten;
- **Stahlexport**, seit 1853 überstieg die Erzeugung den Bedarf; 1904 wurde bereits mehr als die Hälfte des erzeugten Eisens exportiert.

Maschinenbau:

- Vor 1850 wurde ein großer Teil der Maschinen (Dampfmaschinen, Lokomotiven, Textilmaschinen) aus England eingeführt;
- die Standorte der Maschinenbauindustrie knüpften oft an vorindustrielle Gewerbetraditionen an, z.B. alte Reichsstädte mit gewerblicher Tradition;
- die bedeutendste Sparte der metallverarbeitenden Industrie war der Eisenbahnbau, der der deutschen Industrialisierung die stärksten Impulse gab.

Bedeutende Industriesparten waren Kohleabbau, Eisen- und Stahlverhüttung ab 1840, Maschinenbau und Metallverarbeitung ab 1850. Bedeutsam waren außerdem die Textilindustrie und die Verkehrstechnik, vor allem der Eisenbahnbau.

Textilindustrie:

- Der **Textilbereich** hatte im 19. Jahrhundert die größte Beschäftigtenzahl, ging aber in der Bedeutung gegenüber dem Maschinenbau **ständig zurück**;
- durch Mechanisierung und Überproduktionen kam es häufig zum Preisverfall und zu wirtschaftlichen Krisensituationen, vor allem für die im Verlagssystem arbeitenden Handweber (Weberaufstand 1844).

Eisenbahn:

- Der **Fortschritt** im Verkehrswesen wurde **durch** den **stürmischen Ausbau des Eisenbahnnetzes** geprägt. Dieser Ausbau förderte seinerseits wieder die Industrie;
- die Folgen des Eisenbahnbaus waren die verbesserte Versorgung der Bevölkerung in Ballungszentren, billiger Transport von Massengütern (Lockerung der Standortbindung von Industrien) sowie vermehrte und beschleunigte Kommunikation (schneller und billiger Briefverkehr).

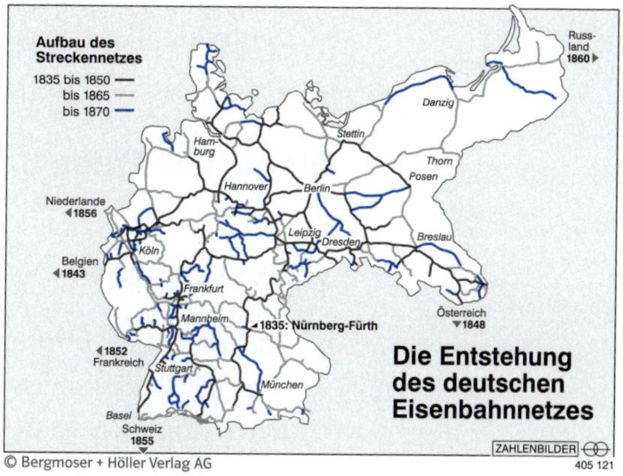

Die Entwicklung in Landwirtschaft und Handwerk

Landwirtschaft und Handwerk wurden durch die Industrielle Revolution verändert. Während die Landwirtschaft allmählich profitierte, starben viele Handwerksberufe aus.

Landwirtschaft:

- Langsame **Verbesserung der sozialen Lage auf dem Land** (Einkommensverbesserungen durch höhere Produktivität);
- Entlastung der engen Verhältnisse auf dem Land durch **Auswanderung und Landflucht;**
- Einsatz **landwirtschaftlicher Maschinen** (zuerst in kapitalstarken Großgütern).

Handwerk:

- Das Handwerk wurde durch **industrielle Konkurrenz** hart getroffen, aber in vielen gewerblichen Bereichen verlief die Industrielle Revolution langsam, wenn sie überhaupt stattfand (z. B. Baugewerbe);
- **Anpassung des Handwerks** an die veränderte Situation durch Spezialisierung auf industriell nicht fertigbare Produktion;
- **Aussterben vieler Handwerksberufe** im Lauf der Zeit.

Der Handel, vor allem der Außenhandel, entwickelte sich sprunghaft und ging auch international zum Freihandel über.

Der Handel:

- Von England ausgehend allmählicher **Übergang zum Freihandel**;
- die anderen Staaten Europas zogen langsam nach;
- nach 1860 in Europa weitgehend Freihandel;
- **nach 1875** vor allem im Agrarbereich Übergang zu neuer **Schutzzollpolitik**, hervorgerufen durch die deutsche „Gründerkrise“ 1873;
- **stetige Ausweitung des Außenhandels** in Deutschland.

Rückgang der im Primärsektor (Landwirtschaft) Beschäftigten, Zunahme des Sekundär- und Tertiärsektors (Gewerbe, Industrie bzw. Verwaltung und Dienstleistung). **Deutschland wurde Industriestaat.**

Ergebnis: Veränderung der Wirtschaftsstruktur vom Agrar- zum Industriestaat

- Im primären Sektor (Landwirtschaft) ging der Anteil der Beschäftigten im Vergleich zur Gesamtzahl aller Beschäftigten zurück.
- Im sekundären (Gewerbe, Industrie) und im tertiären Sektor (Verwaltung, Dienstleistung) nahm die Zahl der Beschäftigten stark zu.
- **Deutschland entwickelte sich zum Industriestaat.**

Die soziale Frage und die Versuche zu ihrer Lösung

Voraussetzungen

- Wachsen einer **breiten Schicht gewerblicher Lohnarbeiter** durch Änderung der Produktionsverhältnisse und der Gesellschaftsstruktur;
- **harte Konkurrenz** bei Überangebot von Arbeitskräften führte in einem liberalen Wirtschaftsystem zu **extrem niedrigen Einkommen**;

- das liberale **Manchestertum** kannte keine Rücksichtnahme ethischer oder moralischer Art im wirtschaftlichen Bereich.

Die soziale Lage der Arbeiter

- Die **Einkommensverhältnisse** abhängig Beschäftigter waren in der Regel **sehr schlecht**;
- zwischen Beziehern mittlerer und hoher Einkommen und den Arbeitern entstand eine **tiefe soziale Kluft**;
- die **Wohnverhältnisse** in den neuen Industriegebieten waren für Arbeiter außerordentlich **schlecht**, die Nahrungsmittel aufgrund der Knappheit in den neuen Ballungsgebieten verhältnismäßig teuer;
- die hygienischen und gesundheitlichen Verhältnisse in den jungen Städten ließen zu wünschen übrig;
- die **Arbeiter waren** für den Fall von Krankheit, Arbeitslosigkeit, Arbeitsunfähigkeit und Alter **nicht abgesichert**;
- die **Beschäftigungslage** der Arbeiter **schwankte** je nach Konjunktur und Arbeitslosigkeit kam häufig vor;
- vor allem im Textilgewerbe versuchten die Fabrikanten, durch Frauen- und Kinderarbeit die **Löhne auf ein Minimum** zu drücken;
- **sehr schlecht waren** vor allem die **Arbeitsbedingungen**:
  - gesundheitsgefährdende und unfallträchtige Arbeitsplätze;
  - Wochenarbeitszeiten bis zu 90 Stunden, kein freier Wochentag;
  - lange Anmarschwege zur Arbeitsstelle infolge fehlender Nahverkehrsverbindungen und Wohnungsnot führten dazu, dass den Arbeitern oft weniger als acht Stunden Schlaf täglich blieben;
  - Arbeitspausen gab es nicht, man aß bei der Arbeit.

Die soziale Lage der Arbeiter war sehr schlecht, bei niedrigen Löhnen gab es keine Alters- und Sozialversorgung für die Arbeitenden und die Familien. Es gab weder Schutz vor Frauen- und Kinderarbeit noch vor gefährlicher Arbeit, ebenso keine Begrenzung der Arbeitszeiten. Ursache war der **unsoziale Wirtschaftsliberalismus**, die harte Konkurrenz und das Überangebot an Arbeitskräften.

Ausgaben (in %) für	besser gestellte Arbeiterfamilie	Mittelstandsfamilie	Wohlstandsfamilie
Nahrung	62	55	50
Kleidung	16	18	18
Wohnung	12	12	12
Heizung und Beleuchtung	5	5	5
Erziehung, Unterricht etc.	2	3,5	5,5
Öffentliche Sicherheit etc.	1	2	3
Gesundheitspflege etc.	1	2	3

Ausgabenstruktur von Familien unterschiedlicher sozialer Schichten in Sachsen 1857

Erste Eingriffe des Staates

Der Staat reagierte nur zaghaft mit den allernotwendigsten gesetzlichen Schutzmaßnahmen.

- Seit **1828 Verbot der Kinderarbeit** in Preußen, um den Gesundheitszustand der Rekruten zu heben.
- **1839** preußisches **Gesetz zum Schutze der Jugendlichen** in den Fabriken: Kinder unter neun Jahren durften in Fabriken nicht arbeiten; Jugendliche durften nur tagsüber einschließlich 90 Minuten Pause maximal 10 Stunden arbeiten. Wegen geringer Strafandrohungen und nachlässiger Kontrollen hatte das Gesetz nur wenig Wirkung.
- Um 1840 wurde der Kinderschutz auch in anderen deutschen Ländern (Bayern, Österreich) eingeführt.
- **Frauen** waren lediglich **vor Schwerstarbeit geschützt**. Arbeitszeitbeschränkungen und Schutz der Wöchnerinnen kamen erst später.

Soziale Hilfsmaßnahmen

Hilfe gab es meist nur von **Selbsthilfeorganisationen der Arbeiterschaft**, durch die Subsidiaritätspflicht der Gemeinden oder durch **Unternehmer**, die durch soziale Leistungen die Arbeiter an das Unternehmen binden wollten.

- **Unterstützungspflicht der Gemeinden** (Subsidiaritätspflicht seit dem Mittelalter bis heute); ab 1855 gemeindliche Versicherungskassen;
- **Gründung von Kassen durch die Arbeiter** selbst;
- **soziale Einrichtungen durch Betriebe**, um die Arbeiter zu schützen und an den Betrieb zu binden;
- die **Versicherungsleistungen** waren selbst für das Lebensnotwendigste **zu gering**, da größere Beiträge wegen der geringen Arbeitereinkommen von den Kassen nicht erhoben werden konnten.

Lösungsversuche der sozialen Frage

Politische Gegenwehr gab es nur in **Gesellenvereinen** der schlecht bezahlten Handwerker, in den **Schriften frühsozialistischer Gesellschaftstheoretiker** und in den **Kirchen**.

Vorgeschichte

In England und Frankreich, wo sich die Industrialisierung schneller als in Deutschland durchgesetzt hatte, waren schon in den ersten Jahrzehnten des 19. Jahrhunderts theoretische Überlegungen angestellt worden, wie das soziale Elend der Arbeiter verhindert werden könnte. **Sozialphilosophen** (z.B. der Franzose Fourier oder der Engländer Owen) hatten sozialistische, kommunistische oder anarchistische Gesellschaftstheorien formuliert. Ihre Schriften übten auch in Deutschland Einfluss aus (so genannte Frühsozialisten). Der bekannteste deutsche **Sozialist** vor 1848 war der Schneidergeselle **Wilhelm Weitling**. Gerade die Handwerksgesellen, die auf der Wanderschaft weit herumkamen, hatten vieles erfahren, was ihren sesshaften Mitbürgern wegen der unvollkommenen Bildungs- und Kommunikationsstrukturen unzugänglich war. Sie bildeten angesichts ihrer misslichen sozialen Lage einen Unruheherd und hatten sich schon früh außerhalb des deutschen Raumes in Gesellenvereinen organisiert. Weitling, der christlich beeinflusst war, forderte einen konsequenten Gleichheitskommunismus. Er dachte aber nicht „proletarisch", sondern eher handwerklich-ständisch. Nach 1843 ging sein Einfluss zurück. **Seit etwa 1845 begannen Marx** (→ S. 70) **und Engels** Einfluss auf die Gesellenvereine auszuüben. Sie schufen eine Gesellschafts-, Wirtschafts- und Staatstheorie, die sie als objektiv wissenschaftlich verstanden wissen wollten. **1848** formulierte Marx diese Gedanken im so genannten **Kommunistischen Manifest**.

Die Bemühungen der Kirchen

Die Kirchen griffen jedoch zu spät und zu zögerlich ein und verloren dadurch die Arbeiterschaft an die meist atheistischen Sozialisten.

Zugleich begann sich in den Kirchen der Widerstand gegen die sozialen Missstände zu regen. **Wilhelm Emanuel Freiherr von Ketteler** und **Adolf Kolping** auf katholischer, sowie **Johann Heinrich Wichern** und **Friedrich von Bodelschwingh** auf evangelischer Seite waren die führenden Persönlichkeiten.
Anfänglich hofften die Kirchen, die soziale Frage durch Veränderung der Gesinnung und Einsicht in das christliche Liebesgebot lösen zu können. Daraus erklärt sich seit 1845 die Gründung von christlichen Vereinen für Gesellen und Arbeiter durch Kolping (Kolpingvereine) und Wichern (Innere Mission und männliche Diakonie).
Von Bodelschwingh gründete in Bethel eine Anstalt für Behinderte (Bethel'sche Anstalten).
Ab 1860 stellte die katholische Kirche **konkrete Forderungen** an Staat und Gesellschaft zur Lösung der sozialen Probleme:

- **Der neu entstehende politische Katholizismus** (→ S. 92, 95 f.) **kämpfte** an zwei Fronten: gegen den Liberalismus, den er für die soziale Misere verantwortlich machte, und gegen den atheistischen Marxismus;
- die päpstliche Enzyklika „Rerum novarum" forderte staatliches Eingreifen (1891);
- 1878 Gründung der „Christlich-sozialen Arbeiterpartei" des evangelischen Hofpredigers Stöcker in Berlin;
- insgesamt blieb das Echo bei der Arbeiterschaft, verglichen mit dem der Sozialisten gering, vor allem weil die **Kirchen zu spät und oft nur zögernd eingegriffen** hatten.

Die sozialistische Bewegung

- Gründung des Allgemeinen Deutschen Arbeitervereins (ADAV) 1863 durch den Berliner Salonsozialisten **Ferdinand Lassalle**; Lassalle war nicht revolutionär eingestellt. Er forderte: Der Staat sollte reformiert werden, die Produktion auf genossenschaftlicher Basis erfolgen. Wo möglich, sollte mit dem reformierten Staat kooperiert werden.
- Im gleichen Jahr erfolgte die Gründung des Verbands deutscher Arbeitervereine durch **August Bebel** (marxistisch) (VDAV);

Aus marxistischen und sozialistischen Arbeitervereinen entstand bis **1891** die **SPD**.

- 1869 nach Lassalles Tod Vereinigung von Teilen des ADAV mit dem VDAV zur Sozialdemokratischen Arbeiterpartei;
- unter dem Druck der Sozialistengesetze 1875 Gründung der sozialistischen Arbeiterpartei Deutschlands durch Übertritt der Reste des ADAV;
- **1891**, nach Aufhebung des Sozialistengesetzes und **ideologischem Verzicht auf die Revolution**, Umbenennung in „Sozialdemokratische Partei Deutschlands" (SPD).

Die wichtigsten Theorien der Sozialisten nach 1848

Zu den wichtigsten Vertretern des Sozialismus in Deutschland gehörte **Ferdinand Lassalle**, der eine Revolution für unnötig hielt. Er forderte einen die Existenz sichernden Lohn, Wahlfreiheit und Industrieproduktion nach dem Genossenschaftsprinzip.

Ferdinand Lassalle

Sein **„Ehernes Lohngesetz"** beschreibt einen Kreislauf, in dem bei hohen Löhnen die Arbeiterzahlen durch geringere Sterblichkeit und höhere Geburtenraten steigen. Das entstehende Überangebot an Arbeitskräften drückt die Löhne. Die Folgen sind Arbeiterelend und Verminderung der Arbeiterzahl, sodass die Löhne wieder steigen. Als Lösung forderte Lasalle die Zahlung eines das Existenzminimum sichernden Lohnes, gleiches Wahlrecht, damit sich die Arbeiter im Parlament mehrheitlich durchsetzen können, und Industrieproduktion nach dem Genossenschaftsprinzip.

PORTRÄT

KARL MARX (1818–1883)

- ab 1842 radikaler Journalist
- nach revolutionärer Tätigkeit 1848 ab 1849 im Londoner Exil
- einflussreichster Theoretiker des Sozialismus bzw. Kommunismus
- arbeitet seit 1847 zusammen mit dem Unternehmer Friedrich Engels an der Entwicklung der marxistischen Ideologie

Karl Marx und Friedrich Engels

Karl Marx und Friedrich Engels entwickelten ein geschlossenes sozialistisches ideologisches System, das die **Revolution der Arbeiterklasse** für ebenso unausweichlich hielt wie den **Untergang der bürgerlichen Klasse**.

- Der **Fabrikarbeiter** ist durch die industriellen Produktionsverhältnisse vom Produkt seiner Arbeit, mithin **von der Arbeit**, seinen Kollegen und sich selbst **entfremdet („Entfremdungstheorie“)**.
- Der Wert einer Ware ist durch den Wert der entsprechenden Arbeit bestimmt. Da der Unternehmer bei dem Verkauf seiner Produkte einen finanzielle Wert erzielt, der höher ist als Materialkosten plus Arbeitslöhne, erzielt er einen Mehrwert. **Industrielle Profite** sind nichts anderes als die **Aneignung dieses Mehrwertes** durch den Unternehmer (**„Mehrwerttheorie“**).
- Durch industrielle Expansion und Vernichtung der Konkurrenz akkumuliert sich das Kapital der Besitzenden. Immer weniger Kapitalisten beuten immer mehr Lohnabhängige aus und reißen wachsenden Mehrwert an sich. **Es gibt immer weniger, aber um so kapitalstärkere Besitzende und immer mehr stetig verelende Arbeiter („Akkumulationstheorie“ und „Verelendungstheorie“).**
- Die wenigen übrig gebliebenen Kapitalisten werden von der **Revolution der proletarischen Massen** hinweggefegt. Es ist legitim, wenn die Arbeiterklasse nicht lange warten will, den unvermeidlichen historischen Prozess abkürzt und ihr Elend beendet (**„Revolutionstheorie“**).
- **Die Geschichte ist die Geschichte von Klassenkämpfen.** Im Laufe der Zeit beseitigen die unterdrückten Klassen die jeweils herrschende Klasse durch Revolution. Die Vernichtung der bürgerlich-kapitalistischen Klasse durch das revolutionäre Proletariat ist ein historisch unvermeidlicher, unaufhaltsamer, unumkehrbarer Prozess (**„Historischer Materialismus“**).

Die Entwicklung von Gewerkschaften in Deutschland

Erst nach **Aufhebung des Koalitionsverbotes 1861** konnten in Deutschland christliche und sozialistische Gewerkschaften entstehen.

- **Vorbild** war die **englische Gewerkschaftsbewegung** nach 1828.
- **Deutsche Handwerksvereine** existierten schon **vor 1848**.
- Vor 1848 gab es bürgerlich-liberale Arbeiterbildungsvereine, christliche Gesellen- und Arbeitervereine und seit 1847 Buchdruckervereinigungen.
- Nach Aufhebung des Koalitionsverbotes 1848 „Allgemeiner Deutscher Arbeiterkongress“ mit Gründung der „Allgemeinen deutschen Arbeiterverbrüderung“.
- Ab 1849 Beschränkung der Arbeiter- und Handwerkervereinigungen auf Soziales und Bildung, so z. B. der „Fortbildungsverein für Buchdrucker“ 1862, mit dem Hauptziel der Vertretung von Arbeitsinteressen;
- **Aufhebung des Koalitionsverbots für Arbeiter** in den deutschen Staaten **(ab 1861 bis 1869)**;
- Bildung von Gewerkschaften: „Hirsch-Duncker'sche Gewerkvereine“, sozialdemokratische Gewerkschaften und christliche Gewerkschaften;
- 1875 Zusammenschluss der zwei größten sozialistischen Gewerkschaften,

des „Allgemeinen Deutschen Arbeiterschaftsverbands“ (Lassalle) und der „Internationalen Gewerkschaftsgenossenschaften“ (Bebel und Liebknecht);
- nach der Behinderung durch die Sozialistengesetzgebung (→ S. 98) **stetiger Aufstieg der Gewerkschaften (ab 1890)**.

Die privatunternehmerischen Initiativen

Die sozialen Bemühungen der Unternehmer gingen von **patriarchalischen Vorstellungen** aus. Sie wollten vor allem die **Arbeiter an das Unternehmen binden**.

Nur wenige Unternehmer wie Krupp, Stumm oder Harkort suchten Wege zur Verbesserung der sozialen Lage der Proletarier, die in ihren Fabriken arbeiteten. Die Einstellung der Unternehmer war **patriarchalisch geprägt**.
Folgende Einrichtungen wurden vorrangig geschaffen:
- **Arbeitersiedlungen** mit verbilligten Wohnungen;
- **betriebseigene Läden** mit verbilligten Lebensmitteln;
- **Betriebskrankenkassen**;
- **Ausbau von Schulen** und anderen **Bildungseinrichtungen**.

Industrialisierung

Seit etwa 1815 begann auch in Deutschland zuerst allmählich, dann zunehmend schneller eine grundlegende Veränderung der ökonomischen und gesellschaftlichen Strukturen. **Rasante Bevölkerungszunahme** mit **Landflucht** und Entstehung städtischer **Ballungszentren**, liberales Gedankengut und **Liberalisierung** starrer ökonomischer Verhältnisse, aufgeklärte Verwissenschaftlichung der landwirtschaftlichen und gewerblichen Produktion, zunehmende öffentliche **Bildung** und **gesellschaftliche Mobilität**, der Blick auf das englische Vorbild, zahlreiche gewerbliche Traditionen, **reiche Rohstoffvorkommen** sowie fiskalisches und militärisches Interesse an Technik und Industrie bündelten sich zu einem Ursachenkomplex, der **Deutschland bis 1890 zum Industriestaat** machte.

Erst **ab 1850** erlaubten die Kapitalentwicklung, die Möglichkeiten der deutschen Finanzmärkte und die Rechtslage die **Entstehung großer industrieller Komplexe**. Leitindustrie war zuerst die **Kohle- und Stahlherstellung**, dann die Folgeindustrien, vor allem für den **Eisenbahnbau**, der die Verkehrswege revolutionierte, später die Kohlechemie und die Elektroindustrie. Eine wesentliche Rolle bei der Industriellen Revolution in Deutschland kam dem **deutschen Zollverein** zu, der im Bereich des Deutschen Bundes einen großen, einheitlichen Markt schuf. Dieser Markt war aber in Deutschland selten ein echter Freimarkt, da **die spätabsolutistischen Regierungssysteme** in Deutschland entsprechend ihrem Interesse in den Markt eingriffen.

Soziale Frage

Ergebnisse der Industrialisierung waren das Entstehen einer **Schicht reicher Industrieller**, die sich auf die Dauer mit dem **Adel** als herrschende Schicht vermischte; die Entstehung eines **Industrieproletariats**, das sich zunehmend als eigene soziale Klasse **(Arbeiterklasse)** verstand; das Zerbrechen des sozialen ländlichen Verbandes der Großfamilie und das Entstehen der sozial anfälligeren städtischen Kleinfamilie, die ohne die durch die Großfamilie meist gewährleistete soziale Fürsorge im Alter und bei Krankheit auskommen musste.

Die **Lösungsversuche der sozialen Frage** gaben den Kirchen die Gelegenheit, sich wieder den entfremdeten Arbeiterschichten anzunähern, die aber mehrheitlich sozialistischem Gedankengut näher standen, das zu dieser Zeit entstand und in den Theorien von **Marx und Engels** seinen Höhepunkt fand. Zugleich versuchten die lohnabhängigen Arbeiter durch **gewerkschaftliche Zusammenschlüsse** ihre Interessen geltend zu machen und durch **Sozialkassen** ihr Existenzrisiko etwas zu mildern. Der **patriarchalisch-konservative Lösungsansatz des Unternehmertums** selbst bezog sich oft eher darauf, die Lebensumstände der knapp entlohnten Arbeitskräfte ohne allzu große weitere Kosten erträglicher zu gestalten und die Arbeitskräfte im eigenen Sinne umzuerziehen.

Der **Staat** griff erst relativ spät ein. Immerhin wurde **Kinderarbeit** verboten und **Frauenarbeit** begrenzt.

Die Berufung Bismarcks

Der preußische Heereskonflikt entstand 1860 durch die Heeresreform Wilhelms I., die das liberale Abgeordnetenhaus ablehnte. Als letzten Ausweg ernannte Wilhelm I. den extrem preußisch-monarchischen Otto von Bismarck zum Ministerpräsidenten. Dieser überging das Parlament mit seiner „Lückentheorie" (Bei einer Verfassungslücke geht die Entscheidung an den, der die Verfassung gegeben hat, also an den König).

Bismarcks politische Grundprinzipien

Diese waren:
Staatsegoismus: Eigennutz ist staatliche Notwendigkeit; **unideologisches Zweckmäßigkeitsprinzip** (= Konvenzienzprinzip): der Zweck heiligt die Mittel; **Ausgleichspolitik** mit dem Ziel eines stabilen Gleichgewichts der europäischen Mächte; die **deutsche Frage** (nationale Einheit) soll Preußen die Vorherrschaft in Deutschland sichern.

Der Deutsche Krieg (Preußen-Österreich)

Er entstand aus dem Dänischen Krieg (1864) und wurde 1866 durch Preußen gewonnen.
Ergebnisse: Annexion der norddeutschen Staaten, die auf Seiten Österreichs gekämpft hatten; Errichtung des Norddeutschen Bundes unter Führung Preußens; Bildung eines Südbundes, der wirtschaftlich und militärisch von Preußen abhing; Neuordnung Deutschlands ohne Österreich (= kleindeutsche Lösung); Preußen wurde zur deutschen Hegemonial- und zur europäischen Großmacht.

Die Reichsgründung

Die Kaiserproklamation in Versailles

Die Errichtung des Kaiserreichs

Gegen die spanische Thronkandidatur eines Prinzen aus dem Hause Hohenzollern-Sigmaringen reagierte Frankreich heftig, da es eine Einkreisung befürchtete. Preußen gab nach und erlitt eine diplomatische Niederlage, die Napoleon III. noch verstärken wollte. Er verlangte von Preußen den schriftlichen Verzicht auf die spanische Krone für alle Zeit. Bismarck formulierte die **Emser Depesche** um und verschärfte sie so, dass Frankreichs Vorgehen auch von den anderen Großmächten als überzogen angesehen wurde. Napoleon sah die Ehre Frankreichs verletzt und erklärte den Krieg. Die preußischen und süddeutschen Truppen besiegten die französischen aufgrund ihrer militärischen, technischen und taktischen Überlegenheit rasch. Die französischen Truppen wurden bei Sedan und Metz besiegt, Napoleon gefangen und Paris eingenommen. Im Frieden von Frankfurt (10.5.1871) verlor Frankreich Elsass und Lothringen an Deutschland.
Bismarck nutzte die Siegeseuphorie und gewann die Fürsten auch durch Zugeständnisse für ein Deutsches Reich unter preußischer Führung, das am 18.1.1871 im Spiegelsaal zu Versailles feierlich verkündet wurde. Den europäischen Bedenken gegenüber der neuen Großmacht Preußen begegnete Bismarck mit einer Beschwichtigungspolitik: Das Reich sei „saturiert" und strebe keinen weiteren Machtzuwachs an.

4 Das preußisch-deutsche Kaiserreich bis 1890

Die Reichsverfassung

Die Gründung des Deutschen Reichs war ausschließlich Sache der Fürsten, das Volk war nicht beteiligt. Dies zeigte sich vor allem bei der von Bismarck konzipierten Verfassung, die folgende **Charakteristika** hatte:
Das **Reich und die Einzelstaaten**: Das Reich ist ein föderalistischer Staat, dessen Souveräne die Fürsten sind, denen zahlreiche Rechte blieben.
Die **Exekutive** hat der **Kaiser**, der in Personalunion preußischer König ist. Er ernennt den Reichskanzler, ist Oberbefehlshaber des Reichsheers, ernennt und entlässt die Reichsbeamten, beruft den Bundesrat und den Reichstag ein, löst den Reichstag mit Zustimmung des Bundesrats auf.
Der Reichskanzler ist gleichzeitig preußischer Ministerpräsident und nur dem Kaiser verantwortlich.
Der **Bundesrat** ist die Vertretung der 25 Souveräne des Reichs und hat den Hauptteil der Legislative (Gesetzesinitiative). Aufgrund seiner weitreichenden Kompetenzen ist er eine starke Institution. Der **Reichstag** ist die Volksvertretung und wird von der männlichen Bevölkerung über 25 Jahren allgemein, frei, gleich, direkt und geheim gewählt. Er hat das Budgetrecht und ist an der Legislative durch sein suspensives Veto schwach beteiligt. Er hat insgesamt eine schwache Stellung.
Bewertung: Die Verfassung war für damalige Verhältnisse modern und liberal. Ihr Hauptproblem war die sehr ungleich verteilte Macht, deren Handhabung in der politischen Praxis abhängig war von einer fähigen Exekutive (Kaiser und/oder Reichskanzler).

Die Reichsverfassung - Bismarcks Innen- und Außenpolitik

Bismarcks Innenpolitik

Sie war geprägt von dem Bemühen, die machtpolitischen Verhältnisse um jeden Preis zu erhalten. Damit war er nicht erfolgreich, da er sich trotz harter Maßnahmen weder gegen den politischen Katholizismus bzw. dessen Partei (Zentrum) durchsetzen konnte (Kulturkampf), noch gegen die SPD (Sozialistengesetze) und auch nicht gegen die Liberalen.

Bismarcks Außenpolitik

Sie war bestimmt von dem Ziel, die Großmachtstellung des Deutschen Reiches zu sichern. Dafür musste er Frankreich isolieren und die europäischen Mächte in außereuropäische Konflikte verwickeln. Das Reich sollte als Mittler konfliktfrei bleiben. Dieses Ziel erreichte er weitgehend durch ein ebenso komplexes wie kompliziertes Bündnissystem (Zweibund mit Österreich 1879, Dreibund mit Österreich und Italien 1881; Bündnisse mit Russland (Dreikaiservertrag 1873 bzw. 1881, Rückversicherungsvertrag 1887).

Bewertung Bismarcks

Sie ist sehr unterschiedlich: Nach 1866/1871 Verherrlichung als genialer Gründer des Reiches; Weimarer Republik: erste kritische Beurteilung; Drittes Reich: Betonung seiner machtorientierten Politik; heute: positive Außenpolitik, aber Spalter des Volkes und Wegbereiter des Dritten Reiches.

KURZINFO

4 Das preußisch-deutsche Kaiserreich bis 1890

- 1862 wurde Bismarck preußischer Ministerpräsident.
- 1866 provozierte er den Krieg gegen Österreich, durch den Preußen die Hegemonie in Deutschland errang.
- Durch den Sieg über Frankreich einigte Bismarck Deutschland im preußisch-deutschen Kaiserreich.
- Innenpolitisch verstrickte sich Bismarck als Reichskanzler in Konflikte, wie den Kulturkampf, die Sozialistengesetzgebung und den Streit mit den Liberalen, bis ihn 1890 Kaiser Wilhelm II. entließ.
- Das komplexe außenpolitische System Bismarcks garantierte langfristig nicht die gewünschte europäische Stabilität.
- Bis heute ist Bismarcks Politik des Pragmatismus unter Historikern umstritten.

Der Aufstieg Preußens unter Bismarck

Der Heereskonflikt (Verfassungskonflikt) in Preußen

Der Verfassungskonflikt in Preußen zwischen König und Parlament um die Heeresreform führte zur **Berufung Bismarcks als Ministerpräsident**.

Ursache

Die sich seit dem Krimkrieg zuspitzende außenpolitische Lage in Europa schien eine Reform und Verstärkung des preußischen Heeres zu erfordern. Grundsätzlich wäre eine Mehrheit im preußischen Abgeordnetenhaus, das den **neuen Heeresetat** bewilligen musste, zu erwarten gewesen, denn die liberale Mehrheit im Landtag konnte in einer verstärkten preußischen Armee einen Schritt in Richtung der erwünschten nationalen Einigung Deutschlands sehen. Das Gesamtpaket der Maßnahmen, die zur Reform des preußischen Heeres vorgesehen waren, erschien jedoch den bürgerlichen Abgeordneten als **Zumutung**, da:

- die Reform als zu kostspielig angesehen wurde;
- die vorgesehene Verlängerung der Wehrpflicht auf drei Jahre beim Bürgertum allgemein auf Ablehnung stieß;
- die Stellung der Landwehr, welche die stärkste bürgerliche Komponente im ansonsten feudal dominierten preußischen Heer bildete, entscheidend geschwächt werden sollte;
- die Liberalen den König verdächtigten, im Heer das monarchische Prinzip („Soldat als Untertan") gegen das liberale („Soldat als Staatsbürger in des Königs Rock") verstärkt durchsetzen zu wollen.

OTTO VON BISMARCK (1815–1898)

- Spross einer feudalen märkischen Großgrundbesitzerfamilie
- Jurist, seit 1847 Abgeordneter der Rechten im preußischen Landtag
- ab 1851 Bundesgesandter in Frankfurt
- 1859 preußischer Botschafter in Russland,
  1862 Botschafter in Paris
- 1862 bis 1890 preußischer Ministerpräsident
- 1871 bis 1890 Reichskanzler

PORTRÄT

Verlauf

Zuerst (1860/61) bewilligte der preußische Landtag vorläufig die geforderten Mittel. Nach den Wahlen im Dezember 1861, die die bürgerlich-liberale Mehrheit im Abgeordnetenhaus wesentlich verstärkten, wurde die Zusammenarbeit mit dem König und seinem Kabinett unmöglich.
Wilhelm I. löste das Parlament auf und schrieb Neuwahlen aus (1862), die die liberale Mehrheit im Parlament bestätigten. Der König blieb aber unnachgiebig und dachte an Abdankung. Der preußische Kriegsminister Roon holte Bismarck aus Paris nach Berlin zurück.
So entstand zwischen monarchischem Staat und bürgerlicher Gesellschaft ein **Streit um die Grundfragen der Verfassung** in Politik und Gesellschaft.

Ergebnis

Der preußische König berief Otto von Bismarck zum Ministerpräsidenten. Bismarck überging das Budgetrecht des Parlaments mit der so genannten **„Lückentheorie"**. Diese besagte, dass der König im Streitfall zwischen Krone und Volksvertretung das Recht habe, deren Entscheidungen zu missachten, weil die Verfassung Preußens für diesen Fall keine Lösung vorgesehen habe. Da der König Parlament und Verfassung von sich aus dem Volk zugestanden habe, gingen im Falle der Unregierbarkeit Preußens die Rechte des Parlaments wieder auf ihn über.

Er überging das Parlament, indem er eine **Gesetzeslücke** in der Verfassung ausnutzte. Bismarck machte sich zum **Feind der Liberalen.**

Folge
Bismarck machte sich als „Verfassungsbrecher“ bei den Nationalen und Liberalen verhasst, zumal er 1863 die Niederschlagung des polnischen Nationalaufstandes durch den Zaren mit der Schließung der preußischen Ostgrenze unterstützte.

Die Prinzipien der Politik Bismarcks

Schon während seiner Zeit als Gesandter in Frankfurt, Petersburg und Paris formulierte Bismarck die Grundsätze seiner Politik:

Staatsegoismus
Eigennutz ist die Grundlage eines gesunden Staates, der nicht für Dinge außerhalb seiner Interessenssphäre kämpft.

Unideologisches Zweckmäßigkeitsprinzip (Konvenienzprinzip)
Weder konservative noch liberale Ideen sind Ziele, nur der Vorteil des Staates zählt. Die Staatsform eines anderen außenpolitischen Systems bildet keinen politischen Maßstab (Realpolitik).

Bismarcks politische Prinzipien waren: Staatsegoismus, unideologisches Zweckmäßigkeitsprinzip, Ausgleichspolitik und die deutsche Frage als Mittel, die preußische Hegemonie in Deutschland zu erreichen.

Ausgleichspolitik
Ziel der Außenpolitik ist nicht Überlegenheit, sondern ein stabiles Gleichgewicht der Mächte.

Die deutsche Frage
Die nationale Idee in Deutschland soll Mittel sein, die preußische Vorherrschaft über Deutschland zu realisieren. Trotz allem Pragmatismus bleibt Bismarck persönlich ein überzeugter, preußisch-konservativer Monarchist.

Der deutsch-dänische Krieg und der deutsche Krieg

Preußen und Österreich besiegten 1864 gemeinsam Dänemark, das vertragswidrige Ansprüche auf Schleswig stellte. Aus diesem Konflikt entstand ein **Konflikt unter den Siegern**, da Preußen Schleswig-Holstein annektieren wollte.

Der deutsch-dänische Krieg
Mit dem Aufflammen nationaler Ideen in **Dänemark** seit 1848 **versuchte** dieses, das teilweise dänisch sprechende **Schleswig**, das der dänischen Krone in Personalunion verbunden war, **dem dänischen Staat einzuverleiben**. Dies bedeutete einen Bruch des Londoner Protokolls, das die Trennung Schleswigs von Holstein, das dem Deutschen Bund angehörte, untersagte.
Während die deutsche Öffentlichkeit als Reaktion die Unabhängigkeit Schleswig-Holsteins unter Missachtung des Londoner Protokolls forderte, verprellte Bismarck, der sich dabei sogar gegen den eigenen König stellte (Rücktrittsdrohung), die deutsche Einheitsbewegung erneut, indem er, ebenso wie Österreich, im Blick auf das Ausland, die völkerrechtliche Einhaltung des Londoner Protokolls verlangte.

Preußen und Österreich schlugen Dänemark 1864 in einem gemeinsamen Feldzug. Nach dem Sieg kamen beide Mächte überein, die Verwaltung des Gebietes zu teilen. **Österreich übernahm die Verwaltung Holsteins, Preußen die von Schleswig.** Die kaum verhüllten Absichten **Preußens**, über kurz oder lang die Elbherzogtümer zu annektieren, führten zum **Konflikt mit Österreich**, das versuchte, das Herzogtum der alten Augustenburger Linie zu erhalten.

Der Deutsche Krieg von 1866 (Bruderkrieg)

Mittlerweile wuchs **bei beiden deutschen Mächten die Entschlossenheit, das Problem des deutschen Dualismus mit Waffengewalt zu lösen**. Der Anlass zum Krieg konnte in der offenen Schleswig-Holsteinischen Frage gefunden werden. Dementsprechend bereiteten die Diplomaten beider Staaten den Krieg vor. Bismarck wusste sich dabei in der günstigeren außenpolitischen Lage, denn:

- Das Zarenreich stand seit der Unterstützung der Niederschlagung des Polenaufstandes von Seiten Preußens hinter Bismarck.
- Italien, der Hauptfeind Österreichs, war zum Kriegsbündnis sogleich bereit und bekam im Siegesfall Venetien von Preußen versprochen.
- England, mit dem Aufbau seines Weltreichs beschäftigt, sah seine Interessen nicht berührt und blieb neutral.
- Frankreich, wieder zur Großmacht aufgestiegen, wurde von beiden Kontrahenten umworben. Napoleon III. (→ S. 81) hoffte im Konflikt der deutschen Mächte auf Gebietsgewinne am Rhein und auf eine Schwächung Österreichs und Preußens. Deshalb verhielt sich Frankreich, da es von beiden Seiten Versprechungen erhalten hatte, neutral.

Aus dem dänischen Krieg entstand der **Deutsche Krieg**, den Preußen, dank Bismarcks geschickter Außenpolitik ohne Einmischung des Auslandes gegen Österreich gewinnen konnte.

Die Donaumonarchie beschloss, die Schleswig-Holsteinische Frage dem Urteil des Deutschen Bundes zu unterwerfen. Die Vorlage dieser Streitfrage in Frankfurt wurde aber von Preußen als Bruch des Abkommens von Gastein (1865) betrachtet, in dem die Teilung Schleswig-Holsteins zwischen beiden Mächten abgesprochen worden war. **Preußen besetzte** in der Folge **Holstein**. Österreich forderte daraufhin vom Deutschen Bund die Mobilmachung gegen Preußen, da Preußen mit der eigenmächtigen Besetzung Holsteins gegen die Bundesakte verstoßen habe. Nachdem der Deutsche Bund zusammen mit Österreich die Mobilmachung beschlossen hatte, trat Preußen aus dem Bund aus. Die nachfolgende **militärische Auseinandersetzung** fand **zwischen 13 „bundestreuen Staaten" unter Führung Österreichs (süddeutsche Staaten, Sachsen und Hannover) und 18 „Sezessionsstaaten" unter preußischer Führung statt** (Klein- und Mittelstaaten Norddeutschlands).

Die **Entscheidung fiel in der Schlacht von Königgrätz** in Böhmen. Aufgrund der besseren Bewaffnung, Taktik und Strategie der preußischen Armee musste das **österreichische Heer eine schwere Niederlage** hinnehmen. Auch die österreichischen Bundesgenossen in Süd- und Norddeutschland wurden schnell geschlagen.

Ergebnisse und Folgen des „Bruderkrieges“

Österreich trat Venetien an Italien ab, obwohl es gegen Italien Siege errungen hatte, und bat Napoleon III. um Vermittlung. Frankreich hielt sich weiterhin zurück, da Bismarck versprach, den Machtbereich Preußens nicht nach Süddeutschland auszudehnen.

Österreich wurde verschont, **Preußen** wurde **deutsche Hegemonialmacht** und drängte Österreich endgültig aus Deutschland hinaus. Die norddeutschen Staaten wurden von Preußen abhängig, auch die süddeutschen Staaten waren an Preußen gebunden.

Österreich, das von Bismarck weitgehend verschont wurde, musste im Frieden von Nikolsburg folgende Zugeständnisse machen:

- Annexion der norddeutschen Staaten, die gegen Preußen gekämpft hatten, durch Preußen;
- Neuordnung Deutschlands ohne österreichische Beteiligung;
- Errichtung eines deutschen Nordbundes unter preußischer Führung;
- Bildung eines unabhängigen Südbundes deutscher Staaten.

Als Folge war der Streit um eine groß- oder **kleindeutsche Lösung** zugunsten letzterer weitgehend entschieden. Preußens Stellung als Großmacht in Mitteleuropa war erheblich gestärkt. **Österreich zog sich aus Deutschland zurück**, der Einfluss der Balkanvölker wurde für Österreich bestimmend. Die deutsche Einheit wurde nicht durch bürgerlichen nationalen Kampf gefördert, sondern durch den Kabinettskrieg, dem die liberale Nationalbewegung hilflos gegenüberstand. Der **Erfolg rechtfertigte Bismarcks Vorgehen** gegenüber dem preußischen Landtag, der einer nachträglichen Budgetbewilligung zustimmte (Indemnitätsvorlage).

Das Deutsche Reich

Ursachen der Reichsgründung

Der norddeutsche Bund nahm die **Organisation des späteren Kaiserreichs** in vielen Einzelheiten vorweg: Bundesrat der Fürsten, nicht dem Parlament verantwortliche Regierung und Reichstag mit begrenzten Befugnissen.

Neuordnung Norddeutschlands 1866 durch den Norddeutschen Bund

Die Grundzüge der Verfassung des Norddeutschen Bundes 1866:

- Der geistige Vater der Bundesverfassung ist Bismarck. Bundespräsident ist der jeweilige König von Preußen.
- Oberstes Organ ist der Bundesrat der Fürsten mit preußischem Vetorecht (17 von 43 Stimmen).
- Der Reichstag, der aus allgemeinen direkten und geheimen Wahlen hervorgeht, übt mit dem Bundesrat die Gesetzgebung aus. Dieses Parlament ist das Zugeständnis an die Liberalen.
- Der Bundeskanzler (Bismarck) ist dem Reichstag nicht verantwortlich und wird vom preußischen König ernannt.

Die Gründung des Norddeutschen Bundes bewirkte die **Hegemonie Preußens über die nicht** annektierten **deutschen Staaten** nördlich der Mainlinie und nahm wichtige Grundzüge der Reichsverfassung 1871 (→ S. 89 ff.) vorweg.

Die süddeutschen Klein- und Mittelstaaten

Wegen der territorialen Bedrohung durch Frankreich schlossen sie geheime Schutz- und Trutzbündnisse mit Preußen ab. Der militärische Anschluss wurde durch Anpassung der Heeresorganisationen an das preußische Modell gewährleistet, der wirtschaftliche Anschluss an den Norddeutschen Bund durch neue Zollvereinsverträge. Dadurch gerieten die Staaten in **ökonomische, politische und militärische Abhängigkeit von Preußen**. Gleichzeitig entstand Misstrauen großer süddeutscher Bevölkerungsteile gegenüber einem preußisch-protestantisch geführten Nationalstaat.

Die süddeutschen Staaten wurden von Preußen abhängig.

Napoleon III. und Frankreich

Die Außenpolitik Napoleons III. orientierte sich an den Traditionen seines Onkels Napoleon I.:

- Wiederherstellung der „Größe“ und Ehre Frankreichs;
- Beendigung der politischen Isolation Frankreichs seit 1815;
- Erringung der Hegemonie Frankreichs in Europa.

Nach dem Bündnis mit England im Krimkrieg und dem gemeinsamen Sieg über Russland (1856) sowie den französisch-italienischen Siegen über Österreich in Oberitalien (1859) und der Erzwingung des Friedens mit Österreich, schien Paris wieder das Zentrum der europäischen Politik zu sein.

Napoleon eiferte seinem Onkel nach. Erfolge in Italien schienen **Frankreichs Hegemonie in Europa** zu bestätigen.

NAPOLEON III. (1808–1873)

- Charles-Louis-Napoléon Bonaparte, seit 1852 Napoleon III.
- Neffe Napoleon Bonapartes, risikobereit und politisch begabt
- 1836 und 1840 Putschversuche gegen den absolutistischen französischen König; 1846 Flucht aus Festungshaft
- ab 1848 Präsident Frankreichs; nach Plebiszit 1851 Alleinherrscher durch Staatsstreich, 1852–1870 Kaiser
- stirbt 1873 im englischen Exil

PORTRÄT

Napoleon sah Preußen als Konkurrent.

Um die Hegemonialstellung ungefährdet zu halten, musste die französische Politik auf jeden Fall **die deutsche Einheit vermeiden**, denn aus der Sicht Frankreichs konnte die kleindeutsche Lösung nichts anderes darstellen als eine übermäßige Stärkung der Großmacht Preußens, das dann die hegemonialen Bestrebungen des westlichen Nachbarn kaum hinnehmen würde. Zu diesem Zweck schlug die französische Diplomatie zwei Wege ein: Zum einen unterstützte es die Unabhängigkeitsbestrebungen in den deutschen Mittel- und Kleinstaaten, zum anderen vermied es die weitere Schwächung Österreichs zum Zweck der Aufrechterhaltung des deutschen Dualismus.

In Deutschland und Frankreich wuchs die Überzeugung, dass ein **militärischer Konflikt beider Mächte** unausweichlich sei.

Ab 1860 war der Stern Napoleons im Sinken. Die außenpolitischen Niederlagen mehrten sich. Das politische Kraftzentrum des Festlandes hatte sich 1866 nach Berlin verschoben. Und das siegreiche Preußen zeigte keine Anstalten, Napoleon die für sein neutrales Verhalten im deutschen Krieg vage versprochenen Kompensationen am Rhein auch tatsächlich zu überlassen. Zugleich mit dem Verlust an Prestige nach außen erstarkte auch die innenpolitische Opposition. **Napoleon benötigte** zur Erhaltung seines Ansehens inner- und außerhalb Frankreichs **einen politischen Erfolg**.

Die Versuche Frankreichs, um keinen Preis eine Machtstärkung Preußens hinzunehmen, schuf **in Preußen und Deutschland** die **Überzeugung, dass die deutsche Einheit nur durch** einen militärischen **Sieg über** die **westliche Nachbarmacht** möglich werde. Auch in Frankreich wuchs die Überzeugung, die deutsche Einigung und die Vorherrschaft Preußens auf dem europäischen Festland, könne man auf Dauer nur mit Gewalt verhindern.

England verharrte in selbst gewählter **Isolation** und versuchte, in Europa das Übergewicht irgendeiner Macht auf dem Kontinent zu verhindern.
Da Frankreich sehr stark zu sein schien, akzeptierte London die Stärkung Preußens als Gegengewicht zu Frankreich.

England: „Balance of Power“

England verharrte seit 1815 in der „splendid isolation“. Dieses Prinzip der englischen Politik bedeutet, dass England nur dann in die europäische Politik eingriff, wenn es die Sicherheit der eigenen Machtstellung durch eine europäische, hegemoniale Festlandsmacht gefährdet sah. Der Fall der Bedrohung wurde dabei von englischer Seite darin gesehen, dass eine der vier kontinentalen Mächte, die sich nach 1815 im Machtgleichgewicht befanden, politisches Übergewicht zu erringen schien.

Eine deutsche Reichseinigung schien für England deshalb vordergründig nicht akzeptabel. Aufgrund der politischen Veränderungen seit 1850 in Europa schien eine **Stärkung Preußens zur Niederhaltung des** machtbewussten **französischen Kaisertums** jedoch **tragbar**. London verhielt sich also neutral, blieb aber gleichzeitig sehr misstrauisch, insbesondere wegen des eindrucksvollen preußischen Sieges über Österreich bei Königgrätz, der zeigte, wie stark Berlin schon ohne die anderen deutschen Staaten war.

Russland: „Wohlwollende Neutralität"

Russland verhielt sich traditionell freundlich gegenüber Preußen, ebenso wie Bismarcks Politik das Zarenreich rücksichtsvoll behandelte. Die brutale Niederschlagung des Polenaufstands durch Russland (1863) hatte außerdem Napoleon III., der sich als Beschützer und Befreier der unterdrückten Nationen aufspielte, in deutliche Distanz zum Zarenreich gebracht. Der Streit mit England um die Meerengenfrage (→ S. 88f.) schwelte noch und seit dem Krimkrieg bestand auch ein Gegensatz zu Österreich. Eine **Machtstärkung Preußens** als der einzigen befreundeten Großmacht **erschien** daher, trotz aller Bedenken, **vorteilhaft**.

Russland war traditionell preußenfreundlich, die **Stärkung Preußens** in Europa hielt man für vorteilhaft.

Österreich: Neutralität

Aufgrund der Niederlage von 1866, des großzügigen Friedens und der Erkenntnis, dass die nationale Einigung Deutschlands zur Stabilisierung der eigenen Lage genutzt werden konnte, hielt sich Österreich vertragsgemäß zurück.

Österreich hielt sich vertragsgemäß **neutral**.

Der deutsch-französische Krieg 1870/71

Die spanische Thronkandidatur

Prinz Leopold von Hohenzollern-Sigmaringen aus der katholischen Linie des preußischen Königshauses der Hohenzollern in Süddeutschland hatte den spanischen Thron angeboten bekommen. Bismarck versuchte, die Situation zu nützen, um Frankreich bei seinem Annäherungsversuch an Österreich zu stören. Deshalb förderte er heimlich die Kandidatur, von der der preußische König keineswegs begeistert war. Dadurch entstand **in Frankreich** die **uralte Angst vor einer deutsch-spanischen Umklammerung** neu.

Die Frage der spanischen Thronkandidatur eines Hohenzollernprinzen brachte das **alte Trauma einer spanisch-deutschen Einklammerung** in Frankreich zur Erinnerung.

Die Reaktion in Frankreich war äußerst heftig. Die französische Regierung wiegelte die öffentliche Meinung in Frankreich gegen die Politik Preußens auf. Ziel der Propaganda war die Ablenkung von den eigenen inneren Schwierigkeiten sowie ein außenpolitischer Erfolg über Preußen. Der neue französische Außenminister Gramont erklärte, die Kandidatur gefährde das europäische Gleichgewicht und verletze die „Interessen und die Ehre" Frankreichs. Das preußische Argument, die Kandidatur des süddeutschen Hohenzollern gehe Preußen nichts an, wies die französische Regierung zurück. Daraufhin empfahl der preußische König der Sigmaringer Nebenlinie den Verzicht auf den spanischen Thron.

Mit dem Verzicht auf die spanische Kandidatur durch die katholischen Hohenzollern hatte **Preußen** eine **diplomatische Schlappe** erlitten.

Frankreich reagierte heftig, Preußen gab nach, was eine **diplomatische Schlappe für Preußen** bedeutete.

Die Emser Depesche

Napoleon III. glaubte das Nachgeben auf preußischer Seite noch weitertreiben zu können. Obwohl die anderen Mächte schon zuvor das französische Verhalten als überzogen betrachtet hatten, forderte er von den Hohenzollern den **schriftlichen Verzicht auf die spanische Krone** für alle Zeit.

Mit der **Emser Depesche** ging Napoleon III. zu weit. In dieser forderte er von den Hohenzollern schriftlich den Verzicht auf die spanische Krone für alle Zeit.

Preußen konnte eine weitere Schlappe nicht mehr hinnehmen. Napoleons Ansinnen wurde auch im Rest Europas nicht mehr verstanden. Bismarcks umformulierte Depesche beleidigte Napoleon und reizte ihn zur Kriegserklärung. **Bismarck hatte den Krieg vorbereitet**, war aber nicht Angreifer.

Eine Depesche mit diesem Verlangen überreichte der französische Botschafter Graf Benedetti dem preußischen König, als dieser zur Kur in Bad Ems weilte. Dabei trat Benedetti in der Öffentlichkeit in einer Art auf, die als unhöflich und undiplomatisch empfunden werden konnte. Wilhelm I. zeigte sich zwar äußerst verärgert über das französische Verhalten und wies Benedetti ab, neigte aber trotzdem eher dazu nachzugeben. Er ließ Bismarck den Inhalt der Depesche und des Gesprächs mit dem französischen Botschafter telegrafieren.
Der Kanzler erkannte die Möglichkeit, die diplomatische Schlappe des Thronverzichts wieder wettzumachen. Gegen alle Anstandsregeln der Diplomatie veröffentlichte er die Depesche verkürzt und umformuliert. Dadurch wurde das französische Ansinnen im Tonfall verschärft und entstellt. Die französische Forderung erschien jetzt aller Welt als unzumutbar. **Napoleon** hatte eine **weitere außenpolitische Niederlage** erlitten.

Der Kriegsausbruch

Napoleon sah Ehre und Prestige Frankreichs verletzt und erklärte Preußen am 19.7.1870 den Krieg. Das angegriffene Preußen hatte nun den Vorteil, in den Augen der Weltöffentlichkeit den gerechten Verteidigungskrieg führen zu können. Ob Bismarck mit der „Emser Depesche" den Krieg auslösen und Frankreich absichtlich als Angreifer hinstellen wollte, ist umstritten. Allerdings war der Krieg auf beiden Seiten schon lange erwartet und vorbereitet worden.

Die süddeutschen Staaten stellten sich auf die Seite Preußens, **Frankreich war isoliert**.

Napoleon III. hatte schon zuvor in den süddeutschen Staaten sondieren lassen, ob diese entsprechend ihrer Schutz- und Trutzbündnisse mit Preußen in den Krieg ziehen würden und hatte ausweichende Antworten erhalten. Aber die Hoffnung Frankreichs, die nicht zum Norddeutschen Bund gehörigen deutschen Staaten würden sich nicht an die Seite Preußens stellen, erwies sich als schwerer Irrtum. **Frankreich** stand **ohne alle Unterstützung anderer Mächte** einem einigen Deutschland gegenüber, das das Vorgehen Napoleons nicht weiter hinnehmen wollte. **Der Krieg wurde zum deutschen Nationalkrieg.**

Der preußisch-deutsche Sieg: Voraussetzungen und Verlauf

Einheitlichkeit der deutschen Truppen in Ausrüstung und Führung, zahlenmäßige und technische Überlegenheit und bessere Truppenführung garantierten den **sicheren preußisch-deutschen Sieg**.

1. <u>Einheitliches deutsches Vorgehen</u>

Gleichzeitig mit den Schutz- und Trutzverträgen von 1866 waren auch die Heeresverfassungen der süddeutschen Staaten an das preußische Vorbild angepasst worden, so dass die Führungsprinzipien und die Ausrüstung aller deutschen Gruppen weitgehend einheitlich waren. Durch die Übernahme der überlegenen preußischen Militärorganisation hatten die süddeutschen Truppen an Kampfstärke gewonnen und konnten ohne Reibungsverluste vom preußischen Generalstab (Helmuth von Moltke) nach einheitlichen Grundsätzen geführt werden. Die militärischen Erfolge der süddeutschen Armee unter preußischer Leitung gaben den Süddeutschen das Gefühl der Gleichwertigkeit und förderten den Einheitswillen der Bevölkerung.

2. Militärische Überlegenheit

Die **deutschen Truppen** waren den Franzosen **von Anfang an** wegen folgender Faktoren **überlegen**:

- Durch das Hinzukommen der süddeutschen Kontingente entstand eine zahlenmäßige Überlegenheit an Menschen und Material.
- Die stärkere Industrialisierung Preußens begründete die Überlegenheit des Nachschubsystems (Eisenbahnen) und des Kriegsmaterials.
- Der preußische Generalstab unter Graf von Moltke hatte schon 1866 gegen Österreich mit Erfolg neue Strategien erprobt, die jetzt in verbesserter Form zur Anwendung kamen und überlegene Truppenführung ermöglichten (Einkesselungs- und Umfassungsstrategie).

3. Der Kriegsverlauf

Infolge der **schnelleren Mobilmachung auf deutscher Seite** konnte der preußische Generalstab dem Gegner von Anfang an das eigene Handeln aufzwingen. Bei der Festung Sedan wurde eine der beiden französischen Armeen eingekreist und nach ihrer Kapitulation wurde **Napoleon III.**, der sich bei dieser Armee befunden hatte, **gefangen genommen**. In Paris bildete sich eine neue republikanische „Regierung der nationalen Verteidigung“. Ihre Versuche, mit Preußen Frieden zu schließen, scheiterten, weil Bismarck die Abtretung Elsass-Lothringens an Deutschland forderte. **Frankreich führte den Krieg weiter**. Erst jetzt kapitulierte die zweite französische Armee in der Festung Metz. Die deutschen Truppen begannen mit der **Belagerung von Paris**, das entschlossen verteidigt wurde. Zur Entlastung stellte die republikanische Regierung ein neues Volksheer auf, das in Frankreichs Provinzen mit Erfolg deutsche Truppen band. Bismarck wollte den Krieg möglichst schnell beenden, um die Einmischung anderer Mächte zu verhindern. Der **Kanzler** setzte sich gegen die Militärs durch und **schloss einen großzügigen Waffenstillstand**.

Napoleon wurde gefangen genommen, die französischen Truppen bei Sedan und Metz geschlagen, Paris belagert. Frankreichs neue Republik verlegte den Krieg in die Provinzen. Bismarck beendete den Krieg, bevor sich die anderen europäischen Mächte einmischen konnten.

4. Das Ergebnis

Die französische republikanische Regierung war im Ausland isoliert und musste die preußisch-deutschen Forderungen fast vollständig akzeptieren.

Der Friede von Frankfurt

Bismarck erzwang eine Kriegsentschädigung von fünf Mrd. Francs und die Abtretung Elsass-Lothringens unter Verzicht auf weitere Forderungen Moltkes (militärische Schwächung Frankreichs).

Frankreich zahlte Reparationen und verlor **Elsass-Lothringen** an Deutschland.

Die Abtretung Elsass-Lothringens

Bismarck wusste, dass die Abtretung Elsass-Lothringens freundliche Beziehungen zu Frankreich unmöglich machte, zumal die Elsässer mehrheitlich Franzosen bleiben wollten. Bismarcks Gründe, trotzdem das Gebiet zu annektieren, waren:

Damit war Frankreich bis zur Rückeroberung des verlorenen Gebietes Feind.

- Angesichts der nationalistischen Stimmung in Deutschland erschien ein Verzicht auf die Eingliederung der deutschsprachigen Elsässer unmöglich.
- Die reichen lothringischen Bodenschätze waren für das industriell aufstrebende Preußen von großem Interesse.
- Die neue Grenze hatte einen, vor allem für militärische Zwecke günstigen Verlauf.
- Das neu gewonnene Terrain trennte die deutschen Südstaaten von französischem Einfluss. Deshalb verhinderte der Kanzler auch, dass die süddeutschen Staaten Annexionen in Elsass-Lothringen verwirklichen konnten. Das Gebiet kam unter Reichsverwaltung.

Die Errichtung des Deutsches Reichs 1871

Das Vorgehen Bismarcks zur Vorbereitung

Bei der Errichtung des Deutschen Reiches spielten die Parteien und Parlamente sowie die öffentliche Meinung in Deutschland nur eine Nebenrolle. Bismarck war der allein Handelnde, der jeden Zwang gegenüber den süddeutschen Staaten ablehnte. Seine Verhandlungsprinzipien waren:

- **Äußerste Konzessionsbereitschaft bei Sonderwünschen**;
- Unnachgiebigkeit in der Frage der Verfassungsstruktur des neuen Reiches auf der Grundlage der norddeutschen Bundesverfassung;
- getrennte Verhandlungen mit den einzelnen Staaten, um Widerstände leichter zu überwinden.

Bismarck einte Deutschland „von oben" über die preußische Diplomatie. Die süddeutschen Staaten erhielten großzügige Sonderrechte im neuen Reich. König Ludwig II. von Bayern trug auf Initiative Bismarcks dem preußischen König die Kaiserkrone an.

Dadurch gelang es Bismarck vor allem, das äußerst misstrauische Bayern zu isolieren und zum Nachgeben zu bewegen. Die süddeutschen Staaten behielten im neuen Reich eine große Zahl von Sonderrechten:

- Mitsprache bei der Heeresorganisation;
- Selbstverwaltung von Post und Bahn;
- Bayern bekam die Militärhoheit in Friedenszeiten und besondere außenpolitische Mitspracherechte.

Bis Ende November 1870 hatte Bismarck alle süddeutschen Staaten zu entsprechenden Verträgen mit dem Norddeutschen Bund gebracht. In diesen Verträgen wurde das neue Staatswesen als „Deutscher Bund" bezeichnet. Die bürgerlichen Liberalen im norddeutschen Reichstag wehrten sich gegen die süddeutschen Sonderklauseln, und Bismarck drohte bei der Abstimmung über die Ratifizierung im Parlament eine Niederlage. Deshalb lenkte er die Diskussion in der Öffentlichkeit auf die Umbenennung des Bundes in „Deutsches Reich" und auf die Erneuerung des Kaisertums. Beides war das Ziel der nationalen Bewegung. Daher ließ Bismarck im Dezember einen Brief des bayerischen Königs Ludwig II. vor dem Norddeutschen Reichstag verlesen, in dem dieser dem preußischen König die Kaiserwürde antrug. Den Brief hatte Bismarck selbst entworfen.

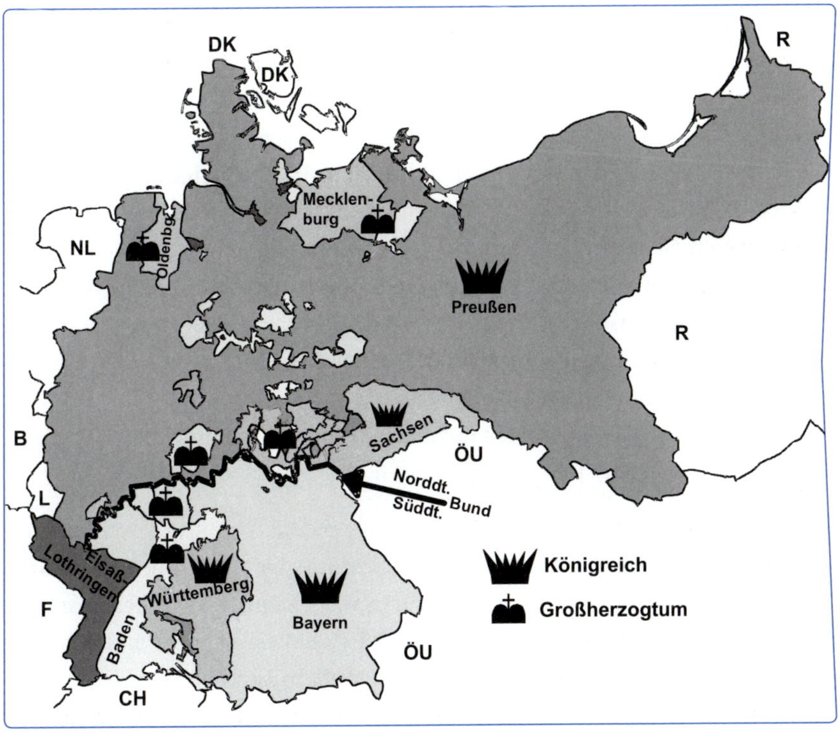

Das Deutsche Reich 1871

Die Proklamation des preußisch-deutschen Kaiserreiches

Am **18. Januar 1871** wurde im Spiegelsaal von Versailles das **Deutsche Kaiserreich** ausgerufen. Wilhelm I. hatte sich bis zuletzt geweigert, seinen verfassungsmäßigen Titel „Deutscher Kaiser" zu akzeptieren, da er die preußische Königswürde höher einschätzte. Deshalb rief ihn der Großherzog von Baden als „Seine Kaiserliche und Königliche Majestät, Kaiser Wilhelm I." aus. Der Charakter des neu gegründeten Staatswesens zeigte sich bei seiner Gründung deutlich:

- **Im Mittelpunkt stand Bismarck**, der das Reich sozusagen im Alleingang verwirklicht hatte.
- Die Huldigung des Kaisers durch die Landesfürsten zeigte, dass der neue Staat **aus dem Willen der deutschen Fürsten** als Souveräne entstanden war. Das deutsche Volk war kaum an der Konstitution seines Staatswesens beteiligt worden.
- Die Angst des neuen Kaisers um die Schmälerung seines preußischen Königstitels verdeutlichte den noch vorhandenen Geist des Partikularismus in Deutschland und die Entschlossenheit **Preußens**, auf die **Vormachtstellung im Reich** nicht zu verzichten.
- Der **militärische Charakter** der Feier wies darauf hin, dass das Reich nicht zuletzt durch einen Sieg des preußischen Militarismus entstanden war.

Am **18. Januar 1871** wurde das Reich im Spiegelsaal von Versailles in einer militärischen Feier ausgerufen.
Es war das Produkt Bismarcks und der deutschen Fürsten.

Trotz überwiegender nationaler Begeisterung gab es gegen das neue Reich bei vielen Deutschen **Misstrauen**, vor allem bei Katholiken und Liberalen.

Die Bewertung der Reichsgründung im Inland

Die patriotische Begeisterung über die Reichsgründung war überall groß. Die meisten Deutschen sahen mit großem Optimismus in die wirtschaftliche und politische Zukunft. Auch vielen, die eher partikularistisch gedacht hatten, musste der Sieg über den Erbfeind Frankreich als **Rechtfertigung der Führerschaft Preußens** in einem geeinten Deutschland erscheinen. Dennoch blieben oppositionelle Gruppen bestehen:

- Im katholischen Bayern misstrauten viele der Vorherrschaft des protestantischen Preußen.
- Vor allem südwestdeutsche Liberale hatten Bedenken wegen der autoritären, streng monarchischen Staatsauffassung Preußens.
- Norddeutsche Liberale hielten die Reichsverfassung angesichts der süddeutschen Sonderrechte für einen teilweisen Missgriff.

Die neue Hegemonialmacht in Europa erweckte im Ausland Misstrauen. Deshalb trieb Bismarck gegenüber dem Ausland **Beschwichtigungspolitik** und drängte darauf, den Krieg möglichst schnell zu beenden.

Die Bewertung der Reichsgründung im Ausland

Die Schaffung der neuen Macht im Herzen Europas hatte das alte **europäische Gleichgewichtssystem** zerstört. Zum einen war der neue Staat bezüglich seiner großen Bevölkerungszahl und seiner Wirtschaftskraft jeder anderen Festlandsmacht überlegen, zum anderen hatte der eindrucksvolle Sieg über die vermeintlich beste Armee der Welt die enorme militärische Schlagkraft der jungen Großmacht belegt.

Das nationale Bürgertum im europäischen Ausland hatte für den deutschen Einigungswunsch grundsätzlich Verständnis, trotzdem entstand **Furcht vor einer preußisch-deutschen** Hegemonie in Europa.

Die Beschwichtigungspolitik Bismarcks

Seit Ausrufung der französischen Republik und Kenntnis der deutschen Gebietsansprüche gegen Frankreich änderte sich die internationale Meinung über den Konflikt in Mitteleuropa. Bismarck, der den Krieg nun schnell beenden wollte, weil er Sorge vor der Einmischung der anderen europäischen Mächte hatte, geriet mit der militärischen Führung (Moltke) in heftigen Gegensatz. Schließlich stellte sich der König auf die Seite des Staatsmannes. Bismarcks Politik richtete sich jetzt darauf, das Misstrauen der anderen Mächte gegenüber der Machtverschiebung in Europa aufzulösen:

Bismarck beschwichtigte das Ausland mit folgenden Maßnahmen: Russland machte er Zugeständnisse in der Meerengenfrage, betrieb die Annäherung zwischen Österreich und dem Zarenreich und initiierte das Dreikaiserabkommen von 1873 zwischen Preußen, Österreich und Russland.

- Russland war bis 1871 sicherer Rückhalt für die preußische Außenpolitik. Das Zarenreich erwartete allerdings für sein Stillhalten **Zugeständnisse in der Meerengenfrage**, die Bismarck auch gab.
- Um von Russland nicht abhängig zu werden und Frankreich von Russland zu isolieren, betrieb der Kanzler die Annäherung Österreichs an Russland.
- **1873** gelang Bismarck das Bündnis zwischen dem Deutschen Reich, Österreich und Russland im **Dreikaiserabkommen.** Der Kanzler erreichte dies, weil Österreich sich aus seiner Isolation lösen wollte und es Bismarck ge-

lang, den anderen Mächten das Bündnis als eine Art Neuauflage der Heiligen Allianz, diesmal gegen den Sozialismus, schmackhaft zu machen.
- Ein Bündnis nur mit Österreich hatte Bismarck nicht vor, da dies Russland und das misstrauisch gewordene England auf Bündniskurs zu Frankreich hätte bringen können.
- Gegenüber England versuchte Bismarck so vorzugehen, dass er es durch den Konflikt mit Russland in der Meerengenfrage band.
- In kurzer Zeit wurde **von allen europäischen Mächten Bismarcks Erklärung akzeptiert, das Reich sei „saturiert"**, bedürfe keines Machtzuwachses mehr und wolle ihn auch gar nicht.

Die Reichsverfassung

Die wesentlichen Staatsorgane

Der Monarch
- Kaiser ist der König von Preußen, er übt die exekutive Gewalt aus.
- **Außenpolitisch ist er alleiniger** Souverän, aber die Einzelstaaten haben das Recht, eigene Gesandtschaften ins Ausland zu entsenden.
- Er **benennt den Reichskanzler als Regierungschef**, der nur ihm allein verantwortlich ist.
- Er ist **Oberbefehlshaber des Reichsheeres**. Sein Kommando über Heer und Flotte entzieht sich der politischen Kontrolle durch Parlament und Regierung. Er kann, nur mit Zustimmung des Bundesrates, Kriegserklärungen aussprechen.
- Er ernennt und entlässt die Reichsbeamten.
- Als Inhaber des Präsidiums des Deutschen Bundes beruft er Bundesrat und Reichstag ein, eröffnet, vertagt, schließt die Sitzungen und löst den Reichstag mit Zustimmung des Bundesrates auf.
- **Der Kaiser ist nicht der eigentliche Souverän, sondern die Versammlung der Bundesfürsten.**

Der **Kaiser** ist der **preußische König**. Er ist nicht der Souverän, besitzt aber weitreichende exekutive Vollmachten in der Außen- und Militärpolitik. Er kann den Reichstag einberufen und auflösen, Sitzungen eröffnen, vertagen und schließen.

Die Regierung
- **Regierungschef** ist der vom Kaiser ernannte **Reichskanzler**. Der Reichskanzler ist allein dem Kaiser verantwortlich (Vertrauen).
- Der Reichskanzler ist in Personalunion preußischer Ministerpräsident; ihm unterstehen die obersten Reichsbehörden, das Auswärtige Amt und das Reichskanzleramt.
- Die Reichsämter werden nicht von Ministern, sondern nur von Staatssekretären geführt (untergebene Beamte).

Der **Reichskanzler** ist nur dem Kaiser verantwortlich.

Der Bundesrat ist der **Souverän.** Er ist eine starke Institution mit **weitreichenden gesetzgeberischen Kompetenzen.**

Der Bundesrat

- **Im Bundesrat sitzen die Vertreter der 25 Souveräne des Reiches.** Sie verfügen über insgesamt 58 Stimmen, davon entfallen 17 auf **Preußen,** das damit über eine so genannte Sperrminorität verfügt.
- Der **Reichskanzler führt den Vorsitz** im Bundesrat.
- In Übereinstimmung mit der **Mehrheit des Reichstages** nimmt der **Bundesrat** die **Gesetzgebung** wahr.
- Der Bundesrat kontrolliert die Regierung über Ausschüsse.
- Verfassungsänderungen können mit 14 von 58 Stimmen verhindert werden.
- Bei Entschlüssen über Heer, Zoll und Flotte hat der **Kaiser Vetorecht.**
- Die vielfältigen und weitreichenden Kompetenzen machen den **Bundesrat** zu einer **starken Institution.**

Der Reichstag wird zwar frei, gleich, geheim und unmittelbar gewählt, hat aber **wenig Kompetenzen.**

Der Reichstag

- Der **Reichstag ist die Vertretung des deutschen Volkes.**
- Er besteht aus 397 Abgeordneten, die erst auf drei, später auf fünf Jahre gewählt werden.
- Das Parlament wird nach dem **absoluten Mehrheitswahlrecht** von der männlichen Bevölkerung des Reiches über 25 Jahre **allgemein, frei, gleich, unmittelbar und geheim gewählt.**
- Der Reichstag hat **zusammen mit dem Bundesrat die Reichsgesetzgebung** inne, vor allem das **Budgetrecht** (Genehmigung des Reichshaushalts). Er besitzt kaum Kompetenzen gegenüber der Exekutive. Seine Teilhabe an der Legislative beschränkt sich auf ein schwaches, da lediglich aufschiebendes Vetorecht (suspensives Veto).
- Der Reichskanzler ist dem Reichstag nicht verantwortlich.
- Daraus ergibt sich eine **schwache Stellung des Reichstages.**

Die **Länder** behalten viele Hoheitsrechte, Rechte und Sonderrechte.

Das Reich und die Einzelstaaten

- Das Reich ist ein föderalistischer Staat; **Souveräne sind die 22 Reichsfürsten und drei freie Reichsstädte.**
- Den Einzelstaaten bleiben viele Rechte: eigene Verfassungen, eigene Gesetzgebung, eigene Verwaltung, Kulturhoheit und Steuerhoheit.
- Das Reich bezieht seine Einnahmen aus dem Zoll und den indirekten Steuern sowie aus Matrikularbeiträgen der Einzelstaaten.

Bewertung der Reichsverfassung

Bismarck hatte die Reichsverfassung auf seine Person zugeschnitten. Das zeigte sich daran, dass die Reichsverfassung weitgehend der Verfassung des Norddeutschen Bundes entsprach, und Bismarck als preußischer Ministerpräsident, Vorsitzender des Bundesrats und **Reichskanzler, alle Schlüsselpositionen**

inne hatte. Die Sonderrechte der Bundesstaaten und das geringere Gewicht Preußens im Vergleich zum Norddeutschen Bund musste der Kanzler den deutschen Fürsten als Preis für die Einigung zugestehen.

Die **Verfassung** erwies sich als **vergleichsweise liberal**: Das allgemeine und gleiche Wahlrecht bei den Reichstagswahlen bedeutete einen enormen Fortschritt im Vergleich zu den seinerzeit üblichen Formen der Bestellung von Volksvertretern. Bismarck hatte 1867 auch für den Norddeutschen Bund das preußische Drei-Klassen-Wahlrecht vorgesehen, aber die Volksvertreter setzten die Tradition der Frankfurter Verfassung von 1849 durch. Bismarck gab nach, um der Bevölkerung in Deutschland die Zustimmung zum neuen Reich leichter zu machen. Um die vermögenden Schichten dennoch zu begünstigen, erhielten die **Abgeordneten für ihre Tätigkeiten keinerlei Entgelt. Ein Katalog der Grund- und Menschenrechte fehlt** im Gegensatz zur Frankfurter Verfassung, doch waren diese in den Verfassungen der Einzelstaaten, die ihre Gültigkeit behielten, enthalten. Der neue Staat war **nicht aus dem Willen des Volkes entstanden**, sondern auf Grund eines Bundesvertrages der 25 deutschen Souveräne. Demgemäß war in der Verfassung Selbstbestimmung und Machtkontrolle durch das Volk nicht sehr stark berücksichtigt. Das **Übergewicht lag bei der Exekutive,** vor allem beim Bundesrat.

Die **Verfassung** war für ihre Zeit durchaus modern und liberal. Sie war auf Bismarcks Rolle als Reichskanzler zugeschnitten. Der Kaiser als Exekutive und der Bundesrat als Legislativorgan waren die entscheidenden Institutionen.

Volkswille, Freiheits- und Menschenrechte waren Nebensache.

Das **Parlament** hatte außen- und militärpolitisch **kaum Befugnisse**. Dennoch musste sich der Kanzler gegen das Parlament durchsetzen, dessen Hauptwaffe das Budgetrecht war.

Der Kanzler, der die politische Leitung besaß, war nur dem Kaiser verantwortlich, und nur dieser konnte den Kanzler stürzen. Außenpolitische Verträge, wie Friedens- und Bündnisverträge ratifizierte der Kaiser, **das Parlament besaß keine außenpolitischen Kontrollrechte**. Das **Militär** war **völlig der politischen Aufsicht entzogen**. Gerade in diesem Übergewicht der Exekutive lag aber die Schwäche der Verfassung. Bismarck wusste, dass sich Wilhelm I. bei einer Vertrauenskrise hüten würde, ihn zu entlassen. Seine Nachfolger waren aber vom kaiserlichen Vertrauen abhängig. Das Militär, von der politischen Kontrolle getrennt, unterlag nur solange dem Primat der Politik, wie der kaiserliche Oberbefehlshaber mehr auf den Kanzler als auf die Generalität hörte. **Das System funktionierte nur** dann wie erwartet, **wenn der Kanzler den Kaiser stark beeinflussen und sich gegen Parlament und Militär durchsetzen konnte.**

Der Kanzler musste sich des Vertrauens des Kaisers sicher sein und sich gegen die Militärs durchsetzen, die nur vom Kaiser kontrolliert wurden.

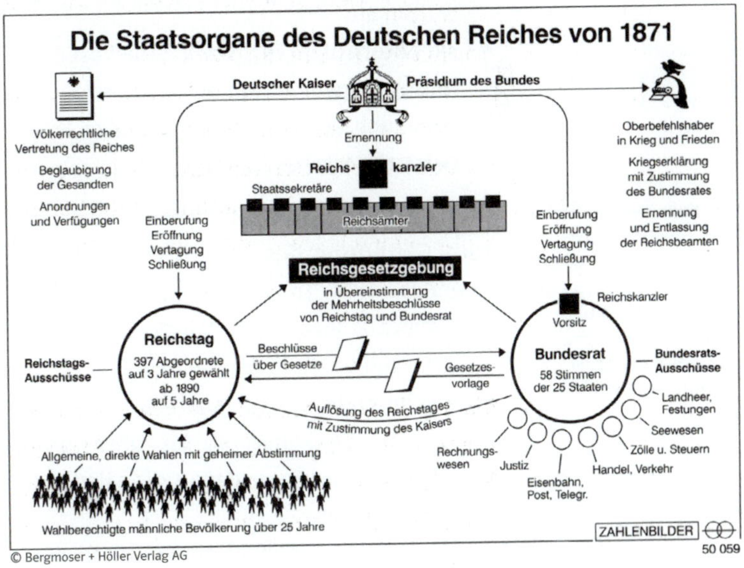

Die Parteien im Reichstag

Die **katholische Zentrumspartei** entstand als politisches Gegengewicht zum preußischen Protestantismus und Liberalismus, später auch gegen den Sozialismus. Sie war gemäßigt konservativ, betrieb aber bewusst Sozialpolitik.

Das Zentrum (Deutsche Zentrumspartei)

Vorläuferin der Zentrumspartei war die katholische Fraktion von 1852 im preußischen Landtag und der Paulskirche von 1848. Die Partei entstand **im Zeichen der Reichsgründung (Dezember 1870)** im preußischen Landtag als Zusammenschluss der katholischen Abgeordneten. Ihr Führer war der ehemalige hannoversche Justizminister Ludwig Windhorst. 1890 verfügte sie über 26,7 % Mandatsanteile im Reichstag. **Mitglieder und Wähler waren** Katholiken aus allen Bevölkerungsschichten.

Politische Ziele:

- Das Zentrum verfocht eine „mittlere" politische Linie;
- es vertrat die Interessen der katholischen Bevölkerungsminorität;
- es war das Sammelbecken des politischen Katholizismus gegen Liberalismus und Sozialismus;
- es sprach sich für staatliche Eingriffe zur Lösung der sozialen Frage (christliche Sozialpolitik) aus;
- im Kulturkampf bis 1879 war es Bismarcks stärkster Gegner.

Die **Freikonservative Partei** war eine monarchistisch-konservative preußisch-protestantische Adels-, Militär- und Beamtenpartei.

Die Freikonservative Partei (Deutsche Reichspartei ab 1871)

Gegründet 1867 als konservative Reaktion auf die Überlegenheit der Liberalen im preußischen Reichstag. Mitglieder und Wähler waren Evangelische Geistliche, Offiziere, Beamte, Grundbesitzeradel und reiche Bauern Preußens.

Politische Ziele:

- Wahrung der kulturpolitischen Interessen des preußischen Protestantismus und der wirtschaftlichen Interessen der ostelbischen Agrarier;
- sie sprach sich eindeutig gegen Konstitutionalismus und die Teilung der Gewalten aus;
- sie unterstützte Bismarck ohne Vorbehalt;
- ihre Anhänger waren überzeugte preußische Monarchisten;
- bezüglich der Lösung der sozialen Frage vertrat sie ein typisch christlich-patriarchalisches Denken.

Die **Konservative Partei** war eine Partei von reichen altpreußischen Adeligen und Bürgern, die im Reich preußische Interessen gegen nationale deutsche Interessen vertreten wollten.

Die Konservative Partei (Deutsch-Konservative Partei seit 1876)

1861 Gründung des „Preußischen Volksvereins" als Gegengewicht zu den Liberalen. 1867 Trennung von den Freikonservativen wegen Ablehnung der Reichspolitik Bismarcks. Mitglieder und Wähler waren Adelige, Großgrundbesitzer und Großbürger aus dem Osten.

Politische Ziele:

- Wie die Freikonservativen, aber mit partikularistischer Tendenz; Misstrauen gegenüber der nationalen Einigung Deutschlands (preußische Monarchisten);
- Misstrauen gegenüber der Politik Bismarcks.

Die Deutsche Fortschrittspartei

Gründungsgeschichte: 1861 in Preußen gegründet durch Berliner Linksliberale. **Mitglieder und Wähler kamen aus** Besitz- und Bildungsbürgertum.

Politische Ziele:

- Einigung Deutschlands durch Preußen;
- Verfassung, parlamentarische Kontrolle der Regierung;
- allgemeines, gleiches, direktes und geheimes Wahlrecht;
- gegen staatliche Eingriffe in die Wirtschaft;
- Gegner der Politik Bismarcks.

Die **Fortschrittspartei** war eine klassisch liberale Partei des Besitz- und Bildungsbürgertums.

Nationalliberale Partei

1866 spaltete sich der rechte Flügel der Deutschen Fortschrittspartei von der Mutterfraktion ab und machte sich als **„Nationalliberale Partei“** selbstständig. Mitglieder und Wähler waren Bankiers, Industrielle und protestantisches Bildungsbürgertum.

Politische Ziele:

- Nationale Einigung;
- verfasster Rechtsstaat;
- wirtschaftliche Freiheit; die Nationalliberalen lehnen deshalb jeden staatlichen Eingriff in die Wirtschaft ab;
- keine Sozialpolitik;
- Unterstützung Bismarcks bis 1879, dann Spaltung, Vereinigung des linken Flügels mit der Fortschrittspartei zur „Deutschen Freisinnigen Partei“.

Die **Nationalliberalen** vertraten nationalistische und marktfreiheitliche Ziele.

Die sozialistische Arbeiterpartei Deutschlands

Vorläufer der sozialistischen Arbeiterpartei waren die von August Bebel und Wilhelm Liebknecht 1869 gegründete „Sozialdemokratische Arbeiterpartei Deutschlands“ und der „Allgemeine deutsche Arbeiterverein“, den Ferdinand Lassalle 1863 gegründet hatte. Beide vereinigten sich **1875 zur „Sozialistischen Arbeiterpartei Deutschlands (SAP)“**. Mitglieder und Wähler waren meist Arbeiter; nur vereinzelt Bildungsbürger.

Politische Ziele:

- In der SAP fanden sowohl Marxisten als auch Lassalleaner ihre politische Heimat. Im Verlauf der Sozialistenverfolgung durch Bismarck wurde die Partei zunehmend marxistisch (Überführung des kapitalistischen Privateigentums an Produktionsmitteln in gesellschaftliches Eigentum);
- Kampf gegen alle anderen politischen Richtungen;
- Forderungen: Sozialismus, Demokratie, Republik;
- die Revolutionsbereitschaft in der SAP war nur gering entwickelt;
- die nationale Einigung Deutschlands wurde trotz des sozialistischen Internationalismus begrüßt;
- Ablehnung der Politik Bismarcks.

Die **Sozialistische Arbeiterpartei** wurde zunehmend marxistisch. Sie war national, republikanisch und demokratisch in der Zielsetzung.

Die Innenpolitik Bismarcks

Das Prinzip des Pragmatismus

Bismarck versuchte mit seiner pragmatischen Politik Parteien gegeneinander auszuspielen und zu spalten. Mitbeteiligung des Volkes an der Politik lehnte er ab.

Wie in der Außenpolitik ließ sich der neue Kanzler auch in der Innenpolitik soweit wie möglich vom Prinzip des „laissez faire" leiten. Das heißt, Bismarck legte sich nach Möglichkeit innerhalb der deutschen Parteienlandschaft nicht fest, sondern versuchte, eine **Politik der freien Hand** mit wechselnden Partnern und Koalitionen zu betreiben. Ein Unterschied indes bestand: Während sein außenpolitisches Konzept keine ideologischen Fixierungen akzeptierte, hatte er sich im innenpolitischen Bereich ideologisch doch sehr festgelegt.
Als Monarchist lehnte der Kanzler die Mitbeteiligung und Mitverantwortung des Volkes an der Regierung ab. Das bewies auch der Zuschnitt der Verfassung auf seine starke Persönlichkeit und seine autoritären Überzeugungen. Man hat seiner Regierung deshalb häufig vorgeworfen, sie vertrete einen, wenn auch getarnten, Absolutismus. **Im Reichstag spielte der Kanzler die Parteien gegeneinander aus**, um seine eigenen politischen Ziele durchzusetzen.

Der Kulturkampf

Der Kulturkampf: Um den aufgeklärten Liberalismus zu bekämpfen, beschloss die katholische Kirche 1870 das **Dogma der Unfehlbarkeit des Papstes in Glaubensfragen**. Dies empörte die Liberalen und provozierte auch Bismarck, weil das Dogma auch in staatliche Bereiche der Gesetzgebung eingreifen konnte.

Die Ursachen

Die katholische Kirche hatte den Kampf gegen den aufgeklärten Liberalismus weitgehend verloren. Ab der Mitte des 19. Jahrhunderts begann der Vatikan deshalb bedeutende **kirchliche Reformen** mit dem Ziel, die religiösen Kräfte in der **Auseinandersetzung mit liberalen und revolutionären Gedanken** zu stärken. Das Vatikanische Konzil vollendete diese Reform 1870 mit der Festlegung des **Dogmas von der Unfehlbarkeit des Papstes** in Glaubensfragen. Das Dogma war auch in der katholischen Kirche umstritten, weil der Beschluss des Konzils ein hierarchisches System mit dem Papst an der Spitze schuf, das für viele einen antiquierten absolutistischen Charakter aufwies.
Darüber hinaus konnte der Eindruck entstehen, der Vatikan habe sich die Möglichkeit geschaffen, in die Innenpolitik anderer Staaten einzugreifen, da nach der katholischen Auffassung vom Verhältnis zwischen Kirche und Staat die Kirche dem Staat nicht politisch, aber in Fragen der Ethik und Moral übergeordnet war. Der Papst war zwar nur in Glaubensfragen unfehlbar, aber wenn diese sittliche Normen betrafen, war nicht auszuschließen, dass sein Wort vor allem im Bereich von Ehe, Familie und Schule mit dem Hoheitsrecht des Staates kollidierte.

Die Reaktion auf das Dogma und die mit ihm verbundene Ablehnung des Liberalismus war bei Liberalen und Protestanten in ganz Europa sehr heftig:

- Die Liberalen erblickten darin eine Herausforderung des Nationalstaats und der modernen Geisteskultur.

- Die Protestanten sahen eine neue aggressive Haltung der katholischen Kirche heraufziehen.

Bismarck selbst hatte versucht, sich in der Auseinandersetzung neutral zu verhalten. Als aber die katholische Opposition gegen das Unfehlbarkeitsdogma sich in der Altkatholischen Kirche von der Mutterkirche abspaltete, sah Bismarck die Gelegenheit einzugreifen, denn die katholischen Kirchenbehörden entzogen den abtrünnigen Geistlichen die kirchliche Lehrerlaubnis. Soweit diese Geistlichen gleichzeitig Staatsdiener waren forderte die Kirche auch die Entfernung aus dem Staatsamt. Dies wurde in Preußen aber von der Regierung verweigert, da Bismarck darin einen unzulässigen Eingriff in die preußischen Hoheitsrechte sah.

Bismarck betrachtete den politischen **Katholizismus als reichsfeindlich.** Außerdem misstraute er dem polnisch-national orientierten Katholizismus in den Ostprovinzen. Es ging ihm beim Kulturkampf um die **Disziplinierung des Katholizismus.** Bismarck wollte die **Trennung von Kirche und Staat.**

In dem nun anhebenden Streit wollte Bismarck die **katholische Kirche nicht vernichten, sondern sie dem Staat unterordnen**, denn er war ein strikter Befürworter der Trennung von Kirche und Staat aus mehreren Gründen:

- Zum einen aus persönlicher Einsicht, da er als Pietist die Verbindung von Kirche und Staat ablehnte.
- Zum anderen betrachtete der Kanzler den Vatikan als auswärtige Macht, die gehindert werden musste, einen großen Teil der Untertanen des neuen deutschen Reiches zu beherrschen.
- Während im alten Preußen die Katholiken als Minderheit großzügig geduldet werden konnten, war im jungen Reich der Katholizismus ein nicht zu unterschätzender Machtfaktor, der die neu gewonnene Einheit nicht gefährden durfte.
- Der Katholizismus im Reich hatte sich 1870 durch Gründung der Zentrumspartei politisch organisiert mit dem Ziel, der katholischen Minderheit im Reich politische Geltung zu verschaffen. Bismarck betrachtete die Partei als einheits- und reichsfeindlich.
- Da das Zentrum mit dem polnischen Katholizismus, dessen ablehnende Haltung zum Reich keinem Zweifel unterlag, in Preußen zusammenarbeitete, fürchtete Bismarck, das Zentrum könne außenpolitisch schaden, indem es die Autorität des Reiches untergraben würde.

Der Verlauf

Der Kulturkampf fand nicht im ganzen Reich statt, sondern nur in einigen Ländern des Reiches.

Der Kulturkampf wurde nicht im Reich, sondern in einigen Einzelstaaten ausgefochten, da die entsprechenden Gesetzgebungsbereiche meist der einzelstaatlichen Gesetzlichkeit unterlagen. Einzelne Regelungen wurden aber in die Reichsgesetzgebung aufgenommen.

- Der Kulturkampf begann 1871 in Preußen mit der Aufhebung der katholischen Abteilung im preußischen Kultusministerium. Diese wurde mit der evangelischen Abteilung zusammengelegt.
- 1872 folgte das Schulaufsichtsgesetz, das alle privaten und kirchlichen Schulen in Preußen der staatlichen Schulaufsicht unterstellte.

Zur **Trennung von Staat und Kirche** wurden zwischen 1871 und 1874 einige **Gesetze** erlassen (z. B. Schulaufsichtsgesetz, Zivilehe, „Brotkorbgesetz" als Sperrung aller staatlichen Mittel).

Bis 1876 waren in Preußen alle katholischen Bischöfe verhaftet.

Dennoch erfuhr Bismarck eine Niederlage, da die Verfolgung der katholischen Kirche das **Zentrum** stärkte und Bismarck auf einmal das Zentrum als Mehrheitsbeschaffer im Reichstag gegen die Liberalen brauchte.

Auch im Ausland brachte die Katholikenverfolgung kein Ansehen. Dennoch blieb das Verhältnis der Katholiken zur preußisch-deutschen Reichsregierung zwiespältig.

- Der so genannte „Kanzelparagraph" verbot als Reichsgesetz den Geistlichen, staatliche Angelegenheiten im Amt in friedensgefährdender Weise zu behandeln. Damit war den Geistlichen die Gegenwehr von der Kanzel erschwert.
- Das „Jesuitengesetz" verbot dem aktivsten katholischen Orden alle Niederlassungen in Deutschland. Wie der „Kanzelparagraph" war auch dieses Gesetz als Reichsgesetz auf bayerische Initiative hin verabschiedet worden.
- 1873 erfolgten, wiederum als Reichsgesetze, die so genannten „Maigesetze". Sie machten die Übernahme eines geistlichen Amtes von einem deutschen Kulturexamen abhängig und beschränkten die Disziplinargewalt der Kirche auf deutsche Kirchenbehörden.
- In Erweiterung der Maigesetze wurde die Zivilehe in Deutschland obligatorisch eingeführt und die Beurkundung des Personenstandes den neu gegründeten Standesämtern übertragen.
- 1874 folgte eine spezielle Strafgesetzgebung für kirchliche Oppositionelle, sowie das „Expatriierungsgesetz", das die Ausweisung Geistlicher aus den Reichsländern ermöglichte.
- Den Höhepunkt erreichte die Gesetzgebung mit dem „Brotkorbgesetz", das der katholischen Kirche alle staatlichen Geldmittel sperrte, und dem „Klostergesetz", das alle Orden außer Krankenpflegeorden in Preußen verbot (1875).

Ergebnisse und Auswirkungen

- Bis 1876 waren in Preußen alle katholischen Bischöfe verhaftet oder ausgewiesen, ein Viertel der Pfarrstellen blieb vakant.
- Der Papst hatte 1875 alle Kulturkampfgesetze für ungültig erklärt und diejenigen, die die Gesetze befolgten, mit dem Kirchenbann bedroht.
- Im Ausland hatte der Kulturkampf bei Protestanten und Liberalen anfänglich Verständnis gefunden; die repressiven Methoden Bismarcks wurden jedoch bald abgelehnt.
- In Polen wurde die katholisch-nationale Bewegung in der Gegenwehr erst recht gestärkt und griff auf schlesische Gebiete über.
- Im Reich schlossen sich die Katholiken zusammen. Bismarcks Gesetze wurden zur besten Propaganda für den politischen Katholizismus. Bei den Wahlen 1873 in Preußen und 1874 im Reich verdoppelte das Zentrum die Zahl seiner Mandate. Darüber hinaus festigte der Katholizismus seinen Zusammenhalt durch die Gründung zahlreicher Vereine und Zeitungen.

Der Kulturkampf, den Bismarck zusammen mit den Liberalen im Reichstag geführt hatte, **endete in einer schweren Niederlage**. Seit 1876 begann Bismarck in der Auseinandersetzung einzulenken, da sich die innenpolitische Situation änderte. Bismarck brauchte die Zentrumsstimmen gegen die Liberalen im Reichstag ab 1880. Obwohl die Kulturkampfgesetze allmählich abgebaut wurden, **blieb zwischen der neuen, protestantisch-preußischen Reichsregierung und dem Katholizismus ein Riss.**

Die Sozialistengesetze

Die Ursachen

Der stürmische Fortschritt der Industrialisierung ließ in Deutschland eine Arbeiterklasse entstehen. Mit dem Ende der Revolution 1849 hatte sich das deutsche Bürgertum mit Unterstützung des Staates in den staatlich freigelassenen wirtschaftlichen Bereich zurückgezogen und dort seine Energien gebunden. Dies war der Beginn der Industriellen Revolution in Deutschland, vor allem in Preußen und Sachsen. Sie vermochte einen Teil der Probleme, die das starke Bevölkerungswachstum und die Landflucht in der zweiten Hälfte des 19. Jahrhunderts in Deutschland mit sich brachten, zu absorbieren. Dabei entstand aber eine ständig wachsende Gruppe von lohnabhängigen und schlecht entlohnten Arbeitern.

Der stetig wachsende Zulauf der ausgebeuteten Arbeiterschaft zur Sozialdemokratie, deren antimonarchisch-atheistische Einstellung und die revolutionäre Tendenz der marxistischen Sozialisten gegen Adel und Großbürgertum provozierten **Bismarck** zum **Kampf gegen die Sozialisten**.

Mit den neuen liberalen Strömungen ab 1860 verstärkte sich auch die sozialistische Agitation. 1863 gründet Ferdinand Lassalle den „Allgemeinen Deutschen Arbeiterverein“. 1875 gelang in Gotha die Vereinigung der „Lassalleaner“ mit den Marxisten um Wilhelm Liebknecht und August Bebel. Liebknecht und Bebel hatten 1869 in Eisenach die Sozialdemokratische Arbeiterpartei Deutschlands gegründet.

Die neue Sozialdemokratie stand im Gegensatz zu allen anderen politischen Strömungen:

- zu den Liberalen wegen der Eigentumsfrage;
- zu den konservativen Monarchisten wegen ihrer demokratisch-republikanischen und revolutionären Orientierung;
- zu den Nationalen wegen des proletarischen Internationalismus;
- zu den religiösen Parteien wie dem Zentrum wegen der Religionsfeindlichkeit des Marxismus.

Gleichzeitig begann die **Gründung von Gewerkschaften** und die 1873 einsetzende Wirtschaftskrise verstärkte den **Zulauf zur Sozialdemokratie**.

Der Anlass für die Gesetzgebung

Bismarck hatte durchaus Verständnis für die schwierige soziale Lage der Arbeiter. Aber eine internationalistische, republikanische und atheistische Partei konnte der Einiger der Nation, Pietist und treue Diener seines Monarchen nicht akzeptieren. Insbesondere die **revolutionären Bestrebungen innerhalb der Sozialdemokratie fürchtete der Kanzler**. Als die Sozialisten in der Reichstagswahl **1877** zwölf Sitze errangen, beschloss Bismarck, die Sozialdemokratische Partei **durch Sondergesetze** zu **unterdrücken**. Den **Anlass** lieferten **zwei Attentate auf den Kaiser** im Mai und Juni **1878**. Bismarck nutzte die aufgebrachte Stimmung in der Öffentlichkeit, um mit Mehrheit des Reichstages ein „Gesetz gegen die gemeingefährlichen Bestrebungen der Sozialdemokratie" zu verabschieden, obwohl zwischen den Attentätern und der Sozialdemokratie keinerlei Zusammenhang bestand.

Die Inhalte der Sozialistengesetzgebung

- Verbot aller sozialdemokratischen, kommunistischen oder sozialistischen Vereine und Versammlungen;
- Verbot aller sozialistischen Druckschriften;
- Ausweisungsmöglichkeit sozialistischer Agitatoren aus Kreisen und Bezirken durch die Polizei;
- Möglichkeit der Ausrufung des Belagerungszustandes durch die Bundesstaaten in „gefährdeten Bezirken";
- die Gesetzgebung musste alle zweieinhalb Jahre bestätigt werden.

Vereinsverbot, Ausweisung und Presseverbot halfen nichts, da die Partei vom Ausland aus agierte.

Wie im Kulturkampf stärkte die Verfolgung auch die Sozialisten im Reichstag. Die **Mandate der Sozialisten verdreifachten sich**.

Das unversöhnliche Verhältnis Bismarcks zu den Sozialisten war u.a. Grund für seine Entlassung im Jahre 1890.

Die Ergebnisse und Auswirkungen

Da das Gesetz die Wahl sozialdemokratischer Abgeordneter nicht verbieten konnte, **durften im Reichstag sozialistische Abgeordnete politisch weiterarbeiten**.

Um dem Versammlungsverbot zu entgehen, wich die Partei ins Ausland (Schweiz) aus, ebenso wurden die sozialistischen Druckerzeugnisse aus dem Ausland ins Reich geschmuggelt. Durch die Gründung von Arbeitersportvereinen, Arbeitergesangvereinen und von Hilfskassen konnte die politische Organisation der Arbeiter aufrecht erhalten werden.

Von 1877 **bis zur Aufhebung der Gesetzgebung 1890 konnte die Sozialdemokratie** trotz aller Verfolgung **ihren Stimmenanteil im Reichstag verdreifachen**.

Bismarck hatte sich durch die Verfolgung der Sozialisten bei etlichen Deutschen auch außerhalb der Arbeiterbewegung unbeliebt gemacht. Der Verstoß gegen das Grundrecht auf Meinungsfreiheit wurde auch den Nationalliberalen, die für das Gesetz im Reichstag gestimmt hatten, verübelt.

Stimmenzuwachs der SPD 1871–1912

Die Wahl erfolgte nach absolutem Mehrheitswahlrecht: Erreichte ein Kandidat im ersten Wahlgang nicht die absolute Mehrheit, so fand zwischen den beiden Kandidaten mit den meisten Stimmen eine Stichwahl statt. Infolge dieses Wahlsystems entsprach die Zahl der Stimmen, die eine Partei erhielt, nicht der Zahl ihrer Abgeordneten. Das zeigt z.B. das Ergebnis der Reichstagswahl von 1898: Bei einer Bevölkerung von 52,2 Mio. gab es 11,4 Mio. Wahlberechtigte (Männer über 25 Jahren), von denen sich 7,7 Mio. an der Wahl beteiligten. Die drei stärksten Parteien waren

Sozialdemokraten:	2,107 Mio. Stimmen	156 Abgeordnete
Zentrum:	1,455 Mio. Stimmen	102 Abgeordnete
Deutsch-Konservative:	0,859 Mio. Stimmen	156 Abgeordnete

Bismarcks Auseinandersetzung mit den Liberalen

Ein Jahr, nachdem Bismarck noch mit Hilfe der Nationalliberalen im Reichstag das **Sozialistengesetz verabschiedet** hatte, **kam es mit den Liberalen zum Bruch**.

Die Ursachen

- In der von Bismarck durchgesetzten Zoll- und Finanzreform, die den Übergang des Reiches vom Freihandel zum Protektionismus in der Wirtschaft bedeutete, sahen die meisten Nationalliberalen einen Angriff auf die wirtschaftliche Freiheit.
- Die Liberalen sahen ein, dass Bismarck den Reichstag nur so lange anerkannte, als dieser ihm zustimmte, und dass der Kanzler alles tun würde, um den Einfluss des Parlaments zu mindern.
- Die engen Beziehungen zwischen den Liberalen und dem Thronfolger Friedrich Wilhelm, der seit jeher Bismarcks Politik ablehnte, führten bei Bismarck dazu, sich von den Liberalen abzuwenden. Der Kanzler suchte nach einer neuen Parteienmehrheit im Reichstag, die ihn im Falle eines Thronwechsels vor dem Sturz durch das Bündnis zwischen dem neuen Kaiser und den Liberalen schützen könnte.
- Bismarcks geplante staatliche Sozialpolitik widersprach den liberalen Vorstellungen von wirtschaftlichem und sozialem Individualismus.

Bismarcks autoritäres, monarchistisches Politikverständnis, sowohl im wirtschaftlichen als auch im parlamentarisch-politischen Bereich, ließ ihn auch mit den Liberalen zusammenstoßen.

Die Folgen

Die **nationalliberale Fraktion** im Reichstag **spaltete sich** über den Streit um die Schutzzollfrage. **Zentrum und Linksliberale wurden** neben den Konservativen die **stärksten Gruppierungen. Bismarck war** seither **auf sie angewiesen**, um im Reichstag Mehrheiten zu erreichen. Die Konservativen, auf die er sich verlassen konnte, besaßen keine Mehrheit im Parlament.

Bismarck hatte so lange die Gesellschaft gespalten, bis es im Reichstag **keine konservative Mehrheit** mehr gab, auf die er eigentlich angewiesen war.

Die Sozialgesetzgebung

Ursachen

Bismarcks Sozialpolitik beabsichtigte vor allem, **die Arbeiter der Sozialdemokratie zu entfremden.** Die schlechte wirtschaftliche Lage der Arbeiter hatte in allen politischen Richtungen zu Diskussionen und Überlegungen geführt:

Bismarck wollte mit der **Sozialgesetzgebung**

1. die Arbeiter von der Sozialdemokratie entfremden,
2. dem sozial orientierten Zentrum Zugeständnisse machen,
3. der akademischen Oberschicht entgegenkommen, die auch staatliche Sozialpolitik forderte.

Bismarck installierte zwischen 1881 und 1889 Kranken-, Unfall- und Altersrentenversicherung.

- Die Liberalen meinten, die Wurzel des Arbeiterelends liege in dem geringen Maß an Freiheit zur Selbsthilfe. Staatliche Wohlfahrtspolitik lehnten sie als Wende zur staatlichen Allmacht ab.
- Bei den Konservativen waren nur einige Außenseiter Anhänger staatlicher Sozialpolitik.
- Das Zentrum vertrat das Eingreifen des Staates für die Arbeiterschaft aufgrund der neu entwickelten katholischen Soziallehre.
- Die akademische Oberschicht in Deutschland war durch die deutsche Nationalökonomie an den Universitäten beeinflusst, die eine staatliche Sozialpolitik verlangte.

Die Inhalte

Bismarcks Sozialpolitik war kein geschlossenes Sozialprogramm. Ihre Richtung wurde von den jeweiligen innenpolitischen Verhältnissen bestimmt, wie ein Blick auf ihre Chronologie beweist:

1881: Ankündigung der Einführung der Sozialversicherung im Reichstag

1883: Krankenversicherung für Arbeiter, die zu 1/3 von den Arbeitgebern und zu 2/3 von den Arbeitnehmern zu zahlen ist

1884: Unfallversicherung mit gleichem Zahlungsmodus

1889: Alters- und Invaliditätsversicherung, bei der das Reich selbst finanzielle Zuschüsse leistet

Man darf diese Sozialversicherungen aber nicht überschätzen. Die Altersrente beispielsweise wurde erst ab dem 70. Lebensjahr gezahlt, 1890 betrug die durchschnittliche Lebenserwartung in Deutschland kaum 50 Jahre. Außerdem war die Rente so gering, dass sie nur ein Zubrot zur Altersversorgung war, die zumeist die Kinder übernahmen.

Die Außenpolitik Bismarcks

Die Bündnisse

Der Zweibund, der Vertrag mit Österreich, wurde zum **Mittelpunkt des Bismarck'schen Vertragswerkes**, obwohl er das Reich mit Russland in Konflikt hätte bringen können.

Der Zweibund – das Bündnis mit Österreich (1879)

In der Folge der **Beschwichtigungspolitik** hatte Bismarck zu Österreich ein freundliches Verhältnis aufgebaut. Dank des Pragmatismus der Donaumonarchie, die die neuen Realitäten in Europa sehr schnell anerkannte, kam es 1879 zum so genannten Zweibundvertrag.

Vertragsinhalt: Beide Mächte verpflichteten sich im Falle eines Angriffs durch Russland auf einen der Partner zu Beistand, und zwar auch dann, wenn sich Russland dem Angriff einer fremden Macht anschließen würde.

Bedeutung: Der Vertrag sicherte die Unterstützung Österreichs im Falle des gefürchteten Zweifrontenangriffs. Er wurde auf die Dauer zum Mittelpunkt des

Bismarck'schen Vertragssystems, obwohl der Kanzler in dem Vertrag keine einseitige Parteinahme für Österreich sehen wollte.

Der Dreibund – das Bündnis mit Italien (1882)
Seit 1881 näherte sich Italien wegen kolonialer Streitigkeiten mit Frankreich dem Deutschen Reich an. Dies führte 1882 zum Abschluss des Dreibundes mit dem Reich, Österreich und Italien.

Im Dreibund versuchte Bismarck, Italien vertraglich so einzubinden, dass es gegenüber Österreich und dem Reich im Konfliktfall mit anderen Mächten zumindest Neutralität bewahrte.

Vertragsinhalt:
- Im Falle eines französischen Angriffs auf Italien waren die beiden anderen Mächte zum Beistand verpflichtet.
- Im Falle des französischen Angriffs auf das Reich war nur Italien, nicht Österreich-Ungarn zum Beistand verpflichtet.
- Beim Angriff einer anderen Macht auf einen oder mehrere Vertragspartner sicherten sich die vertragschließenden Seiten wohlwollende Neutralität zu.

Bedeutung: Der Vertrag richtete sich gegen Frankreich. Durch die Neutralitätszusage Italiens bekam außerdem Österreich bei einem russischen Angriff den Rücken frei. Insoweit enthielt der Vertrag auch eine unausgesprochene Spitze gegen Russland. Zusätzlich hielt das Bündnis Italien von einer Koalition gegen das Reich fern. Bismarck schätzte den **tatsächlichen Wert des Vertrags nicht sehr hoch ein**, da er wusste, dass die italienischen Interessen sich mit denen Österreichs überschnitten. Der Vertrag stellt keine Erweiterung des Zweibundes dar. Er ist vielmehr als eigener Vertrag zu betrachten. Der Versuch, 1887 England in das Bündnis mit einzubeziehen, misslang.

Die Bündnisse mit Russland (1873, 1881, 1887)
Russland hatte **1873** mit Österreich und dem Deutschen Reich im **Dreikaiserbund ein gutes Verhältnis** gesucht. **1878** aber hatte sich Russland in den Krieg zwischen Serbien und der Türkei **eingemischt** und im Frieden von San Stefano Einfluss auf die Dardanellen erzwungen. Wie schon im Krimkrieg musste Österreich um seinen Einfluss auf dem Balkan fürchten und **England sah die Sicherheit der Dardanellen bedroht**. Als beide Mächte mit Krieg drohten, erklärte sich der Zar zu Verhandlungen bereit.
Der Kongress der europäischen Mächte fand auf deutsches und russisches Betreiben in Berlin statt. Russland hatte den Krieg in der Hoffnung auf deutsches Wohlverhalten geführt und glaubte, mit Bismarck als Vermittler, seine Interessen gut vertreten. Doch **Bismarck** versuchte, als **„ehrlicher Makler"** gegenüber allen Parteien unbefangen zu vermitteln. Es gelang ihm zwar, den Krieg zu verhindern und den Konflikt weiter schwelen zu lassen, aber der in der Konferenz erzielte **Erhalt des „Status quo" ging eindeutig zu Lasten Petersburgs**. Das **Verhältnis des deutschen Reiches zu Russland verschlechterte sich** erheblich. Das Bündnis mit Österreich, Russlands Konkurrenten auf dem Balkan, tat 1879 ein Weiteres.

1881 Dreikaiservertrag mit Ö-U und R: Ein 1878 von Russland auf dem Balkan angezettelter Krieg hatte das Dreikaiserbündnis von 1873 ins Wanken gebracht. 1881 kam es deswegen zu einem erneuten Bündnis zwischen den drei Mächten. Im Falle eines Angriffs einer vierten Macht sicherte sich die drei Mächte gegenseitige Neutralität zu.

Der Dreikaiservertrag

Das Hauptbestreben Bismarcks musste jetzt darin bestehen, eine Annäherung zwischen Russland und Frankreich zu verhindern, um die Umzingelung des Reiches zu vermeiden. Da Reibungspunkte zwischen beiden Mächten nicht vorhanden waren, musste der Reichskanzler ganz auf das russische Wohlverhalten setzen. 1881 gelang es im Dreikaiservertrag, dank des Einlenkens Russlands und Österreichs zu friedlichem Einvernehmen zu gelangen.

Vertragsinhalt: Im Falle des Angriffs einer vierten Macht sicherten sich die drei Mächte gegenseitig wohlwollende Neutralität zu. Im Fall eines Angriffs auf die Türkei galt die Neutralitätspflicht nur nach gesonderter Absprache.

Bedeutung: Das Deutsche Reich erhielt **Rückenfreiheit für den Fall eines Krieges mit Frankreich**. Russland konnte einen militärischen Zugriff auf die Dardanellen nicht so leicht wiederholen. Der Balkankonflikt zwischen Russland und Österreich schien unter Kontrolle.

Seit 1887 war kein Vertrag zwischen Russland und Österreich mehr möglich.

Schon 1885 war das österreichisch-russische Verhältnis im Balkan wegen der bulgarischen Krise schwer erschüttert. **1887 lief der Dreikaiservertrag aus**, eine **Verlängerung** war **wegen des Konflikts zwischen Wien und Petersburg nicht mehr möglich**.

1887 bestand zwischen Russland und dem Reich bereits Kriegsgefahr.

Der Rückversicherungsvertrag

1887 schloss Bismarck, um ein lückenloses Vertragsnetz zu bekommen, mit Russland den so genannten Rückversicherungsvertrag, denn die panslawistische Partei in Russland forderte ein russisch-französisches Bündnis, und in Frankreich hatte General Boulanger gerade eine massive revanchistische Strömung in Öffentlichkeit und Politik entfacht.

Vertragsinhalt: Deutschland sagte für den Fall eines österreichischen, Russland für den Fall eines französischen Angriffs auf den Vertragspartner Neutralität zu. Im „ganz geheimen Zusatzprotokoll“ bestätigte das Reich dem Zaren Bulgarien und das Schwarze Meer als Einflusssphäre.

Der Rückversicherungsvertrag **erhielt zwar den Frieden**, war aber nach Bismarcks Ansicht **wenig wert**.

Bedeutung: **Der Rückversicherungsvertrag diente der Verhinderung eines drohenden Krieges**. Der deutsche Generalstab hatte den Präventivkrieg gegen Russland bereits ins Auge gefasst. Im Falle des Kriegsausbruchs war der Vertrag **nach Ansicht Bismarcks** aber **wenig wert**. Während Bismarck im Rückversicherungsvertrag dem Zarenreich Einfluss in Bulgarien und im Schwarzen Meer einräumte, betrieb er gleichzeitig im so genannten Mittelmeerabkommen die Fernhaltung Russlands von diesen Gebieten.

Das Verhältnis Bismarcks zu England

Zwar gelang es Bismarck im Berliner Kongress, Vertrauen in seine Politik zu gewinnen, aber ein direktes Bündnis mit dem Reich ging London nicht ein, obwohl das Empire mit Frankreich in Afrika und mit Russland im Schwarzen Meer und im Mittleren Osten in Konflikt geraten war. **England versuchte, genauso wie das Reich, freie Hand zu behalten.** Das einzige Bündnis, das London, von Bismarck gefördert, einging, war die **Mittelmeerentente zwischen Österreich, Italien und dem Empire.**

England ließ sich in das Bismarck'sche System nicht einbinden, sondern bevorzugte die **Politik der freien Hand**.

Vertragsinhalt: Aufrechterhaltung des Status quo im Mittelmeer und im Schwarzen Meer; Bestätigung der Türkei als Hüterin der Meerengen.

Bedeutung: Russland wurde von den Dardanellen ferngehalten. Österreichs Stellung gegen Russland war gestärkt. Deutschland hatte mit dem Vertrag England indirekt in sein außenpolitisches Vertragssystem eingebunden.

Ein **direktes Bündnis zwischen beiden Mächten kam** trotz mehrerer Versuche Bismarcks vor allem deshalb **nicht zustande**, weil England um das Machtgleichgewicht fürchtete und jede Macht glaubte, im Vertragsfall „für den anderen die Kastanien aus dem Feuer holen zu müssen".

Bismarck und Frankreich

Frankreichs Revanchestreben sollte neutralisiert werden durch:
- Isolation Frankreichs durch Einbindung der anderen Mächte in Vertragswerke mit dem Reich;
- Unterstützung der französischen Kolonialpolitik in Afrika und Fernost, um die Aufmerksamkeit der Franzosen von der Mitte Europas abzulenken;
- Verwicklung Frankreichs in Konflikte mit anderen Mächten.

Obwohl Bismarck von 1882–1885 einige, allerdings halbherzige Versuche der Annäherung unternahm, blieb die **Bedrohung durch Frankreich fester Bestandteil der deutschen Außenpolitik.**

Die Politik gegen **Frankreich** blieb beim Konzept der **Ausgrenzung** und dem **Verwickeln in Konflikte** mit anderen Mächten stehen.

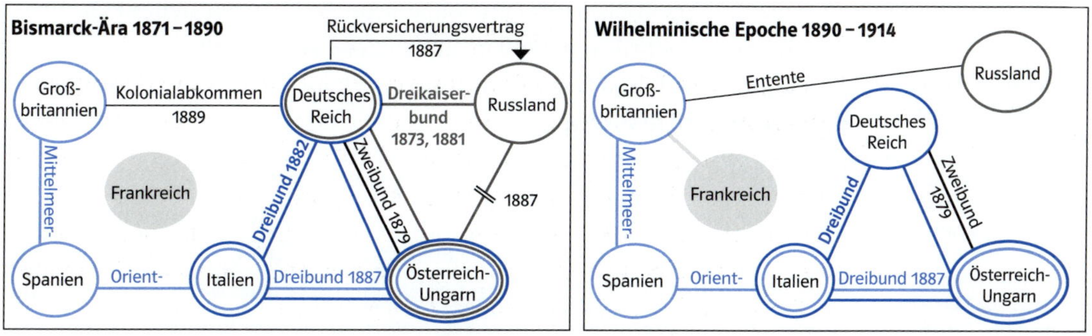

Bündnissysteme der europäischen Mächte 1871–1914

Probleme der Außenpolitik Bismarcks

Die politischen Belastungen des Systems

Bismarck hatte die Außenpolitik an seine Person gebunden.

- Die **deutsche Außenpolitik war vollständig an die Person Bismarcks gebunden**. Nur das Vertrauen der ausländischen Partner in den Politiker Bismarck machte das System der Verträge möglich.
- Die enge emotionalisierte Bindung an Österreich belastete das Reich mit Österreichs außenpolitischen Problemen. **Bismarcks Konzept**, die anderen Mächte an die Peripherie Europas abzulenken, **ging** daher **nicht auf**.

Das **Verhältnis zu Österreich war zu eng** und zog das Reich in den Balkankonflikt mit Russland.

- Der Balkankonflikt zwischen Österreich und Russland „schlug auf die Mitte Europas zurück". In Deutschland waren die freundlichen Gefühle für die Donaumonarchie so stark, dass eine Politik des Verständnisses für die panslawistisch-nationalistischen Interessen des Zarenreichs auf dem Balkan innenpolitisch nur schwer durchsetzbar gewesen wäre. Ein Erfolg Russlands über Österreich hätte das Zarenreich langfristig zur Hegemonialmacht in Europa gemacht. Das Problem vergrößerte sich mit der zunehmenden Kraft der panslawistischen Bewegung. (→ S. 111)

Die deutsche Wirtschafts- und Kapitalpolitik schädigte **Russland**.

Die Einkreisung der Mittelmächte durch Frankreich und Russland war nur schwer zu verhindern.

- Der Kurswechsel der deutschen Wirtschaftspolitik von der Freihandels- zur Schutzzollpolitik 1879 schädigte die landwirtschaftlichen Exporte des Zarenreiches, was in Russland nachhaltige Verstimmung hervorrief. Die deutschen Kreditsperren, die Russland am Aufbau seiner militärischen Infrastruktur hindern sollten, zogen **englisches und vor allem französisches Kapital nach Russland** und verstärkten den Einfluss dieser Mächte.
- Bezüglich des Rückversicherungsvertrags ging der Kanzler davon aus, er werde den Angriff Russlands bestenfalls um sechs Wochen verzögern.
- Da Frankreich aber als Gegner feststand, **stand und fiel** die Konzeption des Systems **mit dem Verhältnis zu Russland**. An der **Unfähigkeit der Nachfolger Bismarcks, dieses Verhältnis zu retten**, brach das System Bismarcks zusammen. Ebenso führte die Aufteilung der Welt zur **Beendigung der Kolonialkonflikte** (→ S. 117) an der Peripherie.
- Ohne die Person Bismarcks und ohne neue Alternativen steuerte die **deutsche Außenpolitik seit 1890** in eine **ungewisse Zukunft**.

Bismarcks Entlassung

Der alte, erfahrene Staatsmann Bismarck und der junge, sich überschätzende Wilhelm II. verstanden sich nicht. Da Wilhelm die deutsche Politik allein bestimmen wollte, entließ er Bismarck am 20.3.1890.

1888 kam Wilhelm II. (→ S. 115) im Alter von 29 Jahren auf den Kaiserthron. Der impulsive, ehrgeizige, sich überschätzende junge Kaiser und der alte, vorsichtige, taktisch kluge Staatsmann Bismarck verstanden sich nicht. Wilhelm II. wollte das Heft selbst in die Hand nehmen und betrieb dafür einen grundlegenden Wandel der deutschen Politik. Aufgrund der wachsenden Spannungen entließ Wilhelm II. Bismarck am 20. März 1890.

Beurteilung der Innen- und Außenpolitik Bismarcks

Bismarcks Innenpolitik schuf eher neue Gegensätze, als dass sie das Reich einte. Bis 1918 waren viele Liberale, Arbeiter und Katholiken, die seiner autoritären Pressionspolitik zum Opfer gefallen waren oder sich als Opfer fühlten, dem Reich entfremdet. Häufig wurde, was den Stil seiner Regierung betraf, von einer **Kanzlerdiktatur** gesprochen.

Mit der Reichsgründung hatte sich das Mächteverhältnis in Europa entscheidend verändert. Der Sieg über Frankreich hatte das junge Reich zur stärksten militärischen Landmacht Europas gemacht. Bismarck musste jetzt das Deutsche Reich in das politische System Europas einbinden.

Die geopolitische Lage des neuen Reiches in Europa (Mittellage) bedingte zusammen mit der „halbhegemonialen" Stellung des Kaiserreiches die Gefahr, dass sich die umliegenden Großmächte zu einem Einkreisungsbündnis finden könnten. Dies umso mehr, als Frankreichs Revanchepolitik darauf abzielte, diese Situation herbeizuführen. Bismarcks Politik war deshalb vorrangig darauf aus, **Bündnisse zwischen den anderen Großmächten**, auch wenn sie sich gar nicht gegen das Reich richteten, **nach Möglichkeit zu verhindern; es sei denn, Bismarck konnte auf das Bündnis Einfluss nehmen**.

Der Kanzler ging dabei von folgenden Grundsätzen aus:

- Der politische Dauerfeind Frankreich musste politisch isoliert sein und durfte für keine Macht Bündnispartner werden.
- Die Teilhabe des Deutschen Reiches an allen Bündnissen in Europa musste sichergestellt werden.
- Das Deutsche Reich sollte die Konflikte der anderen Mächte fördern.
- Damit aus diesen Konflikten kein Krieg entstehen konnte, der das ganze System gefährdet hätte, sollte die deutsche Außenpolitik so weit ausgleichend auf die anderen Mächte wirken, dass die Konflikte zwar nicht zum Krieg eskalierten, aber weiter schwelten.
- Um das Reich selbst mit seiner Mittellage in Europa in keinen dieser Konflikte hineinzuziehen, sollten die Reibungen zwischen den Mächten möglichst weit weg an der „Peripherie" Europas angesiedelt sein. Das politische Ziel war der Versuch, die anderen Mächte durch deren Rivalität von einem Bündnis gegen das Reich abzuhalten. Gleichzeitig konnte Deutschland als gesuchter Partner eine freie (Ver-)Mittlerstellung in diesem System des „labilen Gleichgewichts" einnehmen.

Bismarcks Außenpolitik richtete sich **gegen ein Einkreisungsbündnis** gegen Deutschland.

1. Frankreich als fester Feind sollte isoliert werden.
2. Das Reich sollte an jedem Bündnis in Europa beteiligt sein.
3. Das Reich sollte schwelende Konflikte an der Peripherie Europas fördern und so die anderen Großmächte binden.

Das Reich sollte dabei eine **Vermittlerrolle** übernehmen und selbst **gesuchter Vertragspartner** sein.

Die historische Bewertung Bismarcks: Anfänglich verhasst, entstand um den Kanzler in Deutschland ein **Geniekult**. Nach seiner Abdankung wurde Bismarck zum **nationalen Mythos**. Kritisiert wurde sein autoritärer und autokratischer Regierungsstil.

Nach dem verlorenen Ersten Weltkrieg begann die Beurteilung Bismarcks kritischer zu werden.

Der **Nationalsozialismus** benutzte Bismarck zu Propagandazwecken und betonte dessen machtorientierte Haltung.

Nach 1945 überwog die Kritik am autoritären Militaristen, der Deutschland innenpolitisch gespaltet habe. Manche sehen auch in seiner Außenpolitik einen Weg, der bis zum Nationalsozialismus führte.

Die historische Bewertung Bismarcks

Bewertung durch seine Zeitgenossen

Bis 1866 überwog die Ablehnung. Nach dem Sieg von 1866 entstand zuerst in Preußen, nach 1870 in ganz Deutschland ein Umschwung. **Allmählich** kam es im nationalen Bürgertum und in der kleindeutschen Geschichtsschreibung zum **Geniekult um den Reichskanzler**. Dem stand die Feindschaft der besiegten Franzosen im Ausland gegenüber. Im Inland erblickte die politische Opposition in ihm den Diktator und den Zerstörer alter Rechte. Nach seiner Abdankung 1890 wurde Bismarck zusehends **zum nationalen Mythos hochstilisiert**.

Bewertung in der Weimarer Republik und durch Nazideutschland

Nach 1918 begann zum ersten Mal die kritische Untersuchung und Deutung der Bismarck'schen Politik und seiner Person. Der Nationalsozialismus betonte die cäsaristische, machtbewusste Komponente, lehnte aber die unideologische, „unvölkische" und nicht „großdeutsche" pragmatische Haltung Bismarcks ab.

Beurteilung in Deutschland nach 1945

Die heutige Geschichtsschreibung kritisiert Bismarcks Innenpolitik zum größten Teil und auch seine Außenpolitik wird von einigen als Beginn eines verschlungenen „Weges zu Hitler" (Golo Mann) gesehen.

Der Aufstieg Preußens unter Bismarck

Bismarck wurde im Konflikt zwischen König und Parlament **1862 preußischer Ministerpräsident**. Er überging das Parlament durch die so genannte Lückentheorie. Schon jetzt zeigte sich Bismarcks Vorstellung von **Politik als Realpolitik**, die unideologisch und langfristig auf Ausgleich der verschiedenen Interessen bedacht war. Einzige Ziele waren **Staatsräson und Treue zu König und Preußen**. Der Konflikt mit Dänemark ermöglichte Bismarck den **Sieg gegen Österreich um die deutsche Frage**. Bismarck zeigte das gleiche Geschick wie später im französischen Krieg. Außenpolitisch sorgfältig vorbereitet, möglichst risikolos, schloss er mit dem schnell geschlagenen Gegner einen großzügigen Frieden, der die Interessen der europäischen Mächte nicht verletzte.

Deutsche Einigung und Reichsgründung

Die staatliche Einigung Deutschlands **unter preußischer Führung mit Preußens König als Kaiser** war die Folge des Sieges über Frankreich. Die **Verfassung** des neuen Reiches schnitt Bismarck **auf seine Person** zu. Um das neue deutsche Staatsvolk mit dem Reich zu verbinden, schuf er ein **Parlament mit freiem und gleichem Wahlrecht**, das aber geringe Befugnisse hatte. Souveräne des neuen Staates waren die deutschen Fürsten.

Bismarcks Innenpolitik und Sturz

Innenpolitisch spaltete Bismarck das Reich, das er geeint hatte. Nach einer ergebnislosen Auseinandersetzung mit dem Katholizismus im **Kulturkampf** geriet er in **Konflikt mit den Liberalen**. Auch der **Kampf gegen die Sozialdemokratie** ging verloren. Trotz seiner **Sozialgesetzgebung** hatte Bismarck die Arbeiterschaft dem Reich entfremdet. Er wurde von Wilhelm II., der selbst Politik machen wollte und die Versöhnung mit der Arbeiterschaft suchte, **1890 entlassen**. Bis heute ist Bismarcks Politik umstritten. Der Anerkennung seines außenpolitischen Geschicks steht vor allem heftige Kritik seiner Innenpolitik gegenüber.

Bismarcks Außenpolitik

Bismarck erklärte nach der Reichsgründung, das neue Reich sei saturiert. Der **Verlust von Elsass-Lothringen** machte Paris zum beständigen Gegner. Bismarck zielte nun darauf ab, **Frankreich zu isolieren** und die europäischen Mächte außerhalb Europas in Konflikte zu verwickeln. Das Reich selbst blieb in freier Mittlerstellung konfliktfrei. Aber das Konzept ging nicht ganz auf. Der enge Bund mit Wien, das mit dem expansiven Zarenreich auf dem Balkan in Konflikt geriet, und deutsche Schutzzollpolitik führten zur **Verstimmung mit Russland**.

Imperialismus

Dieser Begriff bezeichnet:
a) das Bestreben eines Staates, sein Staatsgebiet gewaltsam zu vergrößern (direkter Imperialismus);
b) das Bestreben eines Staates, seinen politischen, militärischen, wirtschaftlichen und/oder kulturellen Einfluss auf einen anderen, rechtlich selbständig bleibenden Staat auszudehnen (indirekter Imperialismus);
c) die Außenpolitik europäischer Staaten, der USA und Japans zwischen ca. 1880 und dem Ersten Weltkrieg;
d) die Epoche zwischen 1880 bis 1914/18.

Varianten und Ziele des Imperialismus

Wirtschaftsimperialismus: Sicherung von Seewegen und Handelsstraßen, billige Rohstoffe, neue Märkte, Ventil für Überbevölkerung; Kulturimperialismus (kulturelles, zivilisatorisches, religiöses und politisches Sendungsbewusstsein); **nationalistischer und rassistischer Imperialismus:** nationales Prestige, der Stärkere hat das „natürliche" Recht, den Schwächeren zu unterwerfen, Erzeugung der Einheit von Menschen ähnlicher/gleicher Rasse, Herkunft, Kultur, Geschichte, Glaube an die Überlegenheit der eigenen Kultur oder Rasse und Durchsetzung einer besseren Rasse; **Sozialimperialismus:** Ablenken von inneren gesellschaftspolitischen Problemen, neues Betätigungsfeld, neue soziale Chancen.

Imperialismus

Begrüßung der britischen Afrikaforscher Stanley und Livingstone

Imperialistische Nationen

Die großen imperialistischen Nationen waren Großbritannien (Kolonialreich vor allem um den Indischen Ozean, Afrika); Frankreich (Afrika, Asien); Russland (eisfreie Häfen, Persien, Afghanistan, Korea) und die USA (Pazifik, Südamerika = „Dollarimperialismus"); Japan.

Die wilhelminische Außenpolitik

1890 entließ der junge Wilhelm II. den alten, erfahrenen Bismarck, da er selbst die Politik bestimmen wollte. Von nun an prägten seine Entschlossenheit, „Weltpolitik zu betreiben", das Reich „herrlichen Zeiten" entgegenzuführen, sein übersteigertes nationales und persönliches Selbstbewusstsein und seine geringen politischen Fähigkeiten die deutsche Außenpolitik. Diese wurde nun sehr pragmatisch und suchte ohne klare langfristige Linie je nach Gelegenheit den Vorteil des Reichs. Lediglich an den Bündnissen mit Österreich und Italien hielt Wilhelm fest. Wilhelm forcierte besonders den Bau einer starken Kriegsflotte, die der englischen gleichwertig werden sollte. Dadurch löste er ein Flottenwettrüsten der europäischen Mächten aus und sorgte dafür, dass sich 1904 Großbritannien und Frankreich verbündeten (Entente cordiale) und 1907 Großbritannien, Frankreich und Russland (Triple Entente). Damit hatte er erreicht, was Bismarck um jeden Preis hatte verhindern wollen, nämlich die Einkreisung der Mittelmacht Deutsches Reich.

5 Imperialismus und Wilhelminisches Zeitalter

Deutschlands Aufstieg zur imperialistischen Kolonialmacht

Bismarck war ein erklärter Gegner deutscher Kolonialpolitik, da er als Realist zu viele Konflikte mit Frankreich, Großbritannien und Russland befürchtete. Widerstrebend musste er sich der Forderung imperialistischer Gruppen beugen. Der deutsche Imperialismus begann erst in der Mitte der 80er-Jahre zunächst durch Privatkolonien deutscher Kaufleute, da Bismarck zu viel außenpolitisches Konfliktpotenzial für das junge Reich sah.

Die „Wilhelminische Epoche"

Diese Zeit zwischen 1890 und 1918 hatte folgende prägende **Charakteristika**: starker wirtschaftlicher Aufschwung, Aufstieg des wissenschaftlich-technischen Bildungsbürgertums und höhere soziale Mobilität, Militarismus, Untertanengeist, Glaube an Macht, militärische Stärke, Technik und Wissenschaft, Nationalismus, Rassismus, Chauvinismus und übersteigerter Zukunftsoptimismus. Entscheidend war eine neue, aggressive nationalistische Mentalität, für die Politik nicht mehr (wie bei Bismarck) die Kunst des Möglichen war, sondern eine reine Macht- und Gewaltfrage.

Das Brandenburer Tor um 1860

Wilhelminisches Zeitalter

Das persönliche Regiment Wilhelms II.

war geprägt von Arroganz, Selbstüberschätzung, nationalistischen und absolutistischen Vorstellungen. Er war autoritär und erwartete von seiner „Hofkamarilla" (persönliche Berater, Vertraute, Militärs), die ihn stark beeinflusste, Kadavergehorsam. Außerdem war er anfällig für Schmeicheleien. Sein militaristisches Denken, das auf dem strikten Prinzip von Befehl und Gehorsam basierte, bestimmte nicht nur seine Herrschaft, sondern die ganze (preußische) Gesellschaft. Als Reichskanzler ernannte er ihm treu ergebene Personen, von denen er Zustimmung, aber keine eigenständige Politik erwartete (Caprivi, bis 1894; Hohenlohe, bis 1909; Bethmann-Hollweg, bis 1917). Gegen Wilhelms persönliches Regiment bzw. seine Innen- und Außenpolitik gab es durchaus Opposition (SPD, Gewerkschaften, Arbeiterschaft, pazifistische Bewegungen), die letztlich jedoch nicht viel bewirkte.

Louis XIV.

Wilhelm II.

KURZINFO

5 Imperialismus und Wilhelminisches Zeitalter

- Um 1870 begann das Zeitalter des Imperialismus.
- Viele Staaten Europas begannen, überseeische Gebiete zu annektieren.
- Die Motive waren die Erschließung neuer Märkte und Rohstoffvorkommen und der Wunsch, dem Bevölkerungsüberschuss neue Territorien zu erschließen.
- Auch das Deutsche Reich stieg als zweitgrößte Handelsmacht der Welt ab 1885 zur Kolonialmacht auf.
- Außenpolitisch isolierte sich Deutschland unter Kaiser Wilhelm II., der versuchte, Deutschland als Weltmacht zu etablieren.
- Innenpolitisch konnte Wilhelm nicht den Aufstieg der Sozialdemokratie bremsen.

Der Imperialismus

Imperialismus gab es in Europa seit dem Spätmittelalter, als Spanien und Portugal die ersten Kolonien eroberten. Auch der Merkantilismus der absolutistischen Zeit war kolonialistisch. Neu am Imperialismus war die **Radikalität**, mit der die Welt, soweit sie sich nicht wehren konnte, aufgeteilt wurde.

Imperialismus bezeichnet das politische **Bemühen eines Staates**, seine **Machthoheit über andere Länder bzw. Völker auszudehnen**. Europas imperialistische Traditionen reichen bis in das Spätmittelalter zurück. 1870 hatten viele europäische Nationen **jahrhundertealten Kolonialbesitz**. Die Überzeugung, Macht und wirtschaftliche Prosperität hinge auch mit der Beherrschung außereuropäischer Märkte und Gebiete zusammen, war schon aus dem absolutistischen Merkantilismus bekannt. **Neu war nur die Radikalität und Intensität des Vorgehens**, das darauf abzielte, **die ganze Welt unter den** wirtschaftlichen und kulturellen **Einfluss der europäischen Kulturen** zu bringen. Neben die brutale Annexion von Kolonien trat häufiger die mit unterworfenen Eliten vertraglich vereinbarte Hegemonie über Territorien (Protektorate = Schutzgebiete → S. 113) und zunehmend die Beherrschung fremder Territorien durch abgepresste Privilegien, Korruption und erzwungener Dominanz auf den Märkten dieser Territorien, durch überlegene Wirtschafts- und Kapitalkraft (z. B. Dollarimperialismus).

Wirtschaftsimperialismus

Britisches Hauptmotiv und auch Bismarcks Motiv, neben dem Sozialimperialismus

Im Inland angebots- und wachstumsorientierte Wirtschaft ohne Kaufkraft der Binnenmärkte

- **Sicherung von Seestraßen und Handelswegen**;
- kolonialistischer, marktbeherrschender **Zugriff auf Rohstoffvorkommen und billige Arbeitskräfte**, oft mit dem Ziel eigener nationaler Autarkie;
- kolonialistischer oder monopolistischer **Zugriff auf neue Märkte**, auch als Alternative gegen nationale Schutzzollpolitik;
- **Auffangen der Auswanderungen** als Folge von Überbevölkerung;
- allgemeine ökonomische **Überzeugung des Großbürgertums**, dass ohne

Rohstoffkolonien und koloniale Märkte das Wirtschaftswachstum einer Nation nicht aufrechterhalten werden kann.

Kulturimperialismus (Sendungsbewusstsein)

- **kulturelle Überlegenheit**: Erlösung der Welt von Krankheit und Armut;
- **zivilisatorische Mission**: Erlösung der Welt von Unwissen und Unmoral;
- **religiöse Mission**: Erlösung der Menschheit vom falschen Glauben;
- **politisch, liberale Mission**: Erlösung der Menschheit von Unfreiheit.

Nationalismus und Rassismus

- Nationales Prestige und Selbsterhaltung verlangen in der rassistischen Ideologie weltweiten Einsatz von **Macht und Gewalt in Konkurrenz mit anderen Nationen.**
- Die Idee des **Verbreitungs- und Fortpflanzungsrechts des biologisch am besten Angepassten** als wissenschaftliches Naturgesetz (Darwin, Häckel) wird fälschlicherweise auf alle menschlichen und gesellschaftlichen **Bereiche übertragen.** Diese wissenschaftlich unzulässige Interpretation der Lehre Darwins legitimiert den Vorteil des Stärkeren als natürliches Recht. **Dies wird in der damaligen Zeit insbesondere im Bereich des Völkerrechts oft als natürlich betrachtet.**
- Nach Meinung von **Rassisten** ist es naturgegebene Pflicht, **das Stärkere, das mit dem Besseren gleichgesetzt** wird, biologisch durchzusetzen, zum **Ziele** einer **besseren menschlichen Rasse in einer besseren Welt.**

Ursachen des nationalistischen und rassistischen Imperialismus: nationales Prestige- und Machtdenken, verfälschter Darwinismus (der Starke setzt sich durch), Verbreitung einer überlegenen und deshalb höherwertigen Rasse.

Nationalimperialismus

- Ideologie der **Einheit von Menschen nicht mehr nur gleicher, sondern ähnlicher Rasse, Kultur, Sprache, Herkunft oder Geschichte** in einer Großnation (**z.B. Panslawismus, Pangermanismus**);
- Glaube an die **subjektive Überlegenheit der eigenen Kultur** gegenüber anderen Kulturen (z.B. „Die slawische Seele");
- Annexion angrenzender Staatsgebiete (Festlandsimperialismus).

Wilhelm II. in einer Rede am 1.8.10907: "Am deutschen Wesen wird einmal noch die Welt genesen."

Sozialimperialismus

- Die These vom **Sozialimperialismus** (→ S. 113) erklärt die Motive des Imperialismus **innenpolitisch-gesellschaftlich.** Er soll **von inneren sozialen und gesellschaftlichen Problemen ablenken**, der Nation ein neues Betätigungsfeld geben, den Unterschichten Alternativen und Hoffnungen zeigen, den **Blick der Öffentlichkeit aus der Nation herauslenken** und so **das Primat der Innenpolitik unterlaufen** und für **innenpolitische Stabilität** sorgen.

Die großen Nationen und der Imperialismus

Großbritannien

Alle großen Industrienationen beteiligten sich am imperialistischen Programm:

- Englands traditioneller Imperialismus folgte **wirtschaftlichen Motiven**.

- Großbritannien war **traditionelle Kolonialmacht**, als erste Seemacht weltweit agierend mit dem Anspruch, alle bedeutenden Seestraßen und maritimen Handelswege der Welt zu kontrollieren.
- Die theoretisch-sachliche Begründung des Imperialismus kam vor allem **aus wirtschaftlichen Motiven**. Die Industrialisierung Großbritanniens stand mit kolonialen Rohstoffquellen und Märkten in Zusammenhang. Daneben stand eine christlich-protestantische Missionsidee. Auch rassistisches Überlegenheitsdenken spielte mit.
- Die erste See- und Weltmacht betrieb den **Aufbau eines Kolonialreichs vor allem rund um den Indischen Ozean**.
- Konfliktnationen waren die Nationen, die weltweit über See konkurrierten (erst Frankreich und Russland, später vor allem Deutschland).

Frankreich

- Frankreich etablierte sich als klassische Nation des **Kulturimperialismus**, hatte aber auch ausgeprägte wirtschaftliche Motive.

- Frankreich **kompensierte die Niederlagen und Verluste des Krieges 1870** durch imperialistisches Engagement, unterstützt vom siegreichen deutschen Gegner, der Frankreich dadurch von Europa ablenken wollte.
- Rechtfertigung lieferten vor allem **kulturimperialistische Vorstellungen**, die Welt mit den Ideen der französischen Aufklärung emanzipieren zu wollen; es traten jedoch auch rassistische Vorstellungen dazu;
- Kolonien v. a. im nordafrikanischen, aber auch im asiatischen Raum;
- Konfliktnationen sind Italien am Mittelmeer und weltweit Großbritannien.

Russland

- Russlands Festlandimperialismus verschrieb sich dem Nationalimperialismus in Form des **Panslawismus**.

- Der russische Imperialismus etablierte sich als **Festlandsimperialismus**.
- Als Leitideologie diente neben der **traditionellen Expansion** nach Osten der **Panslawismus**, der unter der Zarenkrone alle slawischen Völker vereinigen sollte und eine cäsaristische Herrschaftsideologie („Petersburg/Moskau als drittes Rom"). Das Zarenreich strebte den **freien Zugang in die Weltmeere aus eisfreien Häfen** an. Deutschland unterstützte Petersburg, soweit Russland von Europa abgelenkt wurde, steuerte aber heimlich Gegenkurs.
- Russland betrieb Expansionsversuche im Bereich des Schwarzen Meeres, im persisch-afghanischen Bereich und in Korea.
- Konfliktnationen waren die Türkei, Großbritannien, zunehmend auch Österreich und das aufsteigende Japan (Korea).

Vereinigte Staaten

- Die USA **traten erst spät als echte Kolonialmacht auf**, waren aber wirtschaftsimperialistisch schon lange im Pazifik und Mittelatlantik tätig (1853/54 gewalttätige Öffnung japanischer Häfen).
- Die **politisch-ideologische Rechtfertigung ähnelte der englischen**, dazu trat das Sendungsbewusstsein bürgerlicher Liberalität.
- Der Kolonialbesitz wurde größtenteils Spanien gewalttätig geraubt (Spanisch-Amerikanischer Krieg 1898).
- Konfliktnationen waren Spanien und zunehmend das aufsteigende Japan.

- Die USA kopierten das englische Mutterland.

Die neue Außenpolitik des deutschen Imperialismus

Der Aufstieg zur imperialistischen Kolonialmacht

Die Anfänge

Hanseatische Kaufleute betrieben in Afrika und im Pazifik die Gründung von Niederlassungen und schlossen mit einheimischen Mächten (Häuptlingen) Verträge ab. 1882 entstand der Deutsche Kolonialverein, 1884 konstituierte sich in Berlin eine „Gesellschaft für deutsche Kolonisation", die in Übersee koloniale Ländereien erwerben und die Auswanderung dorthin fördern wollte. Diese Vereine verschafften sich starkes öffentliches Gehör mit dem **nationalistischen Argument,** Deutschland sei bisher bei der Verteilung der Welt zu kurz gekommen. Dazu traten **auch kulturimperialistische und rassistische Rechtfertigungsgründe**.

Die deutschen Kolonien in Afrika und im Pazifik entstanden als **Privatkolonien** deutscher Kaufleute durch Verträge mit einheimischen Größen. Erst später erkannte Bismarck den Vorteil des sozialimperialistischen Konzeptes.

Bismarck und der Imperialismus

Der Reichskanzler hatte ursprünglich für koloniale Ideen wenig Verständnis. Er hatte Deutschland für saturiert erklärt und wollte Reibungspunkte in der internationalen Politik vermeiden. Er stellte aber **privaten deutschen Kolonisatoren 1884** Schutzbriefe des Reiches zur Garantie ihrer Erwerbungen aus. (1884/85: Kamerun, Togo, Deutsch-Südwestafrika, Deutsch-Ostafrika, Südseekolonien.)

Erst ab 1884/85 begann Bismarck diese Protektorate in der Kongo-Konferenz abzusichern. Warum Bismarck in den letzten Regierungsjahren gegen die eigenen Prinzipien zu handeln schien, ist bis heute umstritten. Die Motivlage, die die These des **Sozialimperialismus** aufzeigt, erscheint derzeit am ehesten plausibel. Bismarck versuchte möglicherweise, wie es Wilhelm Liebknecht schon 1885 im Reichstag formulierte, die „soziale Frage einfach zu exportieren". Andere Meinungen gehen davon aus, dass Bismarck die Gelegenheit nutzte, um durch einen außenpolitischen Erfolg die anstehenden Wahlen zu beeinflussen. Zu den kolonialen Erwerbungen aus der Mitte der 80er-Jahre kam in späteren Zeiten nicht mehr viel hinzu. Es gelang nur noch 1897/98 der Erwerb Tsingtaos in China und 1899 der Ankauf einiger spanischer Inseln in der Südsee.

Bismarck war an Kolonien nicht interessiert, weil er das damit verbundene **außenpolitische Konfliktpotential** fürchtete. Erst als sich die Gelegenheit bot, konfliktfrei durch Ausstellung von Schutzbriefen am Kolonialismus teilnehmen zu können, griff er zu. Seine Motive waren innenpolitischer Natur.

Das deutsche Kolonialreich war klein und wirtschaftlich unbedeutend. Nur 25 000 Deutsche wanderten in die Kolonien aus.

Das deutsche Kolonialreich

Das **deutsche Kolonialreich** war im Vergleich zu den Kolonialreichen Englands und Frankreichs **klein**, nur wenig größer als die Kolonialgebiete Belgiens oder Portugals. Wirtschaftlich hatten die Kolonialgebiete weder als Rohstoffquellen noch als Auswanderungsgebiete oder Märkte nennenswerte Bedeutung.

Britische Kolonialbesitzungen in Asien und Afrika um 1900 | **Französische Kolonialbesitzungen in Asien und Afrika um 1900** | **Deutsche Kolonialbesitzungen in der Welt um 1900**

Deutschlands Streben nach der Weltmacht

Wilhelm II. und die neue Außenpolitik

Der junge Kaiser **Wilhelm II. wollte selbst Politik machen**. Die Reichsverfassung, die dem Kaiser militärisch ganz und außenpolitisch teilweise freie Hand ließ, machte die Politik sehr abhängig von der Persönlichkeit des Monarchen. Wilhelms Entschlossenheit, „Weltpolitik“ zu betreiben und das Reich „herrlichen Zeiten“ entgegenzuführen, war einer der Gründe gewesen, Bismarck zu entlassen. Die **nachfolgenden Kanzler** waren von Wilhelm herausgesucht und ernannt worden, um als **Handlanger** seiner selbstherrlichen und großspurigen Politik zu dienen. Die Anfangsbelastungen der neuen Außenpolitik waren vielfältig:

Der Kaiser wollte selbst die Politik bestimmen und „Weltpolitik“ betreiben.

Wilhelm entließ Bismarck 1890.

- Eine neue Generation, zu der auch der Kaiser zählte, stellte große Erwartungen an das neue Reich. Es sollte als europäische Hegemonialmacht und zweitgrößte Wirtschaftsmacht der Erde **zur zweiten Weltmacht neben England aufsteigen**. Diese Generation zeigte oft **übersteigertes nationales Selbstbewusstsein** und eine Unfähigkeit, die Begrenztheit der eigenen Möglichkeiten überschauen zu wollen oder zu können.

Politik wurde als Macht- und Gewaltfrage gesehen.

- Gerade in Deutschland, das seine nationale Frage erfolgreich mit „Blut und Eisen“ gelöst hatte, zeigte sich stärker als anderenorts eine **neue aggressive nationalistische Mentalität**, die Politik nur in den Kategorien von Macht, Gewalt und Gegengewalt sehen und bewerten wollte.

Wilhelm II. entgleiste oft rhetorisch in der Öffentlichkeit.

- Die **Schwäche Wilhelms II.**, großspurig und lautstark bei öffentlichen Anlässen **rhetorisch zu entgleisen**, verprellte öfter nachhaltig das Ausland. (Krügerdepesche, Hunnenrede, Daily-Telegraph-Affäre)

WILHELM II. (1859–1941)

- Sohn des „Hundert-Tage-Kaisers" Friedrich
- 1888–1918 Deutscher Kaiser
- großsprecherisch, eitel, verspielt, mit absolutistischen Tendenzen und irrealen Vorstellungen steuert er Deutschland in einen Weltkrieg, den er nicht wollte, aber auch nicht zu verhindern wusste
- dankt 1918 ab, bis zum Tode 1941 im niederländischen Exil

PORTRÄT

Kontinentaleuropäische Außenpolitik Deutschlands 1890 bis 1914

Das neue **Weltmachtstreben konterkarierte das politische Prinzip der „Saturiertheit" des Deutschen Reiches.** Eine Fortsetzung der Bismarck'schen Politik schien nicht mehr möglich und erstrebenswert. Wilhelms II. neuer Kanzler **von Caprivi** (1890–94) und dessen Nachfolger **von Hohenlohe** (1894–1900) leiteten eine Politik ein, die **pragmatisch**, je nach Gelegenheit, den Vorteil des Reiches suchen sollte (Zick-Zack-Politik) und als einzige feste Größe das unerschütterliche Festhalten am **Bündnis mit Österreich** (Nibelungentreue) und das Bündnis mit Italien (Dreibund) einplante. Zwar wurde mit dem noch von Bismarck eingefädelten Kolonialabkommen mit England zum ersten Mal Großbritannien in das Vertragssystem wenigstens locker eingebunden (1889/90), aber der **Rückversicherungsvertrag** wurde gegen den Willen Russlands **1890 gekündigt**. Als Folge der unfreundlichen Politik des Reiches gegenüber Russland näherte sich das Zarenreich Frankreich an (Bündnis 1894). Der Dreibund musste jetzt ausreichen, um die von den Wilhelminischen Politikern als unvermeidbar hingenommene **Einkreisung durch Frankreich und Russland** zu neutralisieren. Das in Kontinentaleuropa jetzt entstandene **Gleichgewicht der Kräfte** entsprach den britischen Interessen. Erst die forcierte deutsche Flottenpolitik trieb England in die Gegnerschaft zum Deutschen Reich.

Das **neue Weltmachtstreben** beendete die Politik Bismarcks. Die neuen Kanzler führten eine pragmatische Politik ohne feste Linie, die nur einen Fixpunkt hatte, das Bündnis mit Österreich. Der Rückversicherungsvertrag mit Russland wurde 1890 gekündigt.

Das Deutsche Reich wurde die **führende Wirtschaftsnation Europas** und überholte England.

Der wirtschaftliche Aufstieg des Deutschen Reiches

Die Industrialisierung und Technisierung Deutschlands hatte mit der rasanten Bevölkerungsentwicklung das durch Bismarcks Zollmauern wirtschaftlich geschützte Deutschland als Wirtschafts-, Industrie- und Handelsnation zur **führenden Wirtschaftsnation in Europa** gemacht. Wirtschaftliches und nationalistisches Konkurrenzdenken, wie es für den Imperialismus typisch war, führte in Europa, vor allem aber **in Großbritannien zu wachsendem Misstrauen und nationalistischer Eifersucht.** Bis 1914 hatte Deutschland Englands Industrieproduktion in den meisten wichtigen Bereichen überholt.

Die **neue Kriegsflotte** war das Lieblingsspielzeug Wilhelms. Es kam zwischen den Mächten zum Flottenwettrüsten. Die Reichskriegsflotte wurde so groß, dass sich England bedroht fühlen musste.

Die Flottenpolitik

Bis zum ersten Flottengesetz 1898 war die deutsche Hochseekriegsflotte ohne besondere militärische Bedeutung. Ab 1896 begann das Umdenken nach Berufung von Alfred Tirpitz ins Reichsmarineamt. Hinter diesem neuen Kurs stand neben industriellen und kaufmännischen Interessen der **Wille des Kaisers**, der den Aufbau einer starken Kriegsflotte zu seiner **persönlichen Angelegenheit** machte. Das zweite Flottengesetz im Jahr 1900 führte zum Bau einer starken Flotte, die jeden feindlichen Angriff zu einem Risiko machen sollte (**„Risikoflotte"**). Sie konnte aus englischer Sicht keinen anderen Sinn haben, als das englische Mutterland zu bedrohen. So kam es zwischen den europäischen Mächten zu einem Flottenwettrüsten.
Der **Verlust des 200 Jahre alten Monopols auf die unbestrittene Seeherrschaft** löste in der britischen Öffentlichkeit zeitweise regelrechte Hysterie aus.

Deutschland beraubte sich der Möglichkeit, die totale Einkreisung durch einen Vertrag mit England zu verhindern.

England wendete sich Frankreich zu und löste seine Konflikte mit Frankreich in Afrika.

Die neue außenpolitische Lage ab 1900

Gleichzeitig mit der ersten Flottenvorlage 1898 hatten Verhandlungen zwischen Berlin und London begonnen, die sich bis zum Jahr 1901 hinzogen, bevor sie ergebnislos abgebrochen wurden.
In der Folge wendete sich England Frankreich und etwas später auch Russland zu. Durch eigenes Verschulden, verursacht vor allem durch Hochmut und Fehleinschätzung des Konfliktpotentials unter den anderen Mächten, kehrte das Deutsche Reich von 1890 bis 1900 die außenpolitischen Verhältnisse um. **Das Reich selbst lief Gefahr isoliert zu werden.**

Die Einkreisung des Deutschen Reiches 1904–1914

Nach der Annäherung Frankreichs an England (Entente) musste auch Russland, außenpolitisch getroffen durch die schwere Niederlage gegen Japan und innenpolitisch durch eine Revolution,

Ab 1904 baute die französische Regierung den Gegensatz zu England, der um koloniale Besitzungen in Afrika (Faschodakonflikt) ausgebrochen war, wieder ab und einigte sich 1804 vertraglich mit England (Entente cordiale). Die schwere Niederlage Russlands gegen Japan 1904 und die Revolution in Russland 1905 schwächten Russland so stark, dass es bereit war, den alten imperialistischen

Gegensatz zu England 1907 vertraglich zu beenden. Damit war die so genannte „**Triple Entente**" entstanden. England, Russland und Frankreich hatten einvernehmlich ihre Konflikte beendet, was die deutsche Außenpolitik für unmöglich gehalten hatte. **1906** zeigte sich die **Einkreisung Deutschlands in der Marokkokrise**, als Deutschland in einem Kolonialkonflikt mit Frankreich den Kürzeren zog. 1912 sicherte England Frankreich bei Angriff Unterstützung zu. Alle Nationen mit Ausnahme Österreich-Ungarns befanden sich im **Rüstungswettlauf**. Der Einfluss militaristischer Kreise wurde in ganz Europa stärker. Viele Europäer hielten einen europäischen Krieg für unvermeidlich.

seine imperialistischen Konflikte mit England beenden. **Ab 1907 hatten die drei anderen Großmächte Deutschland und Österreich-Ungarn eingekreist.**

Auf dem „Pulverfass Balkan", wo russische, italienische und Habsburger Interessen aufeinander trafen, braute sich ein neuer Konflikt zusammen, der nicht mehr an Europas Peripherie lag, sondern in der Mitte Europas. Ursache war die **Niederlage der Türkei auf dem Balkan** gegen Serbien, Bulgarien und Griechenland 1912, die 1913 in einen Krieg der Bündnispartner um die Verteilung der Beute ausartete. Im Frieden von Bukarest fühlte sich vor allem Serbien von Österreich-Ungarn betrogen. Die Lage auf dem Balkan blieb labil.

Die Balkankriege 1912/13 machten den Balkan instabil.

Die innere Politik nach Bismarck bis 1900

Die „Wilhelminische Epoche"

Verbesserung der sozialen Verhältnisse

Die Zeit zwischen 1890 und 1900 war in Deutschland eine Periode des wirtschaftlichen und sozialen Aufstiegs. Die stetig zunehmende Organisation der anwachsenden deutschen Arbeiterschaft in Sozialdemokratie und Gewerkschaften überzeugte das Bürgertum von der **Richtigkeit der Bismarck'schen Sozialpolitik**, die sich dank guter Konjunkturlage finanzieren ließ. Neben der Arbeiterklasse wuchs in der Industrie eine **neue Angestelltenschicht gut bezahlter wissenschaftlich-technischer und wirtschaftlicher Intelligenz**. Der Militär- und Beamtenapparat wurde erweitert und die Zahl **selbstständiger Akademiker** (Ärzte und Rechtsanwälte) nahm zu. Die Kaufkraft der Gesamtbevölkerung erhöhte sich. Für das wissenschaftlich-technisch gebildete **Bürgertum** ergab sich die Möglichkeit, im Rahmen der Technisierung des Militärs (zuerst v. a. Flotte) **in ursprünglich dem Adel vorbehaltene Stellungen aufzurücken** (hohe Offiziersränge). Die Adelsschicht ihrerseits versuchte das Großbürgertum, von dem die eigentliche Macht im Lande ausging, zu integrieren (Adelung oder Heirat).

Deutschland erlebte einen **wirtschaftlichen Aufschwung**. Das Bürgertum stieg zunehmend auf. Der Adel versuchte, das Großbürgertum zu integrieren.

Die Gesellschaft wurde geprägt durch Militarismus, Untertanengeist und Glaube an Macht, Gewalt, Technik und Wissenschaft. Der Wissenschaftsglaube führte bei vielen zu sozialdarwinistischen Überzeugungen und Rassismus. Übersteigertes Selbstbewusstsein und Zukunftsoptimismus traten hinzu.

Zugleich förderte das Vorbild des im Kadavergehorsam erstarrten preußischen Militärs durch den Einfluss des Militarismus in der Gesellschaft Unterwürfigkeit und Untertanengeist.
Das **Deutsche Reich galt als „Land der Dichter und Denker"**. In zahlreichen naturwissenschaftlichen Disziplinen und technischen Bereichen war Deutschland führend in der Welt. **Der Glaube an die Lösungsmöglichkeit aller Probleme durch Vernunft** (Wissenschaftsglaube) **und Maschineneinsatz** (Technikglaube) war allgemein ausgeprägt.
Mit Hilfe einer halbwissenschaftlichen Biologie konnte aus den gesellschaftlichen und wirtschaftlichen Erfolgen eine natürliche Überlegenheit der eigenen Nation gegenüber anderen erfunden werden, die die Selbstgefälligkeit und Überheblichkeit von Teilen des Bürgertums bis ins Äußerste steigerte (verfälschter Darwinismus, Rassismus).

Das „persönliche Regiment" Wilhelms II.

Wilhelms II. Herrschaft war geprägt von Arroganz, bürgerlichem Nationalismus und absolutistischen Vorstellungen. Er erwartete Kadavergehorsam, war autoritär und wurde vom Militär und einer „Hofkamarilla" stark beeinflusst.

Wilhelms großspuriges Gehabe beruhte auf bürgerlichem Nationalismus und der auf ihn zurückwirkenden öffentlichen Selbstüberschätzung, auf persönlicher Arroganz und antiquierten feudalistisch-absolutistischen Vorstellungen.
In seiner näheren persönlichen Umgebung erwartete der Kaiser **Kadavergehorsam.** Es entwickelte sich um ihn eine Ergebenheit heuchelnde, großbürgerlich-adelige **„Hofkamarilla"** von Schmeichlern, die auf seine Wahrnehmung der innen- und außenpolitischen Realitäten zuweilen unglücklichen Einfluss nahm (Byzantinismus).
Der in Deutschland wachsende **Militarismus** in Kombination mit dem starken unkontrollierbaren Einfluss des Militärs auf den Kaiser, der im ersten Regierungsjahrzehnt allzu gerne den „forschen Leutnant" mimte, stärkte das autoritäre Denken Wilhelms in den Dimensionen von Befehl und Gehorsam. So war auch der **Handlungsspielraum des Reichskanzlers** durch den Machtwillen des oft in irrealen Dimensionen denkenden Kaisers **stark eingeengt**, zumal Wilhelm **als Reichskanzler nur ihm ergebene Personen** in Betracht zog. Weder Caprivi noch dessen Nachfolger Hohenlohe-Schillingsfürst konnten oder wollten deshalb der deutschen Politik ein eigenes reelles Konzept geben. Auch der 1900 bis 1909 berufene Reichskanzler Bülow und dessen Nachfolger Bethmann-Hollweg scheiterten an der Realitätsferne des Kaisers, an der innenpolitischen Lähmung des Landes.

Die Reichskanzler Caprivi (bis 1894), Hohenlohe (bis 1900), Bülow (bis 1909) und Bethmann-Hollweg (bis 1917) unterwarfen sich dem Kaiser bzw. scheiterten an ihm.

Die Opposition gegen die Wilhelminische Politik

Durch die Aufhebung der Sozialistengesetze 1890 und die für die damalige Zeit großzügigen Arbeiterschutzgesetze 1890/91 glaubte Wilhelm II. die Arbeiterschaft wieder mit dem Staat versöhnen zu können. Aber die **Reaktion der seit 1890 marxistischen SPD blieb ablehnend**. Von 1884 bis 1890 verdreifachten sich die Wahlstimmen für die SPD. Kaiser Wilhelms Versuch, gegen SPD und Gewerkschaften repressiv vorzugehen, scheiterte am Widerstand des Reichstages. Immerhin gelang die **Aufrüstung von Heer und Flotte**. Die Heeresvorlage 1893, die das Heer um 83000 Mann erhöhte, gelang nur durch die Auflösung des Reichstages. Die **Flottenvorlage ging nur mit Mühe durch**, weil es Admiral Tirpitz und den interessierten Konzernen gelang, die Öffentlichkeit dafür zu begeistern (Gründung des Alldeutschen Verbandes 1891 und des Flottenvereins 1898).

Die stärksten oppositionellen Gruppen waren **Gewerkschaften** und **Sozialdemokratie**.

Die **Arbeiterklasse** konnte mit dem Staat nicht versöhnt werden. Dieser Konflikt lähmte die Innenpolitik.

Wilhelm konnte im Reichstag die Aufrüstung von Heer und Flotte mit Mühe durchsetzen.

Gegen den Militarismus kämpfte eine seit dem ersten Drittel des 19. Jahrhunderts in Friedensgesellschaften organisierte, zunehmend einflussreiche, pazifistische Bewegung, die um 1900 zum ersten Mal politische Durchschlagskraft gewann.

Die **pazifistische Bewegung** gewann angesichts der massiven Aufrüstung an Stärke.

Liberale und Zentrum im Reichstag gaben oft einer militaristischen und nationalistischen öffentlichen Stimmung nach, die von patriotischen Vereinen und der Wirtschaft gesteuert wurde. Die stetig wachsende Kraft der gefürchteten Sozialdemokratie machte sie **konfliktscheu** und ließ sie oft auf Regierungslinie einschwenken.

Liberale und Zentrum gaben dem Kaiser und seiner öffentlichen Stimmungsmache nach.

Der deutsche Kolonialismus

Obwohl **Bismarck kein Imperialist** war, führte er **Deutschland als Kolonialmacht** in das Zeitalter des Imperialismus. Hauptmotiv war der **Sozialimperialismus**, die Ablenkung von innenpolitischen und sozialen Konflikten durch imperialistische Eroberungs- und Kolonialpolitik. Daneben waren für das **wirtschaftlich expandierende Reich** bei schwacher Binnennachfrage wegen niedriger Löhne die Suche nach neuen Märkten und Rohstoffquellen und die Schaffung von Siedlungsraum für die starke Auswanderungsbewegung wichtig. Motive wie Sendungsbewusstsein und Weltmachtstreben kamen anfänglich weniger in Betracht. Das deutsche Kolonialreich war klein, unrentabel und **wirtschaftlich wie politisch uninteressant** und der seit 1890 erstrebten Weltmachtstellung im Grunde nicht angemessen.

Das Wilhelminische Zeitalter

Die **Epoche von 1890–1918** in Deutschland wird oft als **„Wilhelminisches Zeitalter"** bezeichnet. Die Benennung nach der Person Wilhelms II. zeugt von dessen erheblicher **persönlicher Einflussnahme auf Politik und Kultur**. Aber es zeigt sich auch der Einfluss einer nationalistisch-arroganten, sich selbst überschätzenden Elite aus Adel, Wirtschafts- und Bildungsbürgertum auf den Kaiser, dessen rhetorische Entgleisungen In- und Ausland entsetzten. Die Reichsverfassung, von Bismarck auf sich zugeschnitten, besaß für den „Fall Wilhelm" keine Kontrollmöglichkeiten. Die von Wilhelm ausgewählten Kanzler hatten zu wenig Profil, um eigene Politik durchsetzen zu können.

Deutsche Außenpolitik

Die außenpolitische Situation des Deutschen Reiches veränderte sich. Das Bismarck'sche Prinzip der Saturiertheit des Reiches wurde dem **„Griff nach der Weltmacht"** (Fritz Fischer) geopfert. Zu diesem Zweck sollte eine **pragmatische Politik wechselnder Bündnisse** dienen, unter Ausschöpfung aller Gelegenheiten Vorteile zu erlangen. Russland war politisch und wirtschaftlich verprellt und England durch eine aggressive Außen- und Militärpolitik (Risikoflotte) in seinem Abwehr- und Konkurrenzverhalten bestärkt. Einzige feste Position blieb das **Bündnis mit der k. u. k.-Monarchie**. Wilhelm und seine Berater glaubten, die Wirtschafts- und Kolonialkonflikte der europäischen Mächte untereinander seien so stark, dass das Reich in der Behandlung seiner Nachbarn Spielraum habe und England im Rahmen seiner Konflikte mit Frankreich und Russland irgendwann in die Arme des Reichs getrieben werde. Tatsächlich näherten sich die drei Mächte unter dem Druck der politischen Tatsachen einander an, bis sie schließlich 1907 ein Bündnis schlossen (Triple-Entente → S. 124 f.).

Die deutsche Innenpolitik bis 1914

Innenpolitisch konnte Wilhelm durch **nationalistische Töne, Militarismus und imperiales Gehabe** große Teile einer patriotischen Öffentlichkeit für sich gewinnen, die durch Presse, Wirtschaft und politische Vereine manipuliert war. Trotz der seinerzeit großzügigen Sozialgesetzgebung gelang es Wilhelm wie Bismarck nicht, die **zum Marxismus tendierende deutsche Arbeiterschaft** mit dem Staat zu versöhnen. Enttäuscht wandten sich Wilhelm und die adelig bürgerlichen Eliten von der Arbeiterklasse ab, die sie als inneren Feind betrachteten. Die **marxistische SPD** war auf dem Weg, zur stärksten Partei zu werden.

Kriegsbündnisse, Krisen im Vorfeld, Kriegsziele und Kriegsverlauf

Die Kriegsbündnisse

Die „säbelrasselnde", ungeschickte Außen- und Flottenpolitik Wilhelms II. sowie sein Weltmachtanspruch veränderten das Bismarcksche Bündnissystem total. **1904** schlossen die verfeindeten Kolonialmächte Großbritannien und Frankreich die **„Entente cordiale"** (= herzliches Einvernehmen). **1907** entstand die **Triple Entente** zwischen Großbritannien, Frankreich und Russland. Das Deutsche Reich intensivierte den **Zweibund** (von 1879) mit Österreich-Ungarn. Damit standen die Kriegsbündnisse fest.

Krisen im Vorfeld

Die **Marokkokrisen von 1905 und 1911** löste Wilhelm II. durch sein aggressives, aber erfolgloses Engagement in Marokko gegen Frankreich aus.

1. Balkankrise 1908: Österreich-Ungarn annektierte das türkische Bosnien-Herzegowina.

2. Balkankrise 1912/13: Serbien, Bulgarien, Griechenland, Montenegro erkämpften ihre Unabhängigkeit vom Osmanischen Reich.

Die Kriegsziele

Deutsches Reich: kontinentale Hegemonie; Gewinnung von Wirtschaftsgebieten in Europa; Vergrößerung des Kolonialbesitzes; Beseitigung der englischen Vorherrschaft zwischen Gibraltar und Indien;

Österreich-Ungarn: Erhalt des Vielvölkerstaates und des Großmachstatus;

Frankreich: Revanche für 1870/71; sichere Ostgrenze;

Großbritannien: Verhinderung der Weltmachtstellung Deutschlands;

Russland: Zugang zum Mittelmeer, Führung eines panslawistischen Reichs.

Kriegsverlauf

1914: Die Ermordung des österreichischen Thronfolgerpaares in Sarajewo löste den Krieg aus; große nationale Kriegsbegeisterung („Hurrapatriotismus"); die Parteien des Reichstags vereinbarten den Burgfrieden. Anfang September scheiterte der Schlieffen-Plan, der Bewegungskrieg erstarrte zum Stellungskrieg.

1915: Große Materialschlachten, massiver Einsatz neuer Waffen, riesige Verluste (Verdun, Somme, Douaumont); britische See-Blockade; uneingeschränkter deutscher U-Boot-Krieg; Stellungskrieg auch im Osten; Hungersnot und wachsende Desillusionierung in Deutschland.

1916: Extrem verlustreiche Schlachten (Verdun, Somme); die einzige Seeschlacht zwischen der deutschen und britischen Kriegsmarine am Skagerrak brachte keine Entscheidung.

1917: Der Kriegseintritt der USA (6.4.1917) machte den Krieg zum Weltkrieg und brachte aufgrund der militärischen Überlegenheit der USA die Entscheidung. Die russische Oktoberrevolution bewirkte den Waffenstillstand im Osten. Beide Ereignisse machen das Jahr 1917 zum „Epochenjahr".

1918: Der „Diktatfriede" von Brest-Litowsk (3. März) beendete den Krieg im Osten. Die Lage der Mittelmächte war aussichtslos. Der Waffenstillstand von Compiègne (11. November) bedeutete die bedingungslose Kapitulation des Deutschen Reichs.

Charakteristika des Weltkrieges, Ergebnisse, Kriegsschuldfrage

Charakteristika des Ersten Weltkrieges

Neuartiger Krieg, der mit modernster Waffentechnik (Panzer, Artillerie, Flugzeuge, Maschinengewehr) weltweit ausgetragen wurde; an ihm waren ca. 70 Mio. Soldaten aus allen Kontinenten und ca. drei Viertel der damaligen Menschheit direkt oder indirekt beteiligt; ungeheure Menschverluste (ca. 17 Mio.); Einbeziehung der Zivilbevölkerung; Zerstörung ganzer Landstriche (Nordostfrankreich) und Städte (z.B. Ypern); Partisanentätigkeit und brutale Vergeltungsmaßnahmen. Der Erste Weltkrieg war der **erste totale Krieg**, ein Vernichtungskrieg mit folgenden Merkmalen: Ziel war nicht nur die militärische Unterwerfung des Gegners, sondern auch dessen physische Vernichtung; Unterordnung aller militärischen, wirtschaftlichen und politischen Belange unter dieses Ziel; ideologische und politische Diskriminierung des Gegners; massive Gewalt auch gegenüber der Zivilbevölkerung; Einsatz von Massenvernichtungsmitteln; Zerstörung ganzer Landstriche.

Der Erste Weltkrieg, die „Urkatastrophe des 20. Jahrhunderts", brachte zahlreiche langfristig wirkende **Ergebnisse**: Zusammenbruch des europäischen Staatensystems; Europa verlor seine Führungsrolle an die USA; Entstehung neuer Staaten und zahlreicher neuer politischer, territorialer und ethnischer Probleme; der Krieg war der Auslöser des „zweiten Dreißigjährigen Krieges" (1914 bis 1945). Er schaffte den Nährboden für Faschismus, Nationalsozialismus und Bolschewismus und löste den erbitterten Kampf zwischen diesen Systemen aus; er ermöglichte den Aufstieg extremer Politiker (Stalin, Mussolini, Hitler) und war die Hauptursache des Zweiten Weltkrieges.

Die Kriegsschuldfrage

Lange Zeit galt die Ansicht des deutschen Historikers Fritz Fischer, dass Wilhelm II. aufgrund seiner säbelrasselnden Außenpolitik und des Blankoschecks für Österreich die Hauptschuld am Ausbruch des Krieges zukomme.

Diese Ansicht gilt heute nicht mehr. 2013 vertrat der Historiker Christopher Clark die Meinung, dass alle europäischen Großmächte und Serbien aufgrund eines komplexen und komplizierten Geflechts von politischen und militärischen Ursachen und Ereignissen zum Ersten Weltkrieg beitrugen, ohne dass sie ihn bewusst wollten. 2016 wies der Historiker Rainer Schmidt nach, dass der französische Ministerpräsident Poincaré aufgrund seiner intensiven Beeinflussung Russlands die treibende Kraft war.

Truppentransport an die Westfront
Erster Weltkrieg 1914

KURZINFO

6 Der Erste Weltkrieg

- Der Erste Weltkrieg entstand aus der Julikrise von 1914, hatte jedoch zahlreiche machtpolitische, territoriale und ethnische Ursachen.
- Alle Großmächte hatten Ziele, die nur militärisch zu erreichen waren.
- Der Krieg wurde von allen teilnehmenden Nationen zunächst euphorisch begrüßt. Die Begeisterung wich jedoch rasch einer wachsenden Desillusionierung, als die Neuartigkeit des ersten totalen Kriegs ungeheure Verluste forderte und auch die Zivilbevölkerung massiv ins Kriegsgeschehen mit einbezogen wurde.
- Der Kriegseintritt der USA machte aus dem europäischen Krieg 1917 einen Weltkrieg.
- Der Krieg hatte zahlreiche Auswirkungen, die die europäische Politik der beiden folgenden Jahrzehnte maßgeblich bestimmte.

Die Ursachen

Die **Ursachen des Ersten Weltkriegs:**

Machtpolitische Gegensätze:
- die imperialistische Politik europäischer und überseeischer Mächte
- Nationalismus bzw. Chauvinismus und Prestigepolitik
- die Wilhelminische Weltmachtpolitik
- die Probleme des österreichischen Vielvölkerstaats
- der Zerfall des Osmanischen Reiches
- das „Pulverfass" Balkan

Machtpolitische Gegensätze im europäischen Staatensystem, der Imperialismus europäischer und überseeischer Mächte, die nationalistische und chauvinistische Prestigepolitik der Großmächte sowie Wilhelms II. Weltmacht- und Flottenpolitik (→ S. 120) lösten Spannungen und Konflikte aus. Sie wurden verstärkt durch die Schwierigkeiten des österreichisch-ungarischen Vielvölkerstaates, den absehbaren Zerfall des Osmanischen Reiches, der in Österreich und Russland Hoffnungen auf territoriale Gewinne weckte und einen wachsenden Interessenskonflikt auf dem Balkan zwischen (dem panslawistischen) Russland, Serbien und Österreich-Ungarn auslöste („Pulverfass" Balkan).

Die Bündniskonstellationen

Bündniskonstellationen:

1904 Entente cordiale: Großbritannien, Frankreich

1907 Triple Entente: Großbritannien, Frankreich, Russland

Die aggressive und oft ungeschickte Außen- und Flottenpolitik Wilhelms II. sowie sein Weltmachtanspruch in Afrika, Ostasien und im Pazifik isolierte das Deutsche Reich zunehmend und führte dazu, dass sich die Bündnispolitik Bismarcks ins Gegenteil verkehrte: Die verfeindeten Kolonialmächte Großbritannien und Frankreich näherten sich an und schlossen **1904** ein Bündnis, die **Entente cordiale** („herzliches Einvernehmen"). Die enge Bindung des Deutschen Reichs an Österreich-Ungarn und Wilhelms säbelrasselnde Außenpolitik bewirkten **1907** ein britisch-französisch-russisches Bündnis, die **Triple Entente**. In Deutschland sah man das Bündnis der Ententemächte als „böswillige Einkreisung“ an und intensivierte den Zweibund (von 1879) mit Österreich-Ungarn. Als ein von Großbritannien 1912 vorgeschlagener Flottenvertrag an der starren Haltung Wilhelms II. und seiner Regierung scheiterte, stand die Bündniskonstellation des Ersten Weltkriegs fest: Der **Triple Entente** stand der **Zweibund** von 1879 (→ S. 102) gegenüber. Auf Seiten der so genannten Mittelmächte standen auch das Osmanische Reich, Bulgarien und Italien, dessen Bindungen zu seinen Partnern des Dreibundes von 1882 (Deutsches Reich, Österreich-Ungarn) sich jedoch aufgrund eines Neutralitätsvertrages mit Frankreich (1902) und wachsender Spannungen mit Österreich gelockert hatten.

Intensivierung des Zweibunds (von 1879): Deutsches Reich, Österreich-Ungarn

Damit standen 1907 die Kriegsallianzen fest.

Die Krisen im Vorfeld

Die Rivalität der europäischen Großmächte verschärfte in der unmittelbaren Vorkriegszeit die machtpolitischen Gegensätze. Zahlreiche Krisen und Konflikte schufen zwischen 1905 und 1914 die feindselige Atmosphäre des Ersten Weltkriegs. Dazu gehören:

- Die **erste Marokkokrise**: **1905** wandten sich Wilhelm II. und Reichskanzler von Bülow gegen den wachsenden Einfluss Frankreichs in Marokko, um dort deutsche Wirtschaftsinteressen zu schützen. Der Kaiser reiste nach Tanger, betonte die Unabhängigkeit Marokkos und löste dadurch eine internationale Krise aus. Die Konferenz von Algeciras (Südspanien) brachte keinen Erfolg. Sie bestätigte zwar die Unabhängigkeit des Sultanats Marokko, ohne dass sich am französischen Einfluss in Nordwestafrika etwas änderte, isolierte jedoch Deutschland als Provokateur und Friedensstörer.
- Die **zweite Marokkokrise**: Als Frankreich **1911** einen marokkanischen Aufstand niederschlug, entsandte Wilhelm II. das Kanonenboot „Panther“ zum westmarokkanischen Hafen Agadir, um deutsche Ansprüche in dieser Region zu demonstrieren. Der **„Panthersprung nach Agadir“** (Juli 1911) löste eine Krise zwischen dem Deutschen Reich und dem von Großbritannien unterstützten Frankreich aus. Der deutsch-französische **Marokko-Kongo-Vertrag** legte im November 1911 die Errichtung des französischen Protektorats über Marokko fest und die Übergabe kleinerer Randgebiete des französischen Kongo an Deutschland. Der Vertrag wurde in beiden Staaten von nationalistischen Kreisen als Niederlage empfunden. Wilhelms Drohgebärde hatte die bereits bestehenden Spannungen verschärft, die Großmächte rüsteten hektisch auf und bereiteten sich auf einen Krieg vor.

Beide Marokkokrisen, die von Wilhelm II. als Machtdemonstrationen genutzt wurden, endeten mit diplomatischen Niederlagen für das Deutsche Reich und festigten bei den anderen Großmächten den Eindruck, Deutschlands Weltmachtpolitik bedrohe den Frieden Europas. Vor allem die zweite Marokkokrise führte zu einer intensiveren Zusammenarbeit der Entente-Mächte.

Krisen im Vorfeld des Ersten Weltkriegs:

1. Marokkokrise (1905): Wilhelm II. reiste nach Tanger, engagierte sich für das von Frankreich beherrschte Marokko. Die Konferenz von Algeciras endete ergebnislos, Deutschland war als Provokateur isoliert.

2. Marokkokrise (1911): Die demonstrative Entsendung des deutschen Kanonenboots Panther nach Marokko („Panthersprung nach Agadir“) führte zwar zum deutsch-französischen Marokko-Kongo-Vertrag mit kleinen Gebietsgewinnen für das Deutsche Reich im Kongo, änderte jedoch nichts an der französischen Vorherrschaft über Marokko.

Beide Krisen waren Niederlagen für Wilhelm II. und machten das Deutsche Reich zum Aggressor.

1. **Balkankrise** (1908): Österreich-Ungarn annektierte, unterstützt vom Deutschen Reich, das türkische Bosnien-Herzegowina.

2. **Balkankrise** (1912/13): Im „Balkanbund" erkämpften Serbien, Bulgarien, Griechenland und Montenegro ihre Unabhängigkeit vom Osmanischen Reich. Die Aufteilung der „Beute" führte 1913 zu einem Krieg unter den Siegern.

- Die **erste Balkankrise** („Bosnienkrise"). Im Herbst **1908** nutzte Österreich-Ungarn innenpolitische Wirren im Osmanischen Reich aus („Jungtürkische Revolution") und annektierte das unter türkischer Oberhoheit stehende Bosnien-Herzegowina. Russland und Österreich-Ungarn gerieten in die Nähe eines Kriegs. Das Deutsche Reich unterstützte Österreich-Ungarn, Russland rückte noch näher an Großbritannien und Frankreich.
- Die **zweite Balkankrise**. Die von Russland unterstützten nationalrevolutionären Befreiungsbewegungen auf dem Balkan gegen die Türkei führten **1912** zu dem „Balkanbund" zwischen Serbien, Bulgarien, Griechenland und Montenegro und zum ersten Balkankrieg (Herbst 1912). Die Türkei verlor alle ihre europäischen Besitzungen. Die Aufteilung der Beute löste einen gegen Bulgarien gerichteten zweiten Balkankrieg aus (Sommer **1913**), den Serbien gewann.

Der extreme Nationalismus bzw. Chauvinismus der jungen Balkanstaaten verhinderte die Entstehung eines neuen Ordnungssystems und schuf zusätzliche Konflikte, in die die Großmächte immer wieder hineingezogen wurden. So wurde der Balkan zum „Pulverfass" Europas und zum Auslöser des Ersten Weltkriegs.

Der Kriegsausbruch

Der Kriegsausbruch: 28.6.1914: Ermordung des österreichischen Thronfolgerpaares in Sarajewo (Bosnien) durch die „Schwarze Hand" (serbische Untergrundorganisation). Wilhelm II. drängte die österreichische Führung zum Krieg gegen Serbien. Obwohl Serbien ein hartes Ultimatum Österreich-Ungarns annahm, erklärte dieses am **28.7.1914** den Krieg. Nach der Kriegserklärung des Deutschen Reichs an Russland und Frankreich trat auch Großbritannien am 4. August in den Krieg ein.

Der Krieg wurde am **28.6.1914** ausgelöst durch die **Ermordung des österreichischen Thronfolgers Franz Ferdinand** und seiner Frau in Sarajewo, der Hauptstadt des 1908 von Österreich-Ungarn annektierten Bosnien-Herzegowina. Das Thronfolgerehepaar wurde von dem bosnischen Studenten Gavrilo Princip im Auftrag der serbischen Untergrundorganisation „Schwarze Hand" ermordet. Eine direkte Beteiligung der serbischen Regierung wurde nicht deutlich. Dieser Mord löste die **„Julikrise"** aus, die geprägt war von Drohgebärden, halbherzigen diplomatischen Vermittlungsversuchen und Fehleinschätzungen. Kaiser Franz Joseph I. und die Mehrheit der österreichisch-ungarischen Spitzenpolitiker wollten zunächst – im Gegensatz zu den Militärs – keinen Krieg gegen Serbien. Sie wurden jedoch von Wilhelm II. unter Druck gesetzt. Schließlich richtete Österreich-Ungarn am 23. Juli ein mit der deutschen Regierung abgesprochenes, sehr hartes und auf 48 Stunden befristetes Ultimatum an Serbien, das dieses im Wesentlichen annahm und lediglich die direkte Einmischung in die inneren Angelegenheiten des Landes ablehnte. Trotzdem erfolgte am **28.7.1914** die **Kriegserklärung Österreich-Ungarns an Serbien**. Da Russland am 30.7., Österreich-Ungarn am 31.7. und Deutschland nach einem Ultimatum an Russland, die Mobilmachung zurückzunehmen, am 1.8. mobilmachten, war aufgrund der Bündnissituation ein europäischer Krieg unvermeidlich.

Am 1. 8. 1914 erklärte Deutschland Russland und am 3. 8. Frankreich den Krieg. Der Durchmarsch der deutschen Truppen durch das neutrale Belgien bewirkte am 4. 8. die Kriegserklärung Großbritanniens an Deutschland.
Keine der Großmächte rechnete mit einem langen Krieg, geschweige denn mit einem Weltkrieg. Die militärischen Führungen gingen auf beiden Seiten davon aus, den Krieg noch im Jahre 1914 beenden zu können.

Die Kriegsschuldfrage

Nach dem Attentat von Sarajewo lehnten Kaiser **Franz Joseph I.** und die **Mehrheit der österreichischen Politiker** im Gegensatz zu den Generälen ein **militärisches Vorgehen** gegen Serbien ab, da man dessen Ausweitung zu einem europäischen Krieg befürchtete. **Wilhelm II.** bestärkte jedoch die Militärs durch seinen **Blankoscheck** (5. Juli), in dem er Österreich-Ungarn seine bedingungslose Bündnistreue auch für den Fall eines Kriegs gegen Serbien erklärte. In den folgenden Tagen verstärkte er den Druck, indem er Franz Joseph mitteilen ließ, dass „mit einer Aktion gegen Serbien" aufgrund der günstigen Situation (Schwäche Russlands) nicht mehr gewartet werden solle. Deshalb würde er es nicht verstehen, wenn Österreich-Ungarn die „gegebene Situation" vorübergehen ließe, „ohne einen Schlag zu führen". Obwohl Serbien das zwischen Wilhelm und Franz Joseph abgesprochene und als unannehmbar angesehene Ultimatum (23. Juli) größtenteils annahm und es nun keinen Kriegsgrund mehr gab, hielt der deutsche Kaiser Österreich nicht von einer Kriegserklärung an Serbien ab.
Deshalb galt lange Zeit die Ansicht von Fritz Fischer („Griff nach der Weltmacht", 1961), der Wilhelm II. bzw. das Deutsche Reich als Hauptkriegsschuldige ansah, auch wenn er anderen Staaten eine Teilschuld unterschiedlichen Ausmaßes zurechnete. Diese Ansicht lehnt die Mehrheit der Historiker heute ab. Sie gehen wie der Historiker Christopher Clark ("Die Schlafwandler – Wie Europa in den Ersten Weltkrieg zog", 2013) davon aus, dass der Krieg das Ergebnis eines sehr komplexen Geflechts von verschiedenen politischen und militärtaktischen Ursachen und Ereignissen war und dass deshalb alle Großmächte und Serbien zum Ausbruch des Ersten Weltkriegs beitrugen, den sie nicht bewusst auslösen wollten. 2016 wies der Historiker Rainer Schmidt („Revanche pour Sedan – Frankreich und der Schlieffenplan") nach, dass der Hauptakteur Raymond Poincaré war, der 1870 als Kind mit seiner Familie aus seiner lothringischen Heimat vertrieben worden war. Als französischer Minister- bzw. Staatspräsident betrieb er in voller Kenntnis des Schlieffen-Plans seit 1912 vor allem durch seine intensive Beeinflussung Russlands eine gezielte Kriegsvorbereitungspolitik, die den "Tatbestand einer indirekten Kriegsentfesselung"[1] erfüllt.

Die Kriegsschuldfrage: Zunächst wurden (seit Beginn der 60er-Jahre) Wilhelm II. bzw. das Deutsche Reich als Hauptschuldige angesehen, da Wilhelm Österreich-Ungarn zum Krieg gegen Serbien gedrängt hatte. Dann sahen die Historiker den Ersten Weltkrieg als Ergebnis eines sehr komplexen Geflechts von politischen und militärtaktischen Überlegungen. Deshalb hätten alle beteiligten Nationen zum Kriegsausbruch beigetragen, ohne einen Weltkrieg zu wollen. 2016 wies der Historiker Rainer Schmidt nach, dass Poincaré in Kenntnis des Schlieffen-Plans seit 1912 vor allem durch seine intensive Russlandpolitik gezielt auf eine Situation hinarbeitete, in der in Deutschland ein Westfeldzug mit rascher Besiegung Frankeichs als beste Lösung angesehen wurde.

Die **Frage der Kriegsschuld** wurde nach 1918 sowohl bei Siegern als Besiegten völlig unterschiedlich gesehen. Sie **bestimmte** die Pariser Friedensverträge sowie **das Verhältnis der Sieger und Besiegten** in der Zwischenkriegszeit maßgeblich.

Die europäischen Großmächte hatten folgende Kriegsziele:

Deutsches Reich: Hegemonie auf dem Kontinent durch Gewinnung wichtiger Wirtschaftsgebiete im Westen und Osten Europas; Vergrößerung des Kolonialbesitzes; Beseitigung der englischen Vorherrschaft zwischen Gibraltar und Indien; Sonderfriede mit Russland

Österreich-Ungarn: Erhalt des Vielvölkerstaates, Sicherung des Großmachtstatus

Frankreich: Revanche für 1870/71, sichere Ostgrenze

Großbritannien: Verhinderung der Weltmachtstellung Deutschlands

Russland: Zugang zum Mittelmeer (Gewinn der Dardanellen); Gewinnung Ostpreußens und Galiziens; Schaffung eines von Russland geführten panslawistischen Reichs

Die Kriegsziele

Alle am Krieg beteiligten Großmächte hatten weitreichende **Kriegsziele**:

- Das **Deutsche Reich** strebte vier Ziele an: Die Hegemonie auf dem Kontinent und deren wirtschaftliche Grundlage durch die Gewinnung wichtiger Wirtschaftsgebiete im Westen (Lüttich-Antwerpen, flandrische Küste, Erzbecken von Briey) und einen vom Deutschen Reich kontrollierten „Großraum" im Osten Europas; Vergrößerung des Kolonialbesitzes; Beseitigung der englischen Vorherrschaft zwischen Gibraltar und Indien; Sonderfriede mit Russland, um den Rücken gegen die Westmächte frei zu bekommen.
- Die zwei Hauptziele **Österreich-Ungarns** bestanden in der Erhaltung des Vielvölkerstaates und in der Sicherung des Großmachtstatus in Südosteuropa. Dies setzte die Ausschaltung Russlands als Konkurrent auf dem Balkan voraus.
- **Frankreich** wollte Revanche für 1870/71, die Rückgewinnung von Elsass-Lothringen, die Annexion des Saarlandes und sichere Ostgrenzen. Diese sollten durch die Eingliederung des Rheinlandes oder durch die Schaffung zweier neutraler Rheinstaaten als Puffer erreicht werden. Das Hauptziel bestand in der Rückgewinnung der kontinentalen Hegemonie.
- **Großbritannien** ging es vorrangig darum, die Weltmachtstellung Deutschlands zu verhindern. Territoriale Ziele hatte es auf dem Kontinent nicht, unterstützte jedoch die Wiederherstellung Belgiens, die Unabhängigkeit Polens und der Völker der Donaumonarchie. Hierfür propagierte es den Krieg als Kreuzzug der Demokratie gegen Tyrannei und Despotismus.
- **Russlands** Ziele waren die Gewinnung der Dardanellen (und damit der Zugang zu einem warmen Meer), Ostpreußens und Galiziens (Südosten Polens) sowie die Zusammenfassung aller Slawen in einem von Russland geführten panslawistischen Reich.

Der **Kriegsverlauf** in Europa:

1914: große Kriegsbegeisterung auf allen Seiten; „Burgfrieden" der im Reichstag vertretenen Parteien; der Schlieffen-Plan (Umgehung der französischen Stellungen durch die neutralen Länder Luxemburg und Belgien) brachte Anfangserfolge.

Der Kriegsverlauf in Europa

1914: Bei Kriegsbeginn herrschte auf allen Seiten große nationale Kriegsbegeisterung (**„Hurra-Patriotismus"**). In Deutschland schlossen die im Reichstag vertretenen Parteien den **„Burgfrieden"**. Sie vereinbaren, angesichts des Krieges Geschlossenheit zu zeigen und auf ihre politischen Rechte zugunsten des Kaisers und der Militärs zu verzichten. Sogar die SPD stimmte Anfang August für den Kriegskredit. Euphorisch erklärte Wilhelm II. daraufhin, er kenne keine Parteien mehr, er kenne nur noch Deutsche. Am 4. August begründete er in seiner Thronrede den Krieg mit einem „seit langen Jahren tätigen Übelwollen [der Kriegsgegner] gegen Macht und Gedeihen des Deutschen Reichs", das in „aufgedrungener Notwehr" und mit „reinem Gewissen" das Schwert ergreife.

Anfang September scheiterte der **Schlieffen-Plan** (Umgehung der starken französischen Stellungen durch die neutralen Staaten Belgien und Luxemburg) in Nordfrankreich, da Truppen gegen die russische Armee in Ostpreußen benötigt wurden. In Frankreich wurde dies als „Wunder an der Marne" gesehen. Der **Bewegungskrieg erstarrte zum Stellungs-** und **Abnutzungskrieg.** Im Osten erreichte Deutschland nach anfänglichen Niederlagen Siege in Ostpreußen (Tannenberg) und Polen (Masurische Seen).

1915: Große **Materialschlachten** und der **massive Einsatz von** Soldaten und **neuen Waffen** (Artillerie, Maschinengewehre, Panzer, Gas, Flugzeuge, U-Boote) bestimmten von jetzt an den Krieg und brachten **riesige Verluste** auf beiden Seiten (Verdun, Douaumont, an der Somme). Als Reaktion auf die britische Seeblockade erklärte Deutschland den uneingeschränkten **U-Boot-Krieg**, der sich auch gegen Handels- und Passagierschiffe neutraler Staaten richtete. Italien trat an der Seite der Entente-Mächte in den Krieg ein. Auch **im Osten** wurde trotz einer erfolgreichen Offensive der Mittelmächte (Warschau, Brest-Litowsk, Grodno, Wilna) der **Bewegungskrieg zum Stellungskrieg**. In der Heimat entstand eine **rasch wachsende Ernüchterung**.

1916: In extrem verlustreichen Schlachten um **Verdun** („Hölle von Verdun", Februar–Dezember) und an der **Somme** (Juni–November) fielen auf beiden Seiten fast zwei Millionen Soldaten, ohne dass entscheidende Gebietsgewinne erzielt wurden. Auch die einzige Seeschlacht zwischen der britischen und der deutschen Kriegsmarine am **Skagerrak** hatte keinen Gewinner und veränderte die Gesamtlage nicht. In Deutschland breitete sich eine Hungersnot aus, die **Desillusionierung im Deutschen Reich** wuchs.

1917: Der verschärfte deutsche U-Boot-Krieg bewirkte den **Kriegseintritt der USA** am 6.4.1917, machte den Krieg zum **Weltkrieg** und brachte die **militärische Entscheidung**. Die **russische Oktoberrevolution** ermöglichte dem deutschen Reich im Dezember einen Waffenstillstand mit Russland. Beide Ereignisse des „Epochenjahres" hatten große langfristige Auswirkungen: Weltmachtstellung der USA, Entstehung der UdSSR. Im Juli 1917 forderten SPD, Zentrum und die Liberalen im Reichstag einen **„Verständigungsfrieden"**(→ S. 135).

1918: Der **„Diktatfriede" von Brest-Litowsk** (3. März) beendete den Krieg im Osten. Dennoch wurde die Lage der Mittelmächte immer aussichtsloser. Frühjahr- und Sommeroffensiven scheiterten und der Einsatz der frischen, gut

An der Marne stoppte der deutsche Vormarsch Anfang September. Der Bewegungskrieg erstarrte zum Stellungskrieg; Siege im Osten (Tannenberg, Masurische Seen).

1915: große Materialschlachten, massiver Einsatz neuer Waffen, riesige Verluste auf beiden Seiten (Verdun, Douaumont, Somme); die britische Seeblockade beantwortet das Deutsche Reich mit dem uneingeschränkten U-Boot-Krieg; Stellungskrieg auch im Osten; wachsende Ernüchterung in Deutschland.

1916: extrem verlustreiche Schlachten (Verdun, Somme); die einzige Seeschlacht des Kriegs am Skagerrak brachte keine Entscheidung.

1917: Der Kriegseintritt der USA (6.4.1917) brachte die militärische Entscheidung; die russische Oktoberrevolution bewirkte den Waffenstillstand im Osten.
SPD, Zentrum und Liberale forderten einen „Verständigungsfrieden".

1918: Der „Diktatfriede" von Brest-Litowsk (3. März) beendete den Krieg im Osten, der Waffenstillstand von Compiègne (11. November) den im Westen.

ausgerüsteten US-Truppen erzwang Waffenstillstandsverhandlungen, die die Oberste Heeresleitung von Politikern bestreiten ließ, um die Verantwortung für den verlorenen Krieg auf die Politiker abzuwälzen (→ S. 134). Der **Waffenstillstand von Compiègne** (11. November) bedeutete die **bedingungslose Kapitulation des Deutschen Reichs**.

Charakteristika und Ergebnisse

Charakteristika:
Neuartigkeit des Kriegs; weltweite Auseinandersetzung; ungeheure Menschenverluste; Einbeziehung der Zivilbevölkerung (Flucht, Vertreibung, Verschleppung von Zivilisten, völlige Zerstörung von Städten, Partisanentätigkeit); Brutalität der Kriegsführung.

Ergebnisse:
- Zusammenbruch des europäischen Staatensystems
- Entstehung neuer Staaten und zahlreicher neuer politischer, territorialer, ethnischer Probleme
- Europa verlor seine Führungsrolle an die USA.
- Der Krieg ist der Beginn des „zweiten Dreißigjährigen Kriegs“ (1914–1945).
- Er ermöglichte den Aufstieg Lenins und Hitlers und schaffte den Nährboden für Faschismus und Bolschewismus.
- Er löste den Überlebenskampf zwischen Demokratie, Faschismus und Bolschewismus aus und war Hauptursache des Zweiten Weltkriegs.

Charakteristika: Der Erste Weltkrieg war ein neuartiger Krieg. Modernste Waffentechnik bewirkte ungeheure Menschenverluste (ca. 17 Mio. Tote) und die völlige Zerstörung ganzer Landstriche. Er war der erste totale Krieg. An ihm waren ca. 70 Millionen Soldaten aus allen Kontinenten und ca. drei Viertel der damaligen Menschheit direkt oder indirekt beteiligt.
Der Krieg unterschied sich von allen bisherigen Kriegen, da er auch die Zivilbevölkerung erfasste. Nun prägten Flucht, Vertreibung und Verschleppung, Zwangsarbeit, die völlige Zerstörung von Städten (z. B. Ypern) und Kampfgebieten (Nordostfrankreich), Zivilisten als lebende Schutzschilde und brutale Vergeltungsmaßnahmen für Partisanentätigkeit das Bild des Krieges, der extremste Emotionen auslöste.
Ergebnisse: Der Erste Weltkrieg bewirkte den Zusammenbruch des bisherigen europäischen Staatensystems. Fast alle Monarchien und vier Imperien gingen unter (Deutsches Reich, Österreich-Ungarn, Zarenreich, Osmanisches Reich), neue Staaten entstanden (z. B. Finnland, baltische Staaten, Polen, Tschechoslowakei und Jugoslawien). Sie hinterließen zahlreiche ungelöste politische, territoriale und ethnische Probleme bzw. schufen neue. In den „alten“ europäischen Staaten vollzogen sich tief greifende Veränderungen der Herrschaftssysteme hin zu militärisch-diktatorischen Strukturen.

- Europa verlor seine weltpolitische Führungsrolle an die USA.
- Der Krieg markiert den Beginn einer neuen Epoche, der Zwischenkriegszeit, die aufgrund der starken Kontinuitätslinien in der Fachwissenschaft als der „zweite Dreißigjährige Krieg“ (von 1914 bis 1945) bezeichnet wird.
- Er verhalf Wladimir Iljitsch Lenin bzw. den Bolschewisten an die Macht und initiierte dadurch die Entstehung der UdSSR, die die europäische und seit 1945 die globale Politik bis 1990/91 maßgeblich bestimmte.
- Er bereitete den Nährboden für die Entstehung faschistischer Diktaturen bzw. des Bolschewismus mit ihren Wahnvorstellungen von Rassen- oder Klassenkampf und er löste den Überlebenskampf zwischen Demokratie, Faschismus und Bolschewismus im Europa der Zwischenkriegszeit aus und ist aufgrund dieser eng miteinander verknüpften und aufeinander einwirkenden Faktoren die Hauptursache des Zweiten Weltkriegs.

Der Erste Weltkrieg

Die **wesentlichen Ursachen** des Ersten Weltkriegs waren Nationalismus bzw. Chauvinismus, Imperialismus, die Weltmachtpolitik des Deutschen Reichs, die deutsch-britische Rivalität im Flottenbau, die inneren Probleme des Vielvölkerstaats Österreich-Ungarn, die Prestigepolitik aller europäischen Großmächte, der Zerfall des Osmanischen Reichs und das „Pulverfass Balkan".

Diese außenpolitischen Verhältnisse bewirkten die **Entstehung der Kriegskoalitionen**: **1904** entstand die **Entente cordiale** zwischen Großbritannien und Frankreich, **1907** die **Triple Entente** zwischen den beiden Westmächten und Russland. Ihr stand der **Zweibund** zwischen Deutschland und Österreich-Ungarn gegenüber.

Die **Marokkokrisen** (1905 und 1911) und die **Balkankrisen** (1908, 1912/13) zeigten, dass sich die außenpolitischen Verhältnisse permanent verschlechterten.

Lange Zeit wurde Wilhelm II. aufgrund seiner "säbelrasselnden" Weltmachtpolitk und seines Verhaltens in der Julikrise die Hauptschuld zugeschrieben. Dann galt die Ansicht, dass der Krieg das Ergebnis eines sehr komplexen Geflechts von verschiedenen politischen und militärtaktischen Ursachen und Ereignissen war und dass alle europäischen Großmächte sowie Serbien zum Ausbruch des Ersten Weltkriegs beitrugen, den sie nicht bewusst auslösen wollten. In jüngster Zeit wird vor allem die Rolle des französischen Ministerpräsidenten Poincaré betont, der vor allem durch die massive Beeinflussung Russlands eine gezielte Kriegsvorbereitungspolitik betrieben und den Krieg bewusst entfesselt haben soll.

Der Erste Weltkrieg, der Anfang August 1914 ausbrach, war der **erste totale Krieg**. An der weltweiten Auseinandersetzung waren ca. drei Viertel der damaligen Menschheit beteiligt. Aus dem anfänglichen Bewegungskrieg entwickelte sich bald im Westen und im Osten ein zermürbender Stellungs- und Materialkrieg. Neue Waffen und die Brutalität der Kriegsgegner bewirkten **ungeheure Menschenverluste** sowie **Vernichtung und Zerstörung** in bisher unbekanntem Ausmaß.

Der **Kriegseintritt der USA** auf der Seite der Alliierten **(1917)** bedeutete die entscheidende **Wende**. Trotz des Sieges im Osten gegen Russland, das aufgrund der Oktoberrevolution und des darauf folgenden Bürgerkriegs den Diktatfrieden von Brest-Litowsk akzeptieren musste (März 1918), war der Krieg entschieden. Die Mittelmächte kapitulierten am **11. November 1918** zu **Compiègne** bedingungslos.

Der **Erste Weltkrieg**, die „Urkatastrophe" Europas, hatte **weitreichende und langfristige Folgen**: Fast 17 Mio. kamen im Krieg um, Europa verlor die weltpolitische Führungsrolle an die USA; vier Reiche gingen unter (Deutsches Reich, Österreich-Ungarn, Zarenreich, Osmanisches Reich) und hinterließen zahlreiche ungelöste Probleme; neue Staaten mit oft problematischen territorialen und ethnischen Verhältnissen entstanden; der Krieg bewirkte die Entstehung faschistischer Diktaturen bzw. des Bolschewismus und löste einen Überlebenskampf zwischen Demokratie, Faschismus und Bolschewismus aus.

Der **Erste Weltkrieg** markierte den **Beginn** einer neuen Epoche, der **des „zweiten Dreißigjährigen Kriegs"** (1914–1945) und ist aufgrund dieser eng miteinander verknüpften und aufeinander einwirkenden Folgen die Hauptursache **des Zweiten Weltkriegs**.

Die innenpolitischen Veränderungen

1916 entmachteten die Militärs Wilhelm II. Aus der konstitutionellen Monarchie wurde de facto eine **Militärdiktatur**. Im Sommer 1918 verordneten Hindenburg und Ludendorff eine demokratische Regierung, um die Verantwortung für den verlorenen Krieg abzuwälzen. Das Deutsche Reich war nun eine **parlamentarische Monarchie**. Die Beseitigung der Monarchie (9.11.1918) machte Deutschland zu einer **demokratischen Republik**.

Die Novemberrevolution

Verlauf: Sie begann mit der Meuterei der Matrosen am 28.10.1918. Erste politische Forderungen wurden erhoben, die Unruhen weiteten sich aus. Am 7. November trat der bayerische König Ludwig III. zurück und weitere Fürsten folgten ihm. Am 9. November ließ Reichskanzler Max von Baden die Abdankung des Kaisers verkünden. Am selben Tag riefen in Berlin Scheidemann (SPD) die „deutsche Republik“ und Karl Liebknecht (USPD) die „freie sozialistische Republik“ aus. Damit wurde in kürzester Zeit die konstitutionelle Monarchie von einer konträren Staatsform, der parlamentarischen Republik, abgelöst. Die neue Staatsform war vielen Deutschen suspekt und wurde von ihnen als „undeutsch“ abgelehnt.
Bewertung: Die „Novemberrevolution“ war, verglichen mit 1789, keine wirkliche Revolution, da ihr wesentliche Charakteristika fehlten: Sie ging nicht von der Masse des Volkes aus und es gab keine wirklich tiefgreifenden politischen und gesellschaftlichen Veränderungen. Die SPD als stärkste Partei wollte eine evolutionäre Entwicklung und die tragenden Säulen des Kaiserreichs (Militär, Verwaltung, Justiz) konnten ihre Bedeutung erhalten.

Entstehung und

Der Rat der Volksbeauftragten

Am 10.11.1918 wählten die Berliner Arbeiter- und Soldatenräte die provisorische Regierung, den **Rat der Volksbeauftragten** (je drei Mitglieder der SPD und der USPD). Er war von Anfang an zerstritten, da die SPD Demokratie, die USDP eine sozialistische Räterepublik wollte. Der Reichskongress der Arbeiter- und Soldatenräte (16.-19.12.1918) entschied: **Demokratie statt Räterepublik**; **exekutive** und **judikative Macht für den Rat der Volksbeauftragten** bis zur Wahl einer verfassunggebenden Nationalversammlung.

„Pakt mit den alten Mächten“ (10.11.1918)

Ebert (SPD) und General Groener (Chef der Obersten Heeresleitung) schlossen den "Pakt mit den alten Mächten". Er war ein Zweckbündnis. Die SPD wollte mit Hilfe des Militärs eine evolutionäre Entwicklung, das Militär wollte „russische Verhältnisse“ verhindern und seine Macht im Staat erhalten.

Die Verfassunggebende Deutsche Nationalversammlung

Sie trat Anfang Februar im politisch ruhigen Weimar zusammen und traf wichtige Entscheidungen: Wahl des Reichspräsidenten; Einsetzung einer parlamentarischen Regierung; Konzipierung einer Verfassung; Wahl von Friedrich Ebert (SPD) zum Reichspräsidenten, der die erste Regierung (Scheidemann SPD) einsetzte. Ebert war der entscheidende Mann der Anfangsjahre.

7 Entstehung und Etablierung der Weimarer Republik

Die Weimarer Reichsverfassung

Probleme der Konzipierung: Ausfall der monarchischen Spitze und Neuverteilung der Macht; fehlende demokratische Entwicklung. Die **wesentlichen Bereiche**:
Volk: Ist der Souverän, wählt Reichstag, Reichsrat und den Reichspräsidenten direkt; an Gesetzgebung durch Volksentscheide beteiligt.
Reich und Länder: Aus den Staaten des Kaiserreichs werden Länder; dies bedeutet Souveränitäts- und Kompetenzverlust zugunsten der Zentralgewalt.
Reichspräsident: Er repräsentiert den Staat, wird direkt gewählt, ist beliebig oft wählbar, ernennt und entlässt die Regierung, kann den Reichstag auflösen, hat per Notstands-Artikel 48 umfassende Rechte in Krisenzeiten (Diktaturgewalt, Reichsexekution); er ist quasi „Ersatzkaiser".
Wahlrecht: Allgemein, gleich, geheim, direkt; reines Verhältniswahlrecht.
Reichstag: Zentrales Organ; Gesetzesinitiative, kontrolliert die Regierung.
Reichsrat: Schwache Mitwirkung an der Legislative (suspensives Veto).
Reichsregierung: Doppelt abhängig (Reichstag, Reichspräsident), insgesamt schwach.
Grundrechte: Schwächer als heute, da nicht vorstaatlich.
Probleme und Defizite: Spaltung der Legislative; zu starker Reichspräsident; kein Verfassungsschutz; schwache Stellung der Parteien; reines Verhältniswahlrecht.
Bewertung: Deutliche strukturelle Fehler; sehr liberal, aber Krisenzeiten nicht angepasst.

Etablierung der Weimarer Republik

Parteien

Aufgrund des Wahlrechts existierte eine große Parteienlandschaft.
Staatstragend waren SPD (Reform statt Revolution), DDP (Partei des liberalen Bürgertums) und das Zentrum (politische Interessenvertretung des Katholizismus).
Staatsablehnend: KPD (Revolution, Räterepublik, Diktatur des Proletariats); DNVP (nationalistisch); NSDAP (grundlegende Umformung des Staates, extrem nationalistisch);
Schwankend: BVP (katholische Landespartei), meist staatsablehnend: DVP (Sammlungspartei rechter Gruppen).
Reichswehr: Sie war aufgrund ihrer Machtposition ein „Staat im Staat", aufgrund ihrer antidemokratischen Einstellung ein destabilisierendes Element.
Paramilitärische Organisationen der großen Parteien und die nationalistischen, rechtsextremistischen Freikorps spiegelten die gesellschaftliche Zerrissenheit wider.

Friedrich Ebert

7 Entstehung und Etablierung der Weimarer Republik

KURZINFO

- Zwischen 1916 und 1918 veränderte sich die politische Struktur des Deutschen Reichs gravierend: Der Kaiser blieb zwar offiziell im Amt, wurde jedoch 1916 von der Obersten Heeresleitung (OHL) de facto entmachtet.
- Aus der konstitutionellen Monarchie wurde eine Militärdiktatur, die kurz vor Kriegsende eine parlamentarische Monarchie verordnete.
- Die von der OHL befohlene parlamentarische Regierung schloss den Waffenstillstand mit den Alliierten und wurde in der Weimarer Republik deshalb völlig zu Unrecht mit dem Makel des verlorenen Krieges belastet.
- Die „Revolution“ vom November 1918, die, verglichen mit der Französischen Revolution (1789) und der (russischen) Oktoberrevolution (1917), keine wirkliche Revolution war, beendete die Monarchie und bewirkte die erste deutsche Republik.
- Die provisorische republikanische Regierung, der „Rat der Volksbeauftragten“, entschied sich gegen die Räterepublik und stellte die Weichen für die Demokratie.
- Der SPD, die eine evolutionäre Entwicklung anstrebte, gelang es mit Hilfe des Militärs, die Demokratie gegen den Widerstand der Sozialisten zu etablieren.
- Die Weimarer Reichsverfassung war liberal und sehr modern, erwies sich aber in Krisenzeiten aufgrund ihrer Fehler und Defizite als instabil.
- Die aufgrund des reinen Verhältniswahlrechts sehr große Parteienlandschaft machte oft schwache Koalitionsregierungen nötig.
- Die rechtslastige Reichswehr war ein permanenter Unsicherheitsfaktor.
- Neben den Parteien entstanden zahlreiche, meist national-konservative paramilitärische Organisationen, deren Ziel es war, den Parteienstaat zu beseitigen. Sie spiegeln die Zerrissenheit der Weimarer Republik wider.

Die Entstehung der Weimarer Republik

1916 entmachteten die Militärs Wilhelm II. Die militärische und politische Macht ging an die **Oberste Heeresleitung** unter der Führung Hindenburgs und Ludendorffs. De jure war das Deutsche Reich noch eine konstitutionelle Monarchie, de facto eine **Militärdiktatur**.

Die innenpolitische Situation während des Ersten Weltkriegs

Von der konstitutionellen Monarchie zur Militärdiktatur

Innerhalb von zwei Jahren änderte sich die politische Machtstruktur des Deutschen Reichs wesentlich. Entscheidend für die innere Entwicklung der Weimarer Republik war jedoch, dass sich diese Veränderungen praktisch hinter den Kulissen ereigneten und die damit einhergehende **Parlamentarisierung und Demokratisierung vom Volk nicht wahrgenommen** wurde.

Laut Verfassung lag der militärische Oberbefehl in den Händen des Kaisers. Der ausbleibende Kriegserfolg und die enormen Belastungen durch den Krieg führten jedoch im August **1916** dazu, dass aufgrund der Stimmung im Heer und im Volk von Hindenburg, der „Sieger von Tannenberg", und sein Stratege Ludendorff den militärischen Oberbefehl gegen den Willen Wilhelms II. erhielten. Dies bedeutete de facto die **Entmachtung des Kaisers**, obwohl er bis zu seiner Abdankung nominell das Amt des obersten Befehlshabers wahrnahm. Die Stellung der neuen Obersten Heeresleitung (OHL) war aufgrund der Kriegssituation und der dadurch bedingten innenpolitischen Verhältnisse praktisch unangreifbar. **Hindenburg und Ludendorff bestimmten** neben der Kriegsführung nun **auch** die **Innen- und Außenpolitik**, die Einberufung und den Sturz von Kanzlern, die nur auf dem Papier dem Kaiser verantwortlich waren. Das Deutsche Reich war de jure noch immer eine konstitutionelle Monarchie, de facto jedoch eine Militärdiktatur.

Der Zerfall des Burgfriedens

1915/16 wich die Kriegsbegeisterung einer wachsenden Desillusionierung. Zudem traf der Hungerwinter **1916/17** die Bevölkerung hart. Entbehrungen, Schwarzmarkt, Wuchergeschäfte und die enttäuschende Kriegssituation ließen die in den ersten Kriegsmonaten von der Bevölkerung und den Parteien gezeigte Einmütigkeit zerbrechen und lösten eine **breite Friedensdiskussion** im Volk und im Parlament aus.

Die wachsende Desillusionierung und die schweren Belastungen der Zivilbevölkerung lösten 1916 eine starke Friedensdiskussion aus.

1916 gründete eine Gruppe linksradikaler Intellektueller unter der Führung von Rosa Luxemburg und Karl Liebknecht den sozialistischen Spartakusbund (→ S. 142). Ihr Ziel war die internationale Revolution des Proletariats. 1917 gründeten ehemalige Abgeordnete der SPD, die 1915 die Verlängerung der Kriegskredite abgelehnt hatten und deshalb aus der Partei ausgeschlossen worden waren, in Gotha die Unabhängige Sozialdemokratische Partei Deutschlands (USPD), der sich der Spartakusbund anschloss.

Auch in anderen Parteien nahm die Friedensdiskussion einen immer breiteren Raum ein. Im **Frühjahr 1917** beschlossen die Fraktionen der SPD, des Zentrums und der Fortschrittlichen Volkspartei eine **Friedensresolution** (→ S. 129). Sie hatte einen Verständigungsfrieden ohne erzwungene Gebietsabtretungen zum Inhalt. Gegen diesen „Verrat des Vaterlands" wandten sich extreme Nationalisten und gründeten Anfang September die Deutsche Vaterlandspartei.

Linksextreme Gruppen bzw. Parteien (Spartakusbund, USPD) wandten sich gegen die Fortführung des Kriegs. 1917 forderten die Reichstagsfraktionen von SPD, Zentrum und Fortschrittlicher Volkspartei einen „**Verständigungsfrieden**".

Die parlamentarische Monarchie

Hindenburg und Ludendorff wollten Ende September 1918 einen sofortigen Waffenstillstand, da sie die Aussichtslosigkeit der Lage erkannten. Die USA verlangten als Voraussetzung dafür jedoch eine deutsche Regierung auf demokratischer Grundlage. Deshalb wurden die **Parteien** von der OHL **„zur Machtüber-**

Als die Niederlage absehbar war, befahl die OHL eine **parlamentarische Regierung**.

nahme befohlen" und bildeten unter dem parteilosen Prinz Max von Baden eine vom Parlament getragene Regierung. Das Deutsche Reich war nun eine **parlamentarische Monarchie**. Für das Volk hatte sich wiederum nichts Entscheidendes geändert: Auf einen Grafen als Kanzler war ein Prinz gefolgt.

Die Regierung Max von Baden erreichte zwei Ziele:
1. Eine **neue Verfassung** mit folgenden Charakteristika: Abhängigkeit der Regierung vom Parlament, allgemeines, gleiches, geheimes und direktes Wahlrecht und militärische Kommandogewalt für einen dem Parlament verantwortlichen Minister; das Deutsche Reich war nun eine parlamentarische Monarchie, der Kaiser hatte nur noch repräsentative Macht;
2. einen **baldigen Waffenstillstand**.

Die **neue Regierung** (3.10.–9.11.1918) hatte **zwei** wesentliche **Ziele**: Einen raschen und günstigen Waffenstillstand und eine neue Verfassung, die den veränderten politischen Strukturen Rechnung tragen sollte. Die Verfassung vom 28. Oktober hatte folgende wesentliche Bestimmungen: Abhängigkeit der Regierung vom Parlament, Einführung eines allgemeinen, gleichen, geheimen und direkten Wahlrechts und die Ausübung der militärischen Kommandogewalt durch einen dem Parlament verantwortlichen Minister. Dies bedeutete, dass der Kaiser nur noch eine repräsentative Funktion hatte. Mit dieser Entwicklung gaben sich das liberale Bürgertum und die SPD zufrieden. Die Abschaffung der Monarchie wollte außer den Linksradikalen niemand.

Hindenburg und Ludendorff im Großen Hauptquartier in Bad Kreuznach (1917)

Ludendorff stiehlt sich aus der Verantwortung

Trotz der sich deutlich abzeichnenden Niederlage herrschte in weiten Teilen der Bevölkerung eine verhängnisvolle Fehleinschätzung vor. Gründe hierfür waren der Sieg im Osten, die Tatsache, dass die deutschen Truppen noch im Ausland standen, die übertriebene Hoffnung auf einen milden Wilson-Frieden sowie die fehlende Bereitschaft der national Denkenden, die Niederlage zu akzeptieren. Nachdem noch im Sommer 1918 die Militärs mit Durchhalteparolen und nationalen Appellen der wachsenden Kriegsmüdigkeit Einhalt hatten bieten wollen, kam im September die radikale Wende: Die OHL forderte von der Regierung einen möglichst raschen Waffenstillstand. Nach der harten 3. Wilson-Note änderte die OHL wiederum den Kurs radikal und proklamierte nun den heroischen, wenngleich sinnlosen Kampf bis zum Untergang. Als Max von Baden diesen Kurswechsel nicht mittrug, trat **Ludendorff** zurück und **stahl sich aus der Verantwortung.** Die Regierung und die demokratischen Parteien versäumten es, die Rolle der Militärs und deren Verantwortung dem Volk deutlich zu machen. Deshalb mussten sie bzw. die Demokratie zu Unrecht „die Suppe auslöffeln“, und wurden mit dem Makel des verlorenen Kriegs und des Versailler Vertrags (→ S. 154) belastet.

Im September 1918 forderte die OHL von der Regierung einen schnellen Waffenstillstand. Wenig später proklamierten Hindenburg und Ludendorff den heroischen Kampf bis zum Untergang. Die Regierung trug diese Wende nicht mit, Ludendorff trat zurück und stahl sich aus der Verantwortung. Die Parteien bzw. die Demokratie wurden nun mit dem **Makel des verlorenen Kriegs** zu Unrecht belastet.

Die Novemberrevolution 1918

Der Verlauf:

28.10.: Die Marineleitung erteilte der Hochseeflotte den angesichts der Lage sinnlosen Befehl, in Richtung Themsemündung auszulaufen.

29.10.: Erste Meutereien von Matrosen in Wilhelmshaven.

31.10.: Die Meuterei griff auf Kiel über; Max von Baden bat Wilhelm II. abzudanken.

01.11.: Die Matrosen forderten die Freilassung der Meuterer und disziplinäre Verbesserungen; der Kaiser lehnte eine Abdankung kategorisch ab.

03.11.: Die Unruhen führten in Kiel zu erstem Blutvergießen bei einem Zusammenstoß zwischen Militär und Matrosen.

04.11.: **Erstmals** wurden **politische Forderungen** laut: „Schleunigst Frieden“, Bildung von Räten und Abdankung des Kaisers.

05.11.: Die Revolution erfasste Lübeck und Hamburg.

07.11.: Der bayerische König Ludwig III. trat zurück, der Sozialist Kurt Eisner rief in München die Räterepublik (→ S. 160) aus. Weitere Fürsten traten zurück; die SPD stellte an Wilhelm II. ein Ultimatum, binnen 24 Stunden abzudanken.

09.11.: Wilhelm weigerte sich wegen „der paar Juden und der 1000 Arbeiter“ zurückzutreten; Max von Baden ließ per Rundfunk die Abdankung des Kaisers verkünden, trat zurück und übergab sein Amt an Friedrich Ebert (SPD). Um den Radikalen zuvorzukommen, verkündete Philipp **Scheidemann** (SPD) um die Mittagszeit, sehr zum Missfallen seiner Parteiführung, vom Reichstag aus

Der Befehl an die Hochseeflotte vom 28. Oktober in den Ärmelkanal auszulaufen, löste eine **Meuterei der Matrosen** aus, die am 4. November politische Forderungen stellten. Am 9. November ließ Max von Baden die **Abdankung des Kaisers** gegen dessen Willen verkünden.

Am selben Tag riefen in Berlin **Scheidemann** (SPD) die deutsche Republik und **Liebknecht** (USPD) die sozialistische Republik aus. Wilhelm II. ging nach Holland ins Exil und dankte am 20.11.1918 ab.

Die Republik und die Demokratie kamen zu schnell, waren vielen Deutschen suspekt und wurden abgelehnt. Die Mehrheit der Deutschen war und blieb **antidemokratisch**.

die **deutsche Republik** und damit das Ende der Monarchie; kurze Zeit danach rief Karl **Liebknecht** (USPD) die „freie **sozialistische Republik Deutschland**" aus. Seine Parole lautete: „Alle Macht den Arbeiter- und Soldatenräten!" Zwei Tage später ging Wilhelm II. nach Holland ins Exil und dankte am 20.11.1918 offiziell als preußischer König und deutscher Kaiser ab.

Problematisch war, dass im November 1918 eine Staatsform, die konstitutionelle Monarchie, praktisch von einer konträren, der parlamentarischen Republik, abgelöst wurde. Die neue Staatsform und die neue Regierungsform waren deshalb vielen suspekt und wurden von weiten Kreisen der Bevölkerung als „undeutsch" abgelehnt.

Die „Novemberrevolution" war **keine wirkliche Revolution**, da ihr die wesentlichen Charakteristika einer klassischen Revolution fehlten: Sie ging nicht vom Volk aus, es gab keine erheblichen sozialen und politischen Spannungen und keine konkurrierende Ideologie. Es gab vor allem keine wirklich tief greifenden Veränderungen. Die tragenden Säulen des Kaiserreichs (Militär, Verwaltung, Justiz) konnten sich ihre Bedeutung erhalten.

Die Bewertung:

Obwohl sich die Bezeichnung „Novemberrevolution" eingebürgert hat, können die **Ereignisse des Novembers 1918** nicht als Revolution bezeichnet werden. Vergleicht man sie mit den beiden klassischen Revolutionen, der Französischen (1789) und der russischen Oktoberrevolution (1917), so hat es sich aus folgenden Gründen **nicht** um eine **wirkliche Revolution** gehandelt: Es gab keine konkurrierende Ideologie als geistig-politisches Ziel, die „Revolution" ging nicht vom Volk aus; soziale und politische Spannungen spielten als Auslöser keine Rolle; die „Revolution" war ein Zufallsprodukt; eine tief greifende Veränderung des gesellschaftspolitischen Systems wurde nur von einer kleinen Gruppe Linksradikaler gefordert; die Säulen der Monarchie (Militär, Verwaltung, Justiz) konnten ihre wichtige Funktion auch in der Weimarer Republik erhalten; die Inhaber der politischen Macht in der Anfangszeit der Weimarer Republik, vor allem die SPD, waren an einer wirklichen Revolution nicht interessiert.

Die chronologische Struktur der Weimarer Republik

Für die Weimarer Republik gibt es keine eindeutige Datierung. Allgemein werden der 9. November 1918 (Sturz der Monarchie) und der 30. Januar 1933 (Hitler wird Reichskanzler) genommen.

Die Weimarer Republik lässt sich in **drei Phasen** einteilen:

- 1918/19 bis Ende 1923: permanente Gefährdung der Republik
- Anfang 1924 bis Ende 1929 waren aufgrund der positiven Entwicklung die „ruhigen Jahre" bzw. die „Goldenen Zwanziger".
- In den Jahren 1929 bis 1933 vollzog sich der Niedergang der ersten deutschen Republik.

Für Anfang und Ende der Weimarer Republik gibt es eine Reihe von Daten, aber keine eindeutige Datierung. Deshalb nimmt man gewöhnlich die markantesten Zäsurdaten, nämlich den 9. November 1918 (Ende der Monarchie) und den 30. Januar 1933 (Hitler wird Reichskanzler). Die **Weimarer Republik** lässt sich in **drei Phasen** einteilen:

1. Phase: 1918/19–Ende 1923. In dieser Zeit war die junge Republik permanent gefährdet durch bürgerkriegsähnliche Zustände, linke und rechte Putschversuche (z.B. Kapp-Putsch → S. 161, Hitler-Putsch → S. 164), Räterepubliken (→ S. 160), Ruhrkampf (→ S. 163), Separatismus (→ S. 163) und Inflation (→ S. 163).

2. Phase: Anfang 1924–Ende 1929: Aufgrund der positiven Entwicklung in Innen- und Außenpolitik, Wirtschaft, Sozialpolitik, Technik, Wissenschaft, Kunst und Kultur werden diese Jahre als die „ruhigen Jahre" Weimars (oder als die „Goldenen Zwanziger") bezeichnet.

3. Phase: Ende 1929–30.1.1933 (Beginn der Weltwirtschaftskrise bis zur „Machtüberlassung"): Charakteristisch sind die Verschlechterung der innenpolitischen Verhältnisse, das Erstarken des politischen Radikalismus, der „Bürgerkrieg in Permanenz" und die Auflösung des parlamentarischen Systems.

Etablierung der Weimarer Republik

Der Rat der Volksbeauftragten

Mit der Abdankung des Kaisers sah die Parteiführung der SPD die Revolution als beendet an; sie war im Gegensatz zu ihren radikalen Genossen (USPD, Spartakusbund) mit dem Erreichten zufrieden. An die Schaffung einer sozialistischen Räterepublik dachte in der SPD niemand. Am **10. November** wählten die Berliner Arbeiter- und Soldatenräte die **neue republikanische Regierung**, den **Rat der Volksbeauftragten** und als deren Kontrollorgan den aus Arbeiter- und Soldatenräten paritätisch gebildeten Vollzugsrat. Der Rat der Volksbeauftragten bestand aus je drei Vertretern der SPD und der USPD (➔ S. 133) und war von Anfang an aufgrund der konträren Ziele seiner Mitglieder zum Scheitern verurteilt. Die SPD-Mitglieder wollten Ruhe, Ordnung, Demokratie und dafür als Grundlage eine neue Verfassung. Die USPD sah ihre Hauptziele in der Fortführung der Revolution und der Errichtung einer sozialistischen Räterepublik.
Die Spannungen zwischen SPD und USPD traten auf der **Reichskonferenz der Arbeiter- und Soldatenräte** (Berlin, 16.–19.12.1918) offen zu Tage. Die radikalen Delegierten warfen den gemäßigten der SPD vor, sie paktierten mit den Befehlshabern der heimgekehrten Fronttruppen und sabotierten bewusst die Revolution durch dieses verräterische Bündnis und durch ihr Eintreten für eine verfassunggebende Nationalversammlung. Tatsächlich hatte Ebert als der führende Mann der SPD bereits am 10. November einen „Pakt mit den alten Mächten“ (➔ S. 141) geschlossen.
Nach erbitterten Debatten übertrug schließlich die Reichskonferenz mit 400 gegen 50 Stimmen die exekutive und legislative Macht bis zur Wahl einer verfassunggebenden Nationalversammlung am 19.1.1919 dem Rat der Volksbeauftragten. Damit war die **Entscheidung für die Demokratie** und **gegen ein Rätesystem** gefallen. Da die USPD-Mitglieder Ende Dezember aus Protest aus dem Rat der Volksbeauftragten austraten, lag die gesamte Macht nun in den Händen der SPD.

10.11.1918:
Die Berliner Arbeiter- und Soldatenräte wählten die **provisorische Regierung, den Rat der Volksbeauftragten**, bestehend aus drei USPD- und drei SPD-Mitgliedern.
Er war von Anfang an zerstritten. Die SPD wollte eine Demokratie, die USPD eine sozialistische Räterepublik.

Der **Reichskongress der Arbeiter- und Soldatenräte** traf im Dezember 1918 folgende Entscheidungen:
- Demokratie statt Räterepublik
- Der Rat der Volksbeauftragten erhält die exekutive und judikative Macht bis zur Wahl einer verfassunggebenden Nationalversammlung am 19.1.1919.

Der „Pakt mit den alten Mächten“

Am 10. November schloss Ebert mit General Groener (Chef der Obersten Heeresleitung) ein zeitlich begrenztes Zweckbündnis zwischen SPD und Militär, das für die weitere Entwicklung der Weimarer Republik große Bedeutung erhielt (**„Pakt mit den alten Mächten“**). Beide Seiten verfolgten mit dieser „Vernunftehe“ ihre eigenen Ziele: **Ebert** wollte mit Hilfe der alten Mächte (Militär, Verwaltung, Justiz) die junge Republik stabilisieren und Ruhe und Ordnung **als Grundvoraussetzungen des Neuaufbaus** erreichen; **Groener** wollte russische Verhältnisse verhindern und **Macht und Einfluss des Militärs** auch im neuen Staat **sichern.** Entscheidend war, dass auf Seiten der Militärs von einem Bekenntnis zum neuen Staat oder gar von Loyalität ihm gegenüber nie die Rede

10.11.1918:
Ebert und Groener schlossen einen Pakt („Ebert-Groener-Pakt“, „Pakt mit den alten Mächten“). Ebert wollte **mit Hilfe des Militärs einen geordneten Neuaufbau** erreichen, das Militär wollte russische Verhältnisse verhindern und seine Macht im Staat erhalten.

war. Auch die Einstellung der hohen Beamtenschaft und der Justiz zu dem von der SPD bestimmten Staat war geprägt von einer geringschätzigen Loyalität.
Am 15.11.1918 schlossen Arbeitgeber und Gewerkschaften den nach den Unterhändlern benannten **Stinnes-Legien-Pakt.** Er ermöglichte der SPD eine ausgeprägte Sozialpolitik und garantierte den Arbeitgebern einen geregelten Produktionsablauf und Sicherheit vor sozialistischen Veränderungen.
Dieses von weiten Teilen der SPD-Wählerschaft misstrauisch oder ablehnend betrachtete Bündnis hatte jedoch große langfristige Auswirkungen: Die SPD verschaffte sich die Voraussetzungen für die Durchsetzung ihrer gemäßigten Politik, die Spannungen zwischen den linken Parteien bzw. Gruppierungen (SPD, USPD, Spartakus bzw. KPD) verstärkten sich, die USPD wurde nach links in den Radikalismus abgedrängt und schließlich zwischen KPD und SPD zerrieben und die SPD verlor vor allem durch den Einsatz des Militärs gegen linksrevolutionäre Gruppen Teile ihrer Parteibasis.

Angesichts der zahlreichen und schwierigen Aufgaben, die der Rat der Volksbeauftragten zu bewältigen hatte, gab es keine Alternative zum „Pakt mit den alten Mächten".

Oft ist der Pakt als *der* Ausgangspunkt und *die* Ursache des „Unglücks" (= Scheitern der ersten deutschen Demokratie) bewertet worden. Diese **Bewertung des Pakts** muss jedoch angesichts der Alternative einer sozialistischen Räterepublik und der Würdigung der Gesamtsituation revidiert werden. Vor allem wäre die Bewältigung der vielfältigen, schwierigen Aufgaben, mit denen sich der Rat der Volksbeauftragten konfrontiert sah (Rückführung der Truppen, Wiedereingliederung der Soldaten, Umstellung von Kriegs- auf Friedenswirtschaft, Eindämmung des Radikalismus etc.), ohne die alten Mächte nicht möglich gewesen.

Demokratie oder Räterepublik?

Den **Berliner Matrosenaufstand (23./24.12.1918)** schlug das Militär im Auftrag der Regierung blutig nieder.

Obwohl die Mehrheit der Arbeiter- und Soldatenräte, die sich in fast allen Großstädten gebildet hatten, aus gemäßigten Sozialdemokraten bestanden, gab es immer wieder Unruhen und revolutionäre Putschversuche. Anfang Dezember 1918 kam es zu blutigen Zusammenstößen verschiedener politischer Gruppen in Berlin, in die das Militär eingriff. Deshalb kritisierten Linksradikale und viele SPD-Mitglieder den Ebert-Groener-Pakt heftig. Am 23./24. Dezember stellten Matrosen einer in Berlin stationierten Volksmarinedivision die Regierung wegen ausstehender Löhnung unter Arrest (**Berliner Matrosenaufstand**). Der Aufstand wurde nach einer Woche durch das rigorose Vorgehen des Militärs gegen die verhassten „Roten" beendet.

Anfang Januar 1919 versuchten Spartakisten in Berlin durch einen Aufstand eine Räterepublik zu erzwingen **(Spartakusaufstand).**

Am 5.1.1919 initiierte der linksradikale Spartakusbund aus Enttäuschung über den evolutionären Kurs der SDP einen Aufstand in Berlin (**Spartakusaufstand**). In der Reichshauptstadt tobten blutige Straßenkämpfe zwischen Linksradikalen und Regierungs- und **Freikorpstruppen**. Diese schlugen den Aufstand innerhalb von einer Woche brutal nieder und „säuberten" Berlin. Dabei **ermordeten** sie die führenden Sozialisten Karl **Liebknecht und** Rosa **Luxemburg.**

Die rigorose Niederschlagung des Aufstands und vor allem die Ermordung der beiden Spartakusführer löste Aufstände der Spartakisten in Bremen, Hamburg, Wilhelmshaven, Düsseldorf, Essen, Leipzig, Halle und anderen Städten aus. In Bremen, Baden, Braunschweig, Bayern und im Vogtland (Sachsen) wurden Räterepubliken ausgerufen. Aufstände und Räterepubliken gingen ausnahmslos im Feuer des Militärs unter. Dadurch verstärkte sich die Erregung der Arbeiterschaft, die die Schuld an diesem Blutbad der SPD zuschob. Der Rätegedanke erhielt vorübergehend neuen Auftrieb und kurze Zeit drohte ein gemeinsames Vorgehen der Spartakisten und der USPD. Dieser Linksrutsch der Arbeiterschaft konnte jedoch die wenige Tage später stattfindenden Wahlen für eine verfassunggebende Nationalversammlung nicht verhindern.

Militär und Freikorpstruppen schlugen den Aufstand brutal nieder und ermordeten die Führer des Spartakusbundes **Rosa Luxemburg und Karl Liebknecht**.

Als Folge entstanden in vielen Großstädten Spartakusaufstände und Räterepubliken wurden ausgerufen. Sie wurden vom Militär rigoros beendet.

Die verfassunggebende Nationalversammlung

In den Wahlen vom 19.1.1919 setzten sich die staatstragenden Parteien SPD, Zentrum und DDP (**Weimarer Koalition**) mit **76,1%** der Stimmen durch. Dieses Ergebnis vermittelt den Eindruck, dass die große Mehrheit des deutschen Volkes eine demokratische Entwicklung bevorzugte. Eine derartige oberflächliche Betrachtung muss jedoch aus zwei Gründen korrigiert werden: 1. Die (neu gegründete) KPD hatte ihren Mitgliedern den Boykott der Wahlen empfohlen und taucht deshalb in der Statistik gar nicht auf. 2. Die Angst vor revolutionären Veränderungen veranlasste das im Grunde monarchische, antidemokratische Bürgertum das im Augenblick kleinere Übel der Demokratie zu wählen. Auf keinen Fall lassen sich die Erfolge der bürgerlichen Parteien aus einer grundsätzlich bejahenden Einstellung ihrer Wähler zum Staat erklären. Bereits in der Reichstagswahl des folgenden Jahres (20. Juni) erreichte die Weimarer Koalition nur noch 43,6%. Während die bürgerlichen Schichten 1919 aus Angst vor der Revolution und „russischen Verhältnissen" die Koalition gewählt hatten, wählten sie nun nach der Abwendung der Gefahr entsprechend ihrer eigentlichen Einstellung und Überzeugung antidemokratisch.

Am 19.1.1919 erhielt die **„Weimarer Koalition"** (SPD, Zentrum, DDP) 76,1% aller Stimmen. Das Ergebnis täuscht, denn das antidemokratische Bürgertum hatte Angst vor „russischen Verhältnissen" und wählte deshalb das kleinere Übel. 1920 erhielten die drei staatstragenden Parteien nur noch 43,6%.

Am **6. Februar 1919** wurde die **Deutsche Nationalversammlung in Weimar** eröffnet. Für den Versammlungsort, der der ganzen Epoche den Namen gab, lassen sich zwei Begründungen anführen: Der offiziellen Version zufolge wurde der Ort gewählt, um an die geistige Tradition Deutschlands (Goethe, Schiller, Wieland, Herder) anzuknüpfen. Der inoffizielle, jedoch eigentliche Grund ist darin zu sehen, dass man der brodelnden, revolutionären Stimmung in Berlin entfliehen wollte, um „auf dem Lande" in aller Ruhe die Grundlagen des neuen Staates zu legen.

Weimar wurde als **Tagungsort** gewählt, um an die geistige Tradition Deutschlands anzuknüpfen, vor allem aber, weil die „Provinz" ruhig war.

Die Nationalversammlung traf durch das **„Gesetz über die vorläufige Reichsgewalt"** vom 10. Februar folgende wichtige Entscheidungen: Ein Reichspräsident soll sofort gewählt werden, der eine parlamentarische Regierung beruft; die Nationalversammlung hat die Aufgabe, eine Verfassung zu schaffen und dringende Gesetze, z.B. Annahme oder Ablehnung des Versailler Vertrags) zu erlassen.

Mit dem **„Gesetz über die vorläufige Reichsgewalt"** (10.2.1919) bestimmte die Nationalversammlung:
- sofortige Wahl des Reichspräsidenten, der eine parlamentarische Regierung beruft
- Konzipierung einer Verfassung
- Verabschiedung dringender Gesetze

Die Wahl Eberts zum Reichspräsidenten

11.2.1919: Wahl Friedrich Eberts (SPD) zum Reichspräsidenten, der **Philipp Scheidemann** (SPD) als Reichskanzler einsetzte.

Ebert war der entscheidende Mann der ersten Monate. Später führte er sein Amt mit Distanz.

Am folgenden Tag (11.2.) wurde Friedrich **Ebert (SPD)** mit 277 von 379 Stimmen (ca. 73%) zum **Reichspräsidenten** gewählt. Zwei Tage später berief er eine Reichsregierung, die aus Mitgliedern der Weimarer Koalition bestand. **Reichskanzler** wurde Philipp **Scheidemann** (SPD). Die Weimarer Koalition, die 17 Monate lang eine Dreiviertelmehrheit in der Nationalversammlung hatte, traf wesentliche Entscheidungen und prägte vor allem die Verfassung.
Der „Pakt mit den alten Mächten" und die Einsetzung der neuen Regierung machen Eberts großen Einfluss in den Anfangsjahren der Weimarer Republik deutlich. Nachdem sich die junge Republik zu Beginn der 20er-Jahre stabilisierte, hielt sich Ebert immer mehr aus der Tagespolitik heraus und führte sein Amt mit einer gewissen Distanz. Die Fachliteratur unterstreicht seine hervorragenden Leistungen bei der Erhaltung der Reichseinheit und der Errichtung einer verfassungsmäßigen sozialen Demokratie.

Die Verfassung

Die Verfassung

Probleme der Konzipierung: Ausfall der monarchischen Spitze, Neuverteilung der politischen Macht, fehlende demokratische Entwicklung in Deutschland und aktuelle Probleme.

Probleme der Konzipierung

Die Erarbeitung der Verfassung vollzog sich unter großem Zeitdruck, da gleichzeitig die Verhandlungen über den Versailler Vertrag liefen und **zahlreiche Probleme** zu berücksichtigen waren. Dazu gehörten vor allem der Ausfall der monarchischen Spitze und die sich daraus ergebende Frage der Neuverteilung wichtiger staatlicher Kompetenzen bzw. der politischen Macht allgemein, die fehlende demokratische Entwicklung in Deutschland und aktuelle Probleme wie z.B. Radikalismus, Wahlgesetzgebung, Rolle der Parteien, Verhältnis Länder – Reich.

Die wesentlichen Bereiche der Weimarer Reichsverfassung:
- **Volk**: souverän; wählt Reichstag, Reichsrat, Reichspräsident, ist an Gesetzgebung beteiligt (Volksentscheide)
- **Reich und Länder**: Die Länder müssen Kompetenzverlust zugunsten des Reichs (der Zentralmacht) akzeptieren.

Die wesentlichen Elemente der Weimarer Reichsverfassung

Die am 31. Juli 1919 von der Nationalversammlung angenommene und am 14. August in Kraft getretene Verfassung gliedert sich in zwei Hauptteile, von denen der erste den Aufbau und die Aufgaben des Reichs (Art. 1–108), der zweite die Grundrechte und Grundpflichten der Deutschen (Art. 109–165) regelte.
Folgende Bereiche bzw. Bestimmungen der Verfassung spielten für die Entwicklung der Weimarer Republik eine große Rolle:

- Das **Volk** ist der **Inhaber der Souveränität**; sein Wille wird durch den Reichstag verkörpert. Es wählt den Reichstag und den Reichsrat sowie den Reichspräsidenten direkt und kann durch Volksentscheide (Plebiszite) an der Legislative mitwirken. Das Volk hat insgesamt eine außerordentlich große politische Bedeutung.

- **Reich und Länder:** Aus den Staaten des Kaiserreichs werden **Länder**, was einen **Souveränitätsverlust** mit sich bringt: Sie behalten zwar eigene Regierungen und Landtage, doch zieht das Reich, die Zentralgewalt, wichtige Bereiche an sich; Reichsrecht bricht Landesrecht; die Interessenvertretung der Länder ist der Reichsrat.
- Der **Reichspräsident** ist als Staatsoberhaupt höchster Repräsentant des Staates, seine Amtszeit beträgt 7 Jahre und er ist beliebig oft wieder wählbar; er ernennt und entlässt die Regierung (Art. 53), kann den Reichstag auflösen (Art. 25) und ist militärischer Oberbefehlshaber; die wichtigsten Rechte gab ihm der Art. 48, nämlich die exekutive und judikative Gewalt bei einem außerordentlichen Notstand, die Diktaturgewalt (Diktator auf Zeit), das Recht der Reichsexekution (Vorgehen gegen ein Land mit militärischer Gewalt) und das Recht, Notverordnungen zu erlassen „zur Wiederherstellung der öffentlichen Sicherheit und Ordnung". Damit war er auch an der Legislative beteiligt. Aufgrund seiner überragenden Machtfülle hat er die **Position eines „Ersatzkaisers"**.
- **Parteien, Wahlrecht:** Parteien sind in der Verfassung nicht verankert. Das Wahlrecht ist allgemein, gleich, geheim und direkt. Es ist ein **reines Verhältniswahlrecht** ohne Sperrklauseln, das also kleine Parteien begünstigt.
- Der **Reichstag** ist das zentrale Organ der Republik, hat die **Gesetzesinitiative**, kontrolliert die Regierung über das einfache Misstrauensvotum und entscheidet über Krieg und Frieden. Er hat eine starke Stellung.
- Der **Reichsrat** hat nur eine **schwache Mitwirkung an der Legislative** (suspensives Veto → S. 90) und deshalb eine geringe Bedeutung.
- Die **Reichsregierung** hat – verglichen mit heute – eine **schwache Position**, da sie von Reichspräsident und Reichstag und damit doppelt abhängig ist.
- Die **Grundrechte** sind **schwächer als heute**, da sie nicht vorstaatlich sind. In Weimar galt: Grundrechte nach Maßgabe der Gesetze, heute gilt: Gesetze nach Maßgabe der Grundrechte.

- **Reichspräsident**: Repräsentant des Staates, beliebig oft wählbar, ernennt und entlässt die Regierung, kann den Reichstag auflösen und hat über Art. 48 (Notstand) umfassende Rechte in Krisenzeiten (exekutive und legislative Gewalt = Diktaturgewalt, Reichsexekutionsrecht). Seine Machtfülle macht ihn zum „Ersatzkaiser".
- **Wahlrecht**: allgemein, gleich, geheim, direkt; reines Verhältniswahlrecht
- **Reichstag**: zentrales Organ, Gesetzesinitiative, kontrolliert die Regierung (Misstrauensvotum)
- **Reichsrat**: schwache Mitwirkung an der Legislative (suspensives Veto)
- **Reichsregierung**: doppelt abhängig (Reichstag, Reichspräsident), vergleichsweise schwach
- **Grundrechte**: Ihre Stellung war schwächer als heute, da sie nicht vorstaatlich waren.

Probleme und Defizite der Verfassung

Die Verfassung hatte eine Reihe von **strukturellen Mängeln** und **Defiziten**, die sich in Krisenzeiten negativ auswirkten. Dazu gehörten: Die Spaltung der Legislative (Reichstag, Reichsrat, Reichspräsident, Volk), die zu starke Stellung des Reichspräsidenten, ein fehlender Verfassungsschutz, der nicht vorhandene Schutz der Parteien, die schwache Stellung der Regierung, das reine Verhältniswahlrecht, das zu einer Zersplitterung des Reichstags und zu instabilen Regierungskoalitionen führte, sowie die zu starke Beteiligung des Volkes am politischen Prozess.

Probleme und Defizite der Verfassung: Spaltung der Legislative, überragende Machtposition des Reichspräsidenten, fehlender Verfassungsschutz, schwache Stellung der Parteien und der Regierung, reines Verhältniswahlrecht.

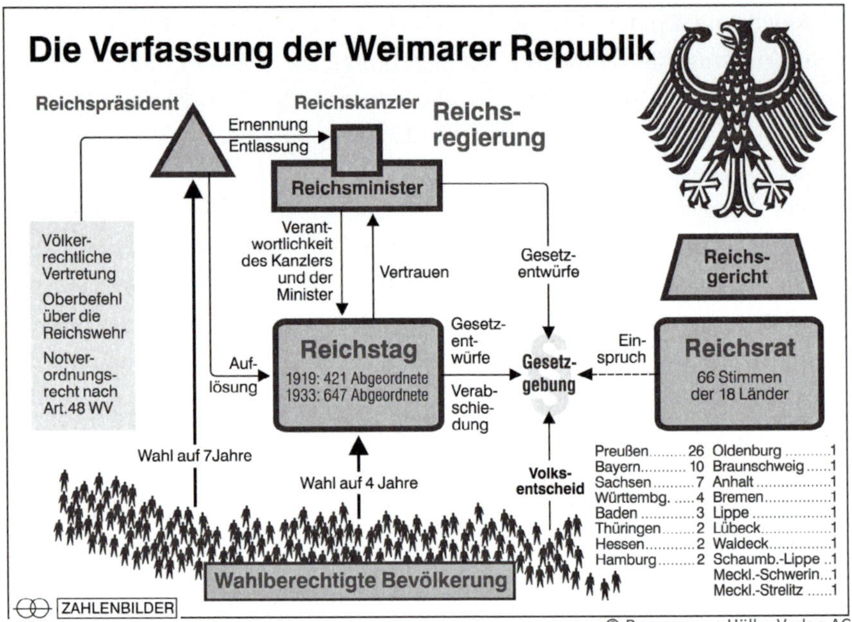

Bewertung: Strukturelle Fehler sind deutlich. Die Verfassung war zwar sehr liberal, aber Krisenzeiten nicht angepasst. Trotzdem war sie nicht die wesentliche Ursache für den Untergang Weimars.

Die Bewertung der Weimarer Reichsverfassung

Die Verfassung war ein **Kompromiss mit Widersprüchen und Konstruktionsfehlern**. Sie wird deshalb oft als eine wesentliche Ursache des Scheiterns der ersten deutschen Demokratie angesehen. Diese Bewertung ist jedoch unzutreffend. Sie war die liberalste Verfassung ihrer Zeit, was vor allem Grundrechte, arbeits- und wirtschaftliche Bestimmungen betraf. Entscheidend waren jedoch folgende Gründe: Die Mehrheit der Deutschen war demokratieunwillig; die junge Demokratie war ungerechterweise mit dem Makel der Niederlage und des Versailler Vertrags belastet; verfassungsunabhängige Probleme und Krisen gaben dem Reichspräsidenten immer mehr Macht. Unabhängig davon sind jedoch die strukturellen Schwächen unübersehbar, die dazu führten, dass der Ausnahmefall zum Normalfall wurde (→ S. 185).

Parteien, Reichswehr, paramilitärische Organisationen

Die Parteien der Weimarer Republik

Die **Parteienlandschaft** der Weimarer Republik war aufgrund des reinen Verhältniswahlrechts **sehr groß**.

Auch für die Parteien bedeutete der November 1918 keine wirkliche Zäsur. Die wichtigsten blieben bestehen oder änderten nur ihren Namen. Deshalb ist die **Kontinuität zwischen Kaiserreich und Weimarer Republik** auch hier **auffallend**. Sie waren entweder Befürworter der demokratischen Republik oder erklärte Gegner. Allerdings begünstigten das reine Verhältniswahlrecht und fehlende Sperrklauseln die Entstehung kleiner Parteien und damit eine **große Parteienlandschaft**. Die wichtigsten Parteien:

- Die **Kommunistische Partei Deutschlands** (KPD): Sie war eine reine Klassenpartei, völlig von Moskau abhängig; sie strebte folgende Ziele an: Weltrevolution, Diktatur des Proletariats, Räterepublik. Die KPD war staatsfeindlich, aber außer in Krisenzeiten keine unmittelbare Gefahr für Weimar.
- Die **Sozialdemokratische Partei Deutschlands** (SPD): Der stärkste Machtfaktor der Weimarer Republik war überwiegend eine Arbeiterpartei. Sie hatte als übergeordnete Ziele die Errichtung und Stabilisierung einer demokratischen Republik und Reformpolitik statt Revolution.
- Die **Deutsche Demokratische Partei** (DDP) vertrat das liberale Bürgertum. Als staatsbejahende Verfassungspartei gehörte sie der Weimarer Koalition an. Aufgrund ihres kontinuierlichen Wählerverlusts wurde sie in der Endphase Weimars bedeutungslos.
- Das **Zentrum** (Z) war die politische Interessenvertretung des Katholizismus. Christlich orientierte Wähler aus allen Schichten machten sie zur stabilsten staatstragenden Partei Weimars. Sie war an allen Regierungen zwischen 1919 und 1932 beteiligt und stellte 9 der 20 Reichskanzler.
- Die **Bayerische Volkspartei** (BVP) war eine sehr konservative katholische Landespartei. Sie betonte die Eigenständigkeit Bayerns, lehnte die Republik ab, war antigewerkschaftlich und antipreußisch.
- Die **Deutsche Volkspartei** (DVP) vertrat das Besitzbürgertum. Sie hatte als Ziele den machtvollen Staat, eine starke nationale Außenpolitik und die Volksgemeinschaft. Unter ihrem Vorsitzenden Stresemann (bis 1929 → S. 174) war sie überwiegend staatstragend, danach zerfiel sie rasch.
- Die **Deutschnationale Volkspartei** (DNVP): Sammlungspartei rechtsstehender, preußisch-monarchischer Gruppierungen, die von ostdeutschen Großagrariern und westdeutschen Industriellen bestimmt wurde. Sie war nationalistisch, strikt staatsablehnend und forderte Großmachtpolitik.
- Die **Nationalsozialistische Deutsche Arbeiterpartei** (NSDAP): Ihre Wähler kamen aus allen Schichten des Volkes, jedoch überwiegend aus dem Mittel- und Kleinbürgertum. Sie hatte extreme Ziele: totale Umstrukturierung des Staates, Schaffung eines neuen deutschen Reichs, Revidierung der Ergebnisse des verlorenen Kriegs. Die extrem staatsablehnende Partei war bis zum Ausbruch der Weltwirtschaftskrise relativ unbedeutend, wurde in der Endphase Weimars aber zur stärksten Partei (→ S. 190 f.).

Die Parteien waren entweder staatstragend oder staatsablehnend.

KPD: reine Klassenpartei (Arbeiterklasse); Ziele: Revolution, Räterepublik, Diktatur des Proletariats; staatsfeindlich

SPD: überwiegend Arbeiterpartei; Ziele: Demokratische Republik, Reform statt Revolution; staatstragend, stärkster Machtfaktor in der Anfangsphase

DDP: Partei des liberalen Bürgertums; staatstragend, kontinuierlicher Wählerverlust bis zur Bedeutungslosigkeit

Zentrum: politische Interessenvertretung des Katholizismus; staatstragend, stabilste Partei

BVP: katholische Landespartei; Charakteristika: Eigenständigkeit Bayerns, überwiegend staatsablehnend

DVP: Partei des Besitzbürgertums; Ziele: machtvoller Staat, starke Außenpolitik, Volksgemeinschaft; unter Stresemann (bis 1929) überwiegend staatstragend

DNVP: Sammlungspartei rechter Gruppierungen; nationalistisch, strikt staatsablehnend

Die **NSDAP** vertrat aggressiv extreme Ziele: völlige Umformung des Staats, Schaffung eines neuen deutschen Reichs, Revidierung der Ergebnisse des Kriegs; extrem staatsablehnend; bis 1930 bedeutungslos, wurde danach stärkste Partei

Die Reichswehr

Reichswehr: Hauptziel: Erhalt der Macht; geringschätzige Loyalität gegenüber dem neuen Staat; der „Staat im Staat" war ein Unsicherheitsfaktor und in Krisenzeiten eher destabilisierend

In der Anfangszeit der Weimarer Republik sah die monarchisch-konservative Reichswehrführung ihr **Hauptziel** darin, das Offizierskorps und die Berufssoldaten, das „wertvolle preußische Material", in die Zukunft zu retten und die **Bedeutung des Militärs im neuen Staat** zu **erhalten**. Sie gab sich betont unpolitisch, legte aber eine geringschätzige Loyalität gegenüber der Republik an den Tag. Sie war als **entscheidender Machtfaktor** von Anfang an ein **„Staat im Staat"**. Gegen rechte Kräfte ließ sie sich nicht einsetzen, gegen linke ging sie rabiat und brutal vor (→ S. 161). Sie blieb bis zum Ende Weimars ein **Unsicherheitsfaktor**, ein in Krisenzeiten eher destabilisierendes Element. 1933 ließ sie sich, von wenigen Ausnahmen abgesehen, widerstandslos von Hitler vereinnahmen.

Paramilitärische Organisationen

Paramilitärische Organsationen:
- **Roter Frontkämpferbund**: Kampftruppe der KPD
- **Reichsbanner Schwarz-Rot-Gold**: Instrument der staatstragenden Parteien
- **Stahlhelm**: Sammelbecken des militanten Nationalismus
- **Sturmabteilung**: rechtsradikale, extrem gewaltbereite Kampftruppe der NSDAP
- **Freikorps**: extrem nationalistische, ehemalige Berufssoldaten; beteiligten sich bis zur Auflösung (1920) im Auftrag der Regierungen an der Niederschlagung linksradikaler Bewegungen; wurden nach 1920 zum Kader rechts-extremistischer Organisationen
- **Tarn- und Geheimorganisationen**: extrem staatsablehnend; verübten zahlreiche politische Morde

Neben den Parteien entwickelten sich zahlreiche paramilitärische Organisationen (konservative Bünde, Geheimorganisationen und Verbände), die das gesellschaftspolitische Leben vor allem in Krisenzeiten maßgeblich mitbestimmten. Sie waren mit Ausnahme des Reichsbanners Schwarz-Rot-Gold und des Roten Frontkämpferbunds konservativ, nationalistisch und strikt staatsablehnend. Ihr Hauptziel bestand in der Beseitigung des Parteienstaats und in der Errichtung einer militärisch-autoritären Gesellschaft.

Der **Rote Frontkämpferbund** war die linksradikale Kampftruppe der KPD und vertrat deren Ziele auch mit Brachialgewalt. Das offiziell überparteiliche **Reichsbanner Schwarz-Rot-Gold** verstand sich als Instrument der staatstragenden Parteien. Der **Stahlhelm** („Bund der unbesiegt heimgekehrten Frontsoldaten") stand der DNVP nahe und war das Sammelbecken der militanten Nationalisten. Nach 1939 arbeitete er eng mit der NSDAP zusammen. Die **Sturmabteilung** (SA) war die rechtsradikale, extrem gewaltbereite Kampftruppe der NSDAP (→ S. 190).

Die ca. 150 **Freikorps** (mit ca. 400 000 Mann) waren Freiwilligenverbände extrem nationalistischer ehemaliger Front- und Berufssoldaten. In der Anfangsphase Weimars übernahmen sie mit staatlicher Duldung den Schutz der deutschen Ostgrenzen und (zusammen mit dem Militär) die Bekämpfung linksradikaler Bewegungen (→ S. 142). Nach ihrer Auflösung 1920 bildeten sie die Kader für die militaristischen und faschistischen Organisationen.

Rechtsextremistische **Tarn- und Geheimorganisationen** führten im Untergrund einen „Krieg" gegen die „Judenrepublik". Der berüchtigste Zusammenschluss war die „Organisation Consul" (O.C.). Ihre ca. 5 000 Mitglieder vertraten extrem staatsfeindliche Ziele und verübten in der Anfangsphase zahlreiche politische Morde.

Der Weg zur Republik

Die Staatsform des Deutschen Reichs veränderte sich im Verlauf des Kriegs. Im **August 1916** entmachteten die Militärs Wilhelm II. Militärische und politische Entscheidungen traf nun die Oberste Heeresleitung unter den Generälen Hindenburg und Ludendorff. Damit wurde **aus der konstitutionellen Monarchie**, die rein äußerlich weiter existierte, de facto eine **Militärdiktatur**.

Angesichts der prekären Situation an der Front und in der Heimat zerfiel der Burgfrieden und eine **breite Friedensdiskussion** entstand 1916. Im folgenden Jahr forderten die Fraktionen von SPD, Zentrum und der Fortschrittlichen Volkspartei einen Verständigungsfrieden.

Im Sommer 1918 zeichnete sich die militärische Niederlage ab. **Hindenburg** und **Ludendorff verordneten** deshalb eine **demokratische Regierung**, die einen Waffenstillstand erreichen sollte. Damit wollte die OHL die Verantwortung für den verlorenen Krieg auf die Parteien bzw. die Demokratie abwälzen.

Die zur „Machtübernahme befohlenen Parteien" bildeten unter **Prinz Max von Baden** eine **Regierung**, die, gemessen an ihrer kurzen Amtszeit, erstaunlich viel erreichte („Oktoberverfassung", Waffenstillstand). Das **Deutsche Reich** war nun eine **parlamentarische Monarchie**.

Da der Bevölkerung die Entwicklung von der konstitutionellen zur parlamentarischen Monarchie nicht wirklich bewusst wurde, konnte **kein Demokratisierungsprozess** einsetzen. Die Parteien versäumten es zudem, die Bedeutung des Kaisers und der Militärs für die militärische und gesellschaftliche Misere deutlich zu machen. Deshalb wurden Republik und Demokratie zu Unrecht mit dem Vorwurf des verlorenen Kriegs belastet.

Die Novemberrevolution begann mit der **Meuterei** der Matrosen Ende Oktober 1918 und richtete sich zunächst gegen den sinnlosen „Leistungsnachweis", der im Kampf gegen die britische Flotte wenige Tage vor Kriegsende erbracht werden sollte. Die Meuterei breitete sich in den ersten Novembertagen über ganz Deutschland aus und wurde **am 4. November politisch**. Die halsstarrige Haltung Wilhelms II. führte am **9. November** zum unbeabsichtigten **Sturz der Monarchie** und zur **Ausrufung der Republik** durch Philipp Scheidemann (SPD), der eine sozialistische Republik verhindern wollte.

Die Ereignisse vom **November 1918** waren **keine Revolution** im klassischen Sinne, denn es kam trotz Abschaffung der Monarchie zu keinen tief greifenden gesellschaftspolitischen Veränderungen. Die tragenden „Säulen" des Kaiserreichs (Verwaltung, Justiz, Militär) konnten ihre Bedeutung auch in der Republik erhalten. Sie blieben monarchisch gesinnt, standen dem neuen System ablehnend gegenüber und waren, wie die Mehrheit der Bevölkerung, antidemokratisch.

Die Weimarer Republik

Der **Rat der Volksbeauftragten** wurde von den Berliner Arbeiter- und Soldatenräten am 10. November 1918 gewählt und Mitte Dezember von der Reichskonferenz der Arbeiter- und Soldatenräte bestätigt. Er bestand aus je drei SPD- und USPD-Mitgliedern und war die **provisorische Regierung** bis zur Wahl einer verfassunggebenden Nationalversammlung am 19. Januar 1919. Er zerbrach bereits Ende Dezember an den konträren Zielen der beiden Arbeiterparteien (SPD: Ruhe, Ordnung, Demokratie; USPD: Fortsetzung der Revolution, Räterepublik) und an dem Ebert-Groener-Pakt (= „Pakt mit den alten Mächten").

Der **„Pakt mit den alten Mächten"** (Militär, Verwaltung, Justiz) bedeutete ein beiderseitiges **„Zweckbündnis auf Zeit"**. Es ermöglichte der SPD die Durchsetzung ihrer gemäßigten, evolutionären Politik und den „alten Mächten" den Erhalt ihrer gesellschaftspolitischen Bedeutung. Zu dem Pakt, der von der USPD heftig kritisiert und auch in der SPD umstritten war, gab es angesichts der vielfältigen und komplexen Nachkriegsprobleme keine Alternative.

Der **Reichskongress der Arbeiter- und Soldatenräte** traf **Mitte Dezember 1918** in Berlin **grundlegende Entscheidungen**: Er bestätigte den Rat der Volksbeauftragten und entschied sich für die Wahl einer verfassunggebenden Nationalversammlung am 19. Januar 1919. Damit war die Entscheidung für die Demokratie und gegen die Räterepublik gefallen.

Der extreme linke Flügel der USPD initiierte daraufhin Anfang Januar 1919 in Berlin einen Aufstand, der eine Räterepublik erzwingen sollte **(Spartakusaufstand)**. Die Regierung setzte Militär ein, das brutal gegen die verhassten „Roten" vorging und deren Führer Karl Liebknecht und Rosa Luxemburg ermordete. Dies löste Aufstände der Spartakisten in zahlreichen deutschen Großstädten aus, die ausnahmslos im Feuer des Militärs zusammenbrachen.

Die **Wahl** zur verfassunggebenden Nationalversammlung brachte der **Weimarer Koalition** (SPD, Zentrum, DDP) am 19.1.1919 eine **Dreiviertelmehrheit**. Sie kam in erster Linie deshalb zustande, weil das mehrheitlich antidemokratische Bürgertum aus Angst vor „russischen" Verhältnissen das kleinere Übel wählte.

Die am 6. Februar 1919 in Weimar eröffnete Nationalversammlung verabschiedete das **„Gesetz über die vorläufige Reichsgewalt"**, wählte Friedrich **Ebert** (SPD) zum **Reichspräsidenten**, der als ersten **Reichskanzler** Philipp **Scheidemann** (SPD) ernannte und schuf die Weimarer **Reichsverfassung**. Sie war zwar sehr liberal, hatte jedoch **gravierende strukturelle Schwächen** (z. B. zu große Machtfülle des Reichspräsidenten, zu starke Beteiligung des Volkes, zu schwache Stellung der Regierung, Aufteilung der Legislative auf mehrere Institutionen etc.). Deshalb konnte in Krisenzeiten der **Ausnahmefall zum Normalfall** werden. Aus diesem Grunde wurde oft der vereinfachende und ungerechte Vorwurf erhoben, die Verfassung sei die wesentliche Ursache für den Untergang der Weimarer Republik gewesen.

Parteien, Reichswehr und paramilitärische Organisationen

Die wichtigsten Parteien des Kaiserreichs blieben bestehen oder änderten lediglich ihren Namen. Das Verhältniswahlrecht (ohne Sperrklauseln) begünstigte die Entstehung kleiner Parteien und bewirkte eine große Parteienlandschaft. Die Parteien Weimars zerfielen in **zwei Gruppen**: in die Befürworter der demokratischen Republik und in deren erklärte Gegner.

Die Parteien der **Weimarer Koalition** (SPD, Zentrum, DDP) wollten **Stabilität**, eine **demokratische Republik** und die Erziehung des Volkes zu staatsbürgerlicher Gesinnung.

KPD, **DNVP** und **NSDAP** lehnten Republik, Demokratie und Parlamentarismus aus unterschiedlichen Gründen ab und **bekämpften das verhasste „System"** vehement. Sie strebten Kommunismus (KPD), die Wiederherstellung der Monarchie und Preußens frühere Größe (DNVP) an bzw. die totale Umstrukturierung des Staates zu einem Führerstaat und die Schaffung des „neuen Menschen" (NSDAP).

Die anderen **Mittelparteien** lehnten die „linken Verhältnisse" ab. Sie fanden sich jedoch in bestimmten Phasen der Weimarer Republik zur Zusammenarbeit mit der Weimarer Koalition zusammen, um ihre spezifischen Ziele aus einer besseren Position heraus verfolgen zu können.

Die **Reichswehr** war aufgrund ihrer Machtposition ein **„Staat im Staat"**. Sie pflegte eine geringschätzige Loyalität gegenüber Staat und Regierung. Bei Unruhen und Aufständen ließ sie sich nur gegen links einsetzen. Deshalb blieb sie in Krisenzeiten ein eher destabilisierendes Element.

Auch **paramilitärische Organisationen** spiegelten die gesellschaftliche Inhomogenität wider: Das Reichsbanner Schwarz-Rot-Gold war die Kampforganisation der staatstragenden Parteien und Gruppierungen. Alle anderen größeren paramilitärischen Organisationen (Roter Frontkämpferbund, Stahlhelm, SA) hatten trotz ihrer kontroversen Vorstellungen ein gemeinsames Ziel, nämlich die Beseitigung des verhassten „Systems Demokratie".

Die **Freikorps** bestanden aus nationalistischen und rechtsextremen ehemaligen Front- und Berufssoldaten. Sie gewährleisteten mit Billigung der Regierung den Schutz der deutschen Gebiete und der deutschen Bevölkerung im Baltikum und in Oberschlesien und ließen sich trotz ihrer **negativen Einstellung zum Staat** auch zum Schutz der Regierung vor linksradikalen Aufständen einsetzen. Sie beteiligten sich allerdings auch an rechtsgerichteten Putschversuchen. Sie bekämpften die politische Linke durch Anschläge und Morde. Nach ihrer Auflösung (1920) **gründeten** rechtsextremistische ehemalige Freikorpsler **Geheimbünde** und Organisationen, die – wie z. B. die „Organisation Consul" – **Mord als politisches Mittel** einsetzten.

Die Friedenskonzepte

der zerstrittenen Sieger bzw. deren führenden Staatsmänner (Wilson, Lloyd George, Clemenceau) waren sehr unterschiedlich. Die **USA** strebten einen Ausgleichsfrieden und eine weltweite Friedensinstitution an, **Großbritannien** wollte Deutschland schwächen, aber nicht so stark, dass es dem Kommunismus anheimfallen würde; **Frankreich** wollte die größtmögliche Schwächung Deutschlands und Revanche für 1870/71.

Problematischer Friedensschluss

Folgende Probleme machten den Frieden zu einer Mischung aus Kompromissen, halbherzigen Entscheidungen und übermäßigen Härten: **Weltkrieg** (riesige Verluste, keine neutrale Großmacht, Erfolgszwang der Staatsmänner); **Weltfrieden** (neue politische, territoriale und ethnische Probleme als Folgen des Kriegs), **Konkurrenz der Siegermächte** (sehr unterschiedliche Friedensprogramme, alte Machtpolitik versus neue Friedenspolitik Wilsons); **Zerstrittenheit der Sieger**.

Die Annahme des Vertrages

7.5.1919: Die Sieger überreichten den Vertrag, gegen den die Regierung Scheidemann heftig protestierte.
16.6.1919: Auf sechs Tage befristetes Ultimatum der Sieger: Annahme oder Besetzung Deutschlands.
28.6.1919: Unterzeichnung des Vertrages durch die Regierung Bauer (SPD)
10.1.1920: Der Versailler Vertrag trat in Kraft.

Der Versailler Vertrag

Die wesentlichen Bestimmungen des Versailler Vertrags

Militärische Bestimmungen: Abrüstung des Heeres auf 100.000 Mann bzw. auf 15.000 bei der Marine, Zerstörung des schweren Kriegsmaterials; Entmilitarisierung und Besetzung des Rheinlandes.
Reparationen: Die Höhe der von Deutschland zu bezahlenden Reparationen sollte bis 1921 festgelegt werden. **Gebietsverluste:** Elsass-Lothringen ging an Frankreich, das außerdem das unter Völkerbundverwaltung gestellte Saarland 15 Jahre wirtschaftlich nutzen durfte; Eupen-Malmedy ging an Belgien, Nordschleswig an Dänemark; an Polen ging der größte Teil Westpreußens, fast ganz Posen, Teile Ostpreußens, Hinterpommern und Oberschlesien; Danzig wurde als „Freie Stadt" aus dem Reichsverband gelöst und wirtschaftlich eng mit Polen verbunden; das Memelland ging an Litauen, das Hultschiner Ländchen an die Tschechoslowakei; Verlust aller Kolonien. **Art. 227:** Der Kaiser ist Kriegsverbrecher, **Art. 231:** alleinige Kriegsschuld Deutschlands und seiner Verbündeten.
Die **Problematik der einzelnen Bestimmungen**:
Unproblematisch: Elsass-Lothringen, Eupen-Malmedy, Nordschleswig, Hultschiner Ländchen; sehr problematisch waren: Verlust der „urdeutschen" Ostgebiete, Art. 227 und Art. 231.

Die Beurteilung des Vertrages

Die deutschen **Zeitgenossen** lehnten ihn einhellig und pauschal ab („Schmachfriede", „Karthagofriede"). Er wurde zusammen mit Hindenburgs „Dolchstoßlegende" (das deutsche Heer sei von „hinten", d.h. von pazifistisch-verräterischen Parteien erdolcht worden) zum stärksten Propaganda- und Agitationsmittel der Rechten.
Heute: Angesichts der Gesamtsituation und im Vergleich mit 1945 war der Versailler Vertrag kein übermäßig harter Friede.

8 Die innenpolitischen Belastungen der Anfangsjahre

Räterepubliken

Am 7.11.1918 rief Kurt Eisner (USPD) in München eine Räterepublik aus. Den Aufstand des linksradikalen Spartakusbundes in Berlin (Anfang Januar 1919) schlugen Regierungs- und Freikorpstruppen blutig nieder und ermordeten die Spartakusführer Karl Liebknecht und Rosa Luxemburg .Als Folge entstanden in vielen Städten und Gebieten Räterepubliken (= Ausübung der Staatsgewalt durch Arbeiter- und Soldatenräte), die alle vom Militär niedergeschlagen wurden.

Der Kapp-Putsch und kommunistische Aufstände

Freikorpstruppen besetzten am 13.3.1920 das Berliner Regierungsviertel, setzten die Regierung ab und Kapp (DNVP) als neuen Reichskanzler ein. Der Putsch scheiterte am Generalstreik, zu dem die SPD aufrief. Das Militär griff nicht ein. Der Kapp-Putsch zeigte die Unzuverlässigkeit der Reichswehr, die Unzufriedenheit weiter Kreise, die permanente Bedrohung des Staates und das Problem des „Pakts mit den alten Mächten".
Der Kapp-Putsch bewirkte in Hamburg, im Ruhrgebiet sowie in Sachsen und Thüringen **kommunistische Aufstände**, die Reichswehreinheiten brutal niederschlugen.

Mord als politisches Mittel

wurde vor allem von Rechtsradikalen an „Novemberverbrechern" verübt, also an Politikern linker oder staatstragenden Parteien.

Innenpolitische Belastungen der Anfangsjahre

Das Krisenjahr 1923

Ruhrkampf: Am 11.1.1923 besetzten französische und belgische Truppen das Ruhrgebiet wegen (geringfügigen) Reparationsrückständen. Kanzler Cuno stellte die Reparationszahlungen ein. Frankreich reagierte mit harten Maßnahmen und provozierte dadurch Gegenmaßnahmen. Kanzler Stresemann beendete im Sommer 1923 den ruinösen Ruhrkampf.
Inflation: Sie hatte zahlreiche Ursachen (Kriegskosten, territoriale Verluste, Umstellung der Kriegs- auf Friedenswirtschaft). Der Ruhrkampf brachte die Inflation zum Galoppieren. Stresemann stoppte sie Ende des Jahres mit wirksamen finanzpolitischen Mitteln. Dennoch verschlechterte sie das gesellschaftspolitische Leben und verstärkte den Ruf nach dem „starken Mann".
Separatismus wurde durch Ruhrkampf und Inflation ausgelöst. Es entstanden die „Rheinische Republik" und die „Autonome Pfalz", die sich Frankreich anschließen wollten. Diese separatistischen Bestrebungen endeten mit der Überwindung der Inflation.
Hitler-Putsch: Im rechtslastigen Bayern erklärte Hitler am 9.11.1923 die Reichsregierung für abgesetzt, verkündete eine „provisorische deutsche Nationalregierung" mit ihm als Kanzler. Der Putsch scheiterte an der fehlenden Unterstützung von Militär und Polizei. Hitler erhielt die Mindeststrafe für Hochverrat von fünf Jahren, von denen er neun Monate absitzen musste.

Geldstapel in einer Berliner Bank 1923

8 Die innenpolitischen Belastungen der Anfangsjahre

KURZINFO

- Der Versailler Vertrag war ein Kompromiss der unterschiedlichen Friedenskonzepte der USA, Großbritanniens und Frankreichs bzw. der führenden Staatsmänner Wilson, Lloyd George und Clemenceau.
- Der Weltkrieg, die unterschiedlichen Friedensprogramme und politischen Ziele sowie die Zerstrittenheit der Sieger machten das Friedenschließen zu einem großen Problem.
- Den Versailler Frieden sahen alle Deutschen als ungerecht, als „Schmach-" oder „Karthagofriede" an.
- Zusammen mit der Dolchstoßlegende wurde er zur permanenten Belastung der Weimarer Republik und zum idealen propagandistischen Kampfmittel der staatsfeindlichen Kräfte.
- Die Weimarer Republik hatte in ihren Anfangsjahren mit zahlreichen existenzgefährdenden Belastungen zu kämpfen: Novemberrevolution, Versailler Vertrag und Dolchstoßlegende, Räterepubliken, kommunistische Aufstände, Kapp-Putsch, Mord als politisches Mittel und dem Krisenjahr 1923 (Ruhrkampf, Inflation, Separatismus, Hitler-Putsch).
- Diese Belastungen, vor allem das Krisenjahr 1923, schwächten die demokratischen Kräfte, radikalisierten die innenpolitischen Verhältnisse und zeigten die Instabilität der jungen Demokratie.

Der Vertrag von Versailles

Unterschiedliche Friedenskonzepte

Die **Friedenskonzepte** der führenden Staatsmänner (Wilson, Lloyd George, Clemenceau) waren sehr unterschiedlich. Sie waren bestimmt von **Revanche, Sicherheitsdenken, extremer Schwächung Deutschlands** (Clemenceau)

Die Friedenskonferenz begann exakt am 48. Jahrestag der Proklamation des Kaiserreichs an gleicher Stelle, also am 18.1.1919 im Spiegelsaal des Schlosses von Versailles. An der Konferenz nahmen zwar Delegierte aus 32 Siegernationen teil, die Entscheidungen wurden aber im Wesentlichen von den drei führenden Staaten bzw. ihren Staatsmännern getroffen: von dem französischen Ministerpräsident Clemenceau, dem britischen Premier Lloyd George und dem amerikanischen Präsident Wilson. Die ehemaligen Feindstaaten sowie die bolschewistische UdSSR wurden nicht zugelassen. Die Vorstellungen von einem gerechten Frieden gingen weit auseinander: Der **„Clemenceau-Friede"** war geprägt von Revanche, Sicherheitsdenken und dem Bestreben, Deutschland so sehr wie möglich zu schwächen. Der **„Wilson-Friede“** beruhte auf dem Vierzehn-Punkte-Programm des Präsidenten (Januar 1918) und hatte den Aufbau einer weltweiten Friedensinstitution, die Festlegung international geltender Regeln und einen ausgleichenden Frieden zum Ziel. Die **britischen Vorstellungen** waren realistisch und lagen zwischen den französischen und amerikanischen Vorstellungen: Deutschland sollte zwar entmachtet, aber nicht so geschwächt werden, dass es dem Bolschewismus anheimfallen würde. In diesem Sinne erklärte Lloyd während der Friedensverhandlungen Ende März 1919: „Wir wären weise, wenn wir Deutschland einen Frieden anböten, der – indem er gerecht ist – für alle vernünftigen Leute der Alternative des Bolschewismus vorzuziehen wäre.“[1]

von ausgleichendem Frieden und Aufbau eines **weltweiten Friedenssystems** (Wilson) und von der **Entmachtung Deutschlands**, das nicht bolschewistisch werden sollte (Lloyd George).

Das Problem des Friedenschließens

Vier Kernbereiche mit zahlreichen politischen, territorialen und ideologischen Problemen erschwerten den Friedensschluss und führten dazu, dass der Versailler Vertrag zwischen den Siegern und dem Deutschen Reich von allen Beteiligten als unbefriedigend angesehen wurde:
Der **Weltkrieg** hatte ungeheure Verluste gebracht. Es gab keine neutrale, mäßigende Nation als Schiedsinstanz. Alle Staatsmänner standen gegenüber ihren Völkern unter einem ungeheuren Erfolgszwang. Zusätzlich machten Nationalismus, Chauvinismus und der Kreuzzugscharakter des Kriegs sachliche Entscheidungen sehr schwierig bzw. unmöglich. Der Weltkrieg musste durch einen komplizierten **Weltfrieden** beendet werden, wobei Wichtigkeit und Bedeutung einzelner Probleme umstritten waren. Interessensphären überschnitten sich und die Schaffung neuer, unabhängiger Staaten in Ost- und Südosteuropa löste die territorialen und ethnischen Probleme (z. B. des Balkans) nicht, sondern schuf neue. Die **Friedensprogramme** waren bestimmt von dem starken Gegensatz zwischen Machtpolitik alter Prägung (z. B. möglichst große territoriale Gewinne, weitestgehende Schwächung des Besiegten) und neuer Ideologie (z. B. Wilsons 14 Punkte). Auch die **Zerstrittenheit der Siegerkoalition** trug zur Problematik der Pariser Vorortverträge (Siegermächte mit dem Deutschen Reich zu Versailles; mit Österreich zu St. Germain-en-Laye; mit Ungarn zu Trianon; mit der Türkei zu Sèvres) bei.

Folgende Problembereiche erschwerten den Friedensschluss:

- der **Weltkrieg** (riesige Verluste, keine neutrale Großmacht als Schiedsinstanz, Erfolgszwang der Staatsmänner)
- **Weltfrieden** (neue Probleme als Folge des Kriegs, Konkurrenz der Siegermächte)
- sehr **unterschiedliche Friedensprogramme** (alte Machtpolitik – neue Friedenspolitik Wilsons)
- **Zerstrittenheit** der Siegerkoalition

Die Annahme des Vertrags

Die **Annahme des Vertrags**:

7.5.1919: Überreichung des Vertrags, gegen den die deutsche Regierung heftig protestierte.

16.6.1919: sechstägiges Ultimatum der Sieger: Annahme oder Besetzung

28.6.1919: Unterzeichnung durch die Regierung Bauer (SPD)

10.1.1920: Der Versailler Vertrag trat in Kraft.

Die Sieger überreichten am 7. Mai 1919 den **Friedensvertrag**, gegen dessen Bestimmungen die **deutsche Regierung** heftig **protestierte**. Die Alliierten wiederum beantworteten diesen Protest am **16. Juni** mit einem sechstägigen **Ultimatum**: Annahme des geringfügig revidierten Vertrags oder Fortsetzung des Kriegs und die sofortige Besetzung Deutschlands. An den erbitterten Debatten über Annahme oder (folgenschwere) Ablehnung des Vertrags zerbrach die Regierung Scheidemann (SPD). Schließlich setzte sich doch noch die Ansicht durch, dass der „Schmachfriede" als unvermeidliche Folge des Kriegs akzeptiert werden müsse, um Schlimmeres von Deutschland abzuwenden (Besetzung, Gefährdung der territorialen Einheit des Reichs). Unmögliche Forderungen würden deutlich werden, man müsse sie jedoch in friedlichen, aber zähen Verhandlungen beseitigen. Auf keinen Fall dürfe die territoriale Einheit des Reichs aufs Spiel gesetzt werden. Dennoch blieb bei den Deutschen das tiefe Gefühl, aufs Übelste betrogen worden zu sein. Die neue Regierung Bauer (SPD) unterzeichnete den **Vertrag** am 28. Juni 1919. Er **trat** am **10.1.1920 in Kraft**.

Die wesentlichen Bestimmungen

Die **Bestimmungen**:

- **Militärische**: Abrüstung und Abbau des Heeres auf 100 000 Mann, der Marine auf 15 000
- **Reparationen:** Festlegung bis 1921
- **Gebietsverluste**: Elsass-Lothringen, Eupen-Malmedy, Nordschleswig, Oberschlesien, Westpreußen, Posen, Memelgebiet, Hultschiner Ländchen; Das Saarland kommt unter Verwaltung des Völkerbunds, wird von Frankreich 15 Jahre wirtschaftlich genutzt. Danzig wird eine „Freie Stadt", aber wirtschaftlich eng mit Polen verbunden.
- Art. 227: Kaiser als Kriegsverbrecher, Auslieferung
- Art. 231: alleinige Kriegsschuld Deutschlands (und seiner Verbündeten)

- **Militärische Bestimmungen**: Entwaffnung und Abrüstung des Heeres auf 100 000 Mann, der Marine auf 15 000 Mann; Zerstörung des schweren Kriegsmaterials; Entmilitarisierung des Rheinlands und dessen Besetzung;
- Deutschland muss **Reparationen** zahlen, deren Höhe bis 1921 festgelegt werden soll.
- **Gebietsverluste**: Das Saarland wird unter die Verwaltung des Völkerbunds gestellt und 15 Jahre lang von Frankreich wirtschaftlich genutzt; Elsass-Lothringen geht an Frankreich, Eupen-Malmedy an Belgien, Nordschleswig an Dänemark, der größte Teil Westpreußens, fast ganz Posen und Teile Ostpreußens, Hinterpommerns und Oberschlesiens an Polen, Danzig wird als „Freie Stadt" aus dem Reichsverbund gelöst und wirtschaftlich eng mit Polen verbunden, das Memelland fällt an Litauen und das Hultschiner Ländchen an die Tschechoslowakei. Außerdem verliert Deutschland alle Kolonien.
- **Art. 227** bezeichnet den Kaiser als Kriegsverbrecher und forderte seine Auslieferung, **Art. 231** legt die alleinige Kriegsschuld Deutschlands (und seiner Verbündeten) fest.

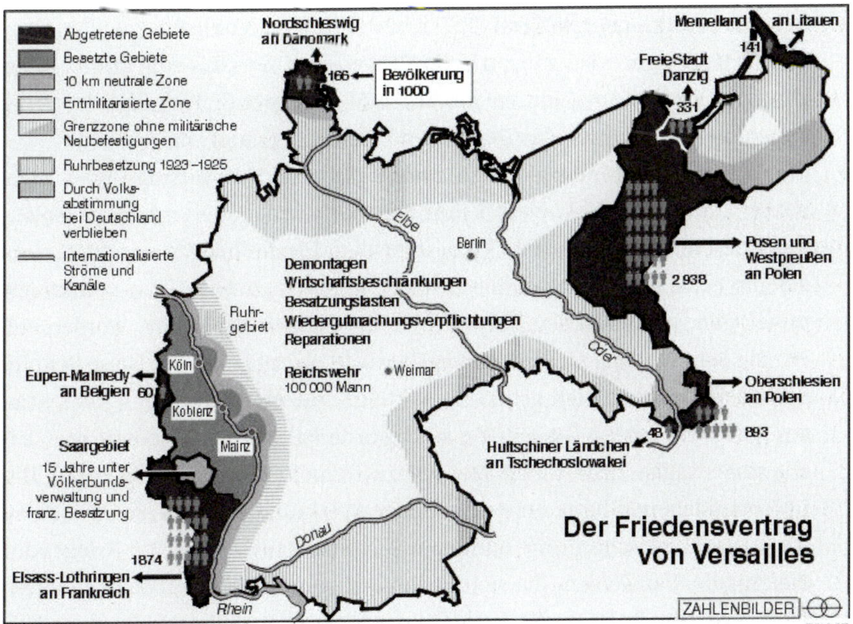

Die Problematik der einzelnen Bestimmungen

Der Vertrag wurde von allen Parteien und von der Bevölkerung allgemein als überhart und ungerecht angesehen. Die einzelnen Bestimmungen des Vertrags wurden unterschiedlich aufgenommen. **Unproblematisch** z. B. war der Verlust von Eupen-Malmedy (geringe Größe und teilweise französisch sprechende Bevölkerung), des nördlichen Schleswig (überwiegend dänische Bevölkerung), des Hultschiner Ländchens (geringe Größe) und von Elsass-Lothringen (erwartete Abtretung an Frankreich). Andere Bestimmungen erwiesen sich als **langfristige Probleme und Belastungen** für Weimar:

Unproblematisch war der Verlust von Elsass-Lothringen, Eupen-Malmedy, Nordschleswig und des Hultschiner Ländchens.

- Die an Polen verlorenen Ostgebiete galten als „urdeutsch", die Entstehung des polnischen Korridors wurde als völlig inakzeptabel angesehen.
- Das östliche Oberschlesien wurde 1921 trotz einer vom Völkerbund festgelegten Volksabstimmung, die einen Verbleib beim Deutschen Reich ergeben hatte, an Polen abgetreten.
- Für alle national Denkenden war die Abrüstung des Heeres auf 100 000 Mann eine Schmach und unvereinbar mit der Größe des Reichs.

Sehr **problematisch** war der **Verlust der Ostgebiete** (Westpreußen, Posen, Oberschlesien, der polnische Korridor und die „Freie Stadt" Danzig).

Die Art. 227 (Kaiser als Kriegsverbrecher) und 231 (alleinige Kriegsschuld Deutschlands und seiner Verbündeten) erwiesen sich als sehr emotionalisierend.

- Der Kriegsverbrecherparagraf (227) und der Kriegsschuldparagraf (231) wurden als Beleidigung des ganzen Volkes angesehen, weil das Volk immer noch von der „Einkreisung" durch neidische Mächte (→ S. 124) und der 1914 erzwungenen Reaktion des Deutschen Reichs überzeugt war.

Die **Dolchstoßlegende** setzte Hindenburg in die Welt. Er behauptete, das im Felde unbesiegte deutsche Heer sei von hinten, also von linken, pazifistischen Verrätern erdolcht worden. Die Dolchstoßlegende hatte eine **ungeheure propagandistische Wirkung**, da die Schuld am verlorenen Krieg den staatstragenden Parteien zugeschoben wurde.

- Die **Dolchstoßlegende**, die sich zwar nicht aus dem Vertrag ergab, aber immer im Zusammenhang mit ihm genannt wurde, überlagerte die Ablehnung des Versailler Vertrags. Sie besagte (laut Hindenburg) sinngemäß, dass das „im Felde unbesiegte" deutsche Heer feige von „hinten", d. h. von kriegsunwilligen, pazifistischen Verrätern in der Heimat „erdolcht" worden sei. Wo die Schuld liege, so Hindenburg, bedürfe keines Beweises. Diese Schuldzuweisung richtete sich gegen die Parteien, die eine Beendigung des Krieges gefordert hatten (→ S. 129), und wurde bald verallgemeinert und auf alle staatstragenden Parteien bzw. auf die Demokratie generell bezogen. Die Dolchstoßlegende hatte eine **ungeheure Wirkung**, erlaubte sie es doch allen „guten Deutschen", die nationale Schande eines verlorenen Krieges auf diejenigen abzuwälzen, die sich in ihren Augen als Sündenböcke anboten. Zudem war die Dolchstoßlegende **für die Masse des Volkes** recht **plausibel**: Bei Kriegsende standen keine fremden Truppen auf deutschem Boden, der Krieg im Osten war siegreich beendet worden.

Die **Reparationen** waren zunächst völlig überzogen und wurden bis Mitte der 20er-Jahre von Frankreich als Druckmittel benutzt.

- Die **Reparationen**, die 1921 erstmalig konkretisiert wurden, waren zunächst völlig überzogen und wurden zudem (bis Mitte der 20er-Jahre) von Frankreich als politisches Druckmittel missbraucht (z. B. bei der Besetzung des Ruhrgebiets 1923, → S. 163).

Die Fehleinschätzung des Versailler Vertrags hatte zwei wesentliche **Auswirkungen**:
- Die Deutschen lehnten ihn geschlossen und pauschal ab;
- wichtigstes außenpolitisches Ziel aller Regierungen war die Revision des Vertrags.

Entscheidend ist, dass diese Bestimmungen irreparable Kriegsergebnisse und hart umkämpfte Kompromisse waren. Der **Vorwurf der einseitigen Entscheidung** gegen das Deutsche Reich **lässt sich** heute **nicht** mehr **halten**, da Polen und Frankreich Maximalforderungen nicht verwirklichen konnten. Die Fehleinschätzung des Vertrags in Deutschland hatte jedoch zwei wichtige Auswirkungen: Die Deutschen waren sich einig in der wütenden Ablehnung des Vertrags und die Revision des „Schmachfriedens" wurde für alle Politiker der Weimarer Republik das vorrangige außenpolitische Ziel.

Die Beurteilung des Vertrags

Der Versailler Vertrag war sicherlich die **schwerwiegendste Belastung** für die junge Republik. Viele Deutsche identifizierten die Demokratie und die den Vertrag unterzeichnenden „Erfüllungspolitiker“ mit dem Untergang des Kaiserreichs, mit dem Verlust seiner Größe, mit den innen- und außenpolitischen Problemen, kurz: mit allem, was der rechten Mentalität verhasst war. Er war für sie das ideale Agitations- und Propagandamittel zur öffentlichen Abwertung der staatstragenden Parteien. Die staatstragenden Parteien trifft der Vorwurf, dass sie in diesem Punkt mit den Rechtskreisen und den Militärs an einem Strang zogen und deren Schuld an den kritisierten Verhältnissen nicht deutlich machten.
Immer wieder wurde und wird behauptet, dass der Untergang Weimars eine unmittelbare Folge des Vertrags gewesen sei und dass dessen rechtzeitige Revision den Untergang verhindert hätte. Insofern seien auch die Alliierten am Aufstieg Hitlers schuld. Damit wird das deutsche Volk indirekt von der Verantwortung am Dritten Reich befreit, Hitler gleichsam als logische Konsequenz des Vertrags gesehen. Diese Betrachtungsweise ist unzutreffend. Entscheidend war neben den eigentlichen Ursachen des Untergangs (→ S. 193), dass die Enttäuschung über den ausbleibenden milden Wilson-Frieden und das Unvermögen, den verlorenen Krieg zu akzeptieren, zu einer sehr subjektiven Beurteilung führten, die bestimmt wurde von einem Gemisch aus Selbstmitleid und bösartiger Aggressivität. Ressentiments überwogen eindeutig die reale Einschätzung des Erreichbaren.
Seit 1945 ist die Betrachtung und **Beurteilung** des Vertrags, der von den USA nicht ratifiziert und auch in Großbritannien kritisiert wurde, **distanzierter und gemäßigter**. Hierbei spielt nicht nur die zeitliche Distanz, sondern vor allem der Vergleich mit dem Ende des Zweiten Weltkriegs die entscheidende Rolle. Ausgangslage und Sachzwänge der Staatsmänner werden nun ebenso berücksichtigt wie erkämpfte Kompromisse gewürdigt. Die generelle Ablehnung ist der Erkenntnis gewichen, dass der Versailler Friede alles andere als ein „Karthagofriede“ gewesen war. Im Vergleich zu 1945 hatte er geringfügige territoriale Verluste gebracht und Deutschland die Chance gelassen, auf lange Sicht Großmacht zu bleiben.

Die Beurteilung des Vertrags:

- Bis 1945: **„Schmachfriede“**, „Karthagofriede“, ungerecht, bösartig
- Nach 1945 wurde gelegentlich unzutreffenderweise behauptet, der **Versailler Vertrag** sei die **Hauptursache** für den Untergang der Weimarer Republik und den Aufstieg Hitlers gewesen.
- Heute: Die distanzierte Betrachtung der Sachzwänge und Kompromisse der Staatsmänner und der Vergleich von 1918 und 1945 führen zur Feststellung, dass der **Versailler Vertrag kein „Karthagofriede“** war.

Die innenpolitischen Belastungen der Anfangsjahre (1919-1923)

Räterepubliken:
7.11.1918: Eisner (USPD) rief die **Münchner Räterepublik** aus.

Die **Ermordung von Luxemburg und Liebknecht** (Spartakusaufstand) löste in zahlreichen Großstädten Tumulte und die Ausrufung von Räterepubliken aus.

erneute **Revolutionswelle in Bayern** nach der Ermordung Eisners (21.2.1919)

Die Anarchisten Mühsam und Landauer riefen am 7.4. erneut eine (bedeutungslose) Räterepublik in München aus.

Eine am 13.4. verkündete kommunistische Räterepublik wurde in München Anfang Mai vom Militär beendet.

Räterepubliken

Am **7. November 1918** rief Kurt **Eisner** (USPD) in **München** eine **Räterepublik**, den „Freien Volksstaat" aus. Er strebte jedoch keine wirkliche, sozialistische Räterepublik, sondern eine parlamentarische Regierungsform an. Die brutale Niederwerfung des linksradikalen Spartakusaufstands durch das Militär und die Ermordung von Rosa Luxemburg und Karl Liebknecht (→ S. 142) lösten in zahlreichen Großstädten bzw. Gebieten **bürgerkriegsähnliche Zustände** und die **Ausrufung von Räterepubliken** (z.B. in Hamburg, Bremen, Braunschweig, Leipzig, Berlin) aus.
Als Eisner die Landtagswahl verlor, trat er zurück. Auf dem Weg zum Landtag ermordete ihn am 21.2.1919 der rechtsradikale Leutnant Graf Arco-Valley. Der Mord löste erneut eine Revolutionswelle linker Gruppierungen in Bayern aus und die Anarchisten Erich **Mühsam** und Gustav **Landauer** riefen am 7. April eine **Räterepublik** aus, die jedoch keinerlei Bedeutung erlangte. Die neu gewählte Regierung Hoffmann (SPD) verlegte ihren Amtssitz ins ruhige Bamberg. Am 13. April entstand eine zweite Räterepublik nach kommunistischem Vorbild, die Anfang Mai von Regierungstruppen beendete wurde. Die **letzte Räterepublik** wurde im **Vogtland** im April **1921 beseitigt**.

Kapp-Putsch:
Die Marinebrigade Ehrhardt (Freikorps) besetzte am 13.3.1920 das Berliner Regierungsviertel, setzte die Regierung ab und Kapp (DNVP) als neuen Reichskanzler ein. Der Putsch **scheiterte am 17. März an einem Generalstreik**. Das Militär griff nicht ein.

Der Putsch zeigte die Unzuverlässigkeit der Reichswehr, die Unzufriedenheit weiter Kreise, die permanente Bedrohung des Staates und das Problem des Pakts mit den „alten Mächten."

Der Kapp-Putsch

Die Zwangsauflösung der Freikorps führte am 13. März 1920 zur **Besetzung des Berliner Regierungsviertels durch Freikorpstruppen** (Marinebrigade Erhardt) unter Führung von General Lüttwitz. Die Regierung Bauer (SPD) floh nach Stuttgart. Der reaktionäre Politiker **Kapp** (DNVP) erklärte die Regierung für abgesetzt und übernahm als **neuer Kanzler** die Regierung. Der Putsch scheiterte bereits nach vier Tagen, weil er dilettantisch vorbereitet war und der Generalstreik, zu dem die SPD aufgerufen hatte, Kapp sowohl die finanziellen Mittel als auch die ausführenden Organe (Beamte, Angestellte, Arbeiter) entzog. Das Militär unterstützte zwar nicht die Forderung der Regierung, gegen die Aufständischen vorzugehen, doch es griff auch nicht auf deren Seite ins Geschehen ein, obwohl es mit Kapp sympathisierte.
Der **Kapp-Putsch** ist in vielerlei Hinsicht **symptomatisch**: Er zeigt die Unzuverlässigkeit der Reichswehr, die gegen die „Kameraden" nicht vorgegangen war, macht die Unzufriedenhit weiter Kreise, vor allem des Militärs, mit dem neuen Staat deutlich, dokumentiert die von nun an permanente „Bedrohung von rechts" und verstärkte das Selbstbewusstsein der Rechtsparteien. Die milde Ahndung der

im Zusammenhang mit dem Kapp-Putsch begangenen Vergehen und Verbrechen machte erneut das Problem des „Pakts mit den alten Mächten“ deutlich.

Kommunistische Aufstände

Der Kapp-Putsch rief unter der revolutionären Arbeiterschaft eine ungeheure Erregung hervor. Im **Ruhrgebiet** brach ein Arbeiteraufstand aus und eine über 100 000 Mann starke kommunistische **Rote Armee** entstand. Sie besetzte einige Städte und terrorisierte die Bevölkerung. Der als Reichskommissar eingesetzte Carl Severing (SPD) erreichte die freiwillige Selbstauflösung der Roten Armee gegen ein Amnestieversprechen. Die Haltung der dortigen Reichswehr und das aggressive Auftreten einiger (ehemaliger) Freikorpsführer ließ es den Kommunisten geraten erscheinen, ihren Kampf fortzusetzen, was **bürgerkriegsähnliche Zustände** zur Folge hatte. Reichswehreinheiten schlugen, verstärkt durch eben erst wieder eingegliederte und „auf den Boden der Verfassung zurückgekehrte“ Kapp-Verbände, die Rote Armee zurück. Die Auseinandersetzung war den politischen Gegensätzen entsprechend äußerst brutal und riss die tiefen Gräben noch weiter auf.

Der **Kapp-Putsch** bewirkte im Ruhrgebiet, in Hamburg, im sächsisch-thüringischen Grenzgebiet **kommunistische Aufstände**. Diese wurden im Auftrag der Reichsregierung von der Reichswehr brutal niedergeschlagen.

Auch in **Hamburg und im sächsisch-thüringischen Grenzgebiet** kam es zu erbitterten Auseinandersetzungen zwischen roten Kampfverbänden und der von Freikorps unterstützten Reichswehr, die die Aufstände im Mai 1920 in schweren und teilweise sehr grausamen Kämpfen blutig niederschlug, ohne dass dadurch Friede und Ordnung hätten etabliert werden können.

Der Einsatz der Reichswehr und ehemaliger Freikorpstruppen beschädigte das Ansehen der Reichsregierung und vor allem der SPD schwer. Die Parteibasis kritisierte das Vorgehen der SPD-geführten Regierungen Bauer und Müller (Juni 1919–Juni 1920) heftig.

Daraus resultierten wachsende Spannungen zwischen der SPD-Führung und der Parteibasis.

Der Mord als politisches Mittel

Der politische Mord wurde unter den Radikalen, vor allem unter den Rechtsradikalen, zu einem „normalen“ Mittel der politischen Auseinandersetzung und die **Ermordung des politischen Gegners** erschien als durchaus **legitimes und ehrenwertes Mittel.**

Der **politische Mord** wurde, vor allem unter den Rechtsradikalen, zu einem **„normalen“ Mittel der politischen Auseinandersetzung**.

Hierbei taten sich in erster Linie ehemalige Freikorpsleute hervor. Sie bekämpften das verhasste „System“ mit allen Mitteln, auch mit denen des politischen Mordes. Rechtsradikale ermordeten z. B. Rosa **Luxemburg** und Karl **Liebknecht** (→ S. 142), Kurt **Eisner** (USPD, → S. 160), Gustav **Landauer**, Karl **Gareis** (USPD) und Matthias **Erzberger** (Zentrum), der den Waffenstillstand unterzeichnet hatte. In bürgerlichen Kreisen wurde diese Tat begeistert als „Rache für Compiègne“ gefeiert, der Münchner Polizeipräsident verhalf den beiden Tätern, die Erzberger ermordet hatten, persönlich zur Flucht. Ende Mai 1922 ermordeten

Ermordet wurden von Rechtsradikalen u. a. Luxemburg und Liebknecht (Spartakus), Eisner (USPD), Landauer (Anarchist), Gareis (USPD), Erzberger (Zentrum), Rathenau (DDP).

zwei ehemalige Marineoffiziere und Mitglieder der Organisation Consul (→ S. 150) Außenminister Walter **Rathenau** (DDP). Auf ihn hatte sich seit langer Zeit der Hass der „nationalen“ Kreise konzentriert. Er verkörperte für sie die landesverräterische „Erfüllungspolitik“ gegenüber den Alliierten bzw. dem Versailler Vertrag. Er wolle Deutschland dem Bolschewismus ausliefern, sei zudem ein „Rassefremder“, ein „Vertreter des Weltjudentums“, einer der „Weisen von Zion“. Mit seiner Ermordung, die von der Parole „Schlagt tot den Walter Rathenau, die gottverdammte Judensau!“ vorbereitet wurde, erreichte die antisemitische Welle einen ersten Höhepunkt. Dieser Welle von politischen Morden, zu der zahlreiche gescheiterte Attentate hinzuzurechnen sind, standen **Ebert und** die **staatstragenden Parteien hilflos** gegenüber, da die „alten Mächte“ mit den rechtsradikalen Mördern oft sympathisierten.

Das Krisenjahr 1923

Ruhrkampf 11.1.1923: Frankreich und Belgien besetzten das Ruhrgebiet wegen Reparationsrückständen; Reichskanzler Cuno propagierte den „passiven Widerstand“, das harte Vorgehen Frankreichs (z. B. Beschlagnahmung öffentlicher Kassen, Zollgrenze zum restlichen Deutschland) provozierte Gegenmaßnahmen (z. B. Sabotageakte). Stresemann beendete den ruinösen Ruhrkampf im Sommer 1923.

Vier Krisen bestimmten das Jahr 1923:

Der Ruhrkampf: Die hohen Reparationsforderungen Frankreichs (→ S. 172) lehnte die Regierung Cuno (parteilos) Ende 1922 ab. Der französische Ministerpräsident **Poincaré** drohte, **„produktive Pfänder“** (Bergwerke, Industrieanlagen etc.) zu nehmen. Als die von Frankreich eingeschaltete Reparationskommission einen Rückstand der Reparationszahlungen festellte, besetzten am **11. Januar 1923** französische und belgische Truppen das Ruhrgebiet. Cuno stellte die Reparationszahlungen ein und propagierte den passiven Widerstand, der von allen Schichten der Bevölkerung befolgt wurde. Die Auseinandersetzung im Ruhrgebiet eskalierte. **Harte Maßnahmen Frankreichs** (Belagerungszustand, Beschlagnahmung öffentlicher Kassen, Passzwang, Errichtung einer Zollgrenze zum restlichen Deutschland) wurden **mit Sabotageakten beantwortet**, die wiederum harte Vergeltungsmaßnahmen Frankreichs hervorriefen. Gustav **Stresemann** (DVP), der Nachfolger Cunos, **beendete** im Sommer 1923 den ebenso aussichtslosen wie wirtschaftlich ruinösen **Ruhrkampf**.

Kriegskosten, territoriale bzw. wirtschaftliche Verluste und Umstellung der Wirtschaft lösten die **Inflation** aus und der Ruhrkampf brachte sie zum Galoppieren. Stresemann stoppte sie Ende des Jahres mit wirksamen finanzpolitischen Maßnahmen (z. B. neue Währung).

Die Inflation: Zahlreiche Ursachen bewirkten 1923 einen raschen Verfall der Währung. Neben den Kosten des Ersten Weltkriegs, den territorialen Verlusten und der Umstellung der Kriegs- auf Friedenswirtschaft brachte vor allem der Ruhrkampf (Verlust von Einnahmen, Finanzierung des passiven Widerstands) die Inflation zum Galoppieren. Sie erreichte im Herbst ihren Höhepunkt. Die Kaufkraft der Reichsmark war gleich Null, eine Flucht in die Sachwerte setzte ein und die Versorgung der Bevölkerung wurde problematisch. Der Regierung Stresemann gelang es Ende des Jahres, die Inflation mit folgenden wirksamen Maßnahmen zu stoppen: Einsetzung eines Reichswährungskommissars, Schaffung einer neuen Währungseinheit, der Rentenmark; Deckung der neuen Währung durch eine Grundschuld auf Grundbesitz, Handel, Industrie und Banken, die zwar weitgehend fiktiv war, aber so viel Vertrauen einflößte, dass die Bevölkerung die Rentenmark annahm.

Der Separatismus: Ruhrkampf und Inflation lösten separatistische Bewegungen in der Pfalz und im Rheinland aus, die von Frankreich unterstützt wurden. Sie bedrohten die Einheit des Reichs, da ihr Ziel im Anschluss an Frankreich bestand. Auf dem Höhepunkt der Inflation entstanden die **Rheinische Republik** und die **Autonome Pfalz**. Die Überwindung der Inflation entzog beiden die Grundlage. Sie endeten im November 1923 bzw. im Februar 1924.

Der **Hitler-Putsch**: Bayern war das Zentrum der antidemokratischen, rechtslastigen und rechtsradikalen Gruppierungen. Sie sahen Bayern als „Ordnungszelle des Reichs" und riefen zum „Sturm auf die Republik", zum „Marsch nach Berlin" auf. Ihre Parole lautete: „Das christliche, nationale Bayern gegen das verjudete, marxistische Berlin". Ende September verhängte die bayerische Regierung den Ausnahmezustand über Bayern und ernannte von **Kahr** zum **Generalstaatskommissar** und damit zum zeitweiligen Diktator. Reichspräsident Ebert verhängte daraufhin den Ausnahmezustand über ganz Deutschland und übertrug die vollziehende Gewalt an Reichswehrminister Gessler, der sie wiederum an die Wehrkreisbefehlshaber der Reichswehr übertrug. Da Bayern den Reichsausnahmezustand nicht anerkannte, verhängte Ebert die **Reichsexekution** gegen Bayern. General von Seeckt, der Chef der Heeresleitung der Reichswehr, lehnte diese ab, da sie in Bayern nicht durchführbar sei. Stattdessen wollte er die Diktaturgewalt, die ihm Ebert jedoch verweigerte. Als das Gerücht aufkam, dass in Thüringen und Sachsen SPD-KPD-Regierungen entstünden, sah **Hitler** eine günstige Gelegenheit. In der Nacht zum **9. November** unternahm er einen **Putsch**. Er erklärte die Reichsregierung für abgesetzt und proklamierte eine neue „provisorische deutsche Nationalregierung" mit ihm an der Spitze. Das Scheitern des Putsches versuchte er am 9. November mit einem Marsch zur Feldherrnhalle zu verhindern, mit dem er die Unterstützung der Münchner Bevölkerung gewinnen wollte. Die bayerische Polizei stoppte den Marsch, Hitler wurde von wohlwollenden Richtern zur Mindeststrafe von 5 Jahren verurteilt. Davon musste er nur 9 Monate absitzen.

Separatismus: Ruhrkampf und Inflation lösten separatistische Bewegungen aus. Es entstanden die „Rheinische Republik" und die „Autonome Pfalz". Sie endeten mit der Überwindung der Inflation.

Der Hitler-Putsch: Zwischen der Reichsregierung und dem rechtslastigen Bayern entstanden im Herbst 1923 wachsende Spannungen. In dieser Situation versuchte Hitler durch einen Putsch (9.11.1923), die Macht an sich zu reißen. Er erklärte die Reichsregierung für abgesetzt und verkündete eine „provisorische deutsche Nationalregierung" mit ihm als Reichskanzler. Da er die Unterstützung von Militär und Polizei nicht erreichte, scheiterte sein Putsch. Hitler erhielt die Mindeststrafe von fünf Jahren wegen Hochverrats, musste aber nur neun Monate absitzen.

Der Vertrag von Versailles und seine Folgen

Die **Pariser Friedenskonferenz** von 1919/20 war eine **reine Angelegenheit der Sieger**, die besiegten Länder waren nicht beteiligt. Die Verhandlungen und Ergebnisse wurden im Wesentlichen von den drei Großmächten USA, Großbritannien und Frankreich, vertreten durch Wilson, Lloyd George und Clemenceau bzw. deren sehr unterschiedliche Friedenskonzepte, bestimmt.

Frankreich verfocht einen **harten Frieden** mit Deutschland, der den traditionellen Gegner entscheidend und auf Dauer schwächen sollte. **Großbritanniens** Konzept zielte zwar auf eine **Entmachtung** Deutschlands ab, der Friede sollte jedoch so maßvoll sein, dass er das deutsche Volk nicht in die Arme des Bolschewismus treiben würde. Die Vorstellungen des **amerikanischen Präsidenten** (Schaffung einer weltweiten Friedensinstitution, Festlegung international geltender Regeln, ausgleichender Friede) waren ebenso idealistisch wie unrealistisch.

Vielfältige Probleme, die sich aus dem Weltkrieg und dem Verhältnis der Sieger untereinander ergaben, **erschwerten** den **Prozess des Friedenschließens**, erzwangen Kompromisse, erneute Spannungen und Konflikte. Bei fast allen Beteiligten dominierte das Gefühl, entweder überhart und ungerecht behandelt worden zu sein oder zu wenig gewonnen zu haben.

Der **Versailler Vertrag**, von dem sich die Deutschen einen milden Wilson-Frieden erhofft hatten, wurde von allen Deutschen und fast allen Parteien (mit Ausnahme der KPD) als **„Schmachfriede"** und **„Karthagofriede"** gegeißelt und als „nationaler Betrug" heftig bekämpft.

Drohungen der Alliierten erzwangen schließlich die Annahme des Vertrags durch die Regierung Bauer (SPD). Dies hatte zur Folge, dass die **staatstragenden Parteien**, die „feigen Demokraten", die „Novemberverbrecher" und „Erfüllungspolitiker" **zu Unrecht mit** dem als nationale Schande empfundenen **Vertrag identifiziert** wurden.

Die harten territorialen, wirtschaftlichen, finanziellen und militärischen Bestimmungen des Vertrags erwiesen sich als langfristig belastend. Noch belastender waren die Art. 227 (Kaiser als Kriegsverbrecher) und 231 (alleinige Kriegsschuld Deutschlands und seiner Verbündeten) sowie die Dolchstoßlegende Hindenburgs. Diese **Vertragsinhalte** oder Vertragsfolgen **vergifteten die innenpolitische Atmosphäre in Deutschland** nachhaltig und bildeten den Nährboden der rechtsgerichteten Agitation und Propaganda.

Die Bewertung des Vertrags änderte sich **nach 1945.** Der Vertrag wurde mit der entsprechenden Distanz und vor dem Hintergrund des Zweiten Weltkriegs nun nicht mehr als ausschließliche Ursache für den Untergang Weimars gesehen, sondern die **Bedeutung anderer Faktoren** betont (zu wenige Demokraten, Mentalitäten aus dem Kaiserreich, strukturelle Mängel der Verfassung etc.).

Innenpolitische Belastungen der Anfangsjahre (1919–1923)

Die **Weimarer Republik** wurde **in** ihren **Anfangsjahren von** zahlreichen **gravierenden Problemen erschüttert**, die die innere Zerrissenheit Deutschlands verdeutlichen. Dazu gehörten neben dem Versailler Vertrag die Entstehung von Räterepubliken, der Kapp-Putsch, kommunistische Aufstände als Gegenreaktion, der politische Mord, der Ruhrkampf, die Inflation, separatistische Bestrebungen und der Hitler-Putsch.

Sozialistische Räterepubliken entstanden in zahlreichen Städten, die gefährlichsten in Bremen, Braunschweig, München und im Vogtland. Sie wurden ausnahmslos im Auftrag der Regierung von Reichswehr und Freikorps brutal niedergeschlagen.

Der **Kapp-Putsch** (März 1920) machte die Schwäche der Republik, die Unzuverlässigkeit der Reichswehr, die Unzufriedenheit weiter Kreise mit dem neuen Staat, die Rechtslastigkeit der Justiz und das Selbstbewusstsein der rechtsradikalen Parteien und Gruppierungen deutlich.

Er löste **als Gegenreaktion kommunistische Aufstände** in vielen Städten und Gebieten, vor allem im Ruhrgebiet und im sächsisch-thüringischen Grenzgebiet aus. Sie wurden, wiederum im Auftrag der Regierung, in erbitterten Kämpfen von Reichswehr und Freikorps niedergeschlagen.

Der **Einsatz von Militär und Freikorpstruppen** schwächte die Weimarer Koalition, vor allem die SPD, und **bewirkte starke Stimmenverluste der staatstragenden** und starke Gewinne der rechtsradikalen **Parteien.**

Der **politische Mord**, meist von rechtsradikalen ehemaligen Soldaten an Linkspolitikern, an „Novemberverbrechern" und „Rassefremden" verübt, war für die Rechtsradikalen ein „legitimes" und sogar „ehrenwertes" Mittel der politischen Auseinandersetzung. Staatliche Gegenmaßnahmen zeigten wenig Wirkung, da der politische Mord oft von „verständnisvollen" Vorgesetzten oder rechtslastigen Richter gar nicht oder sehr milde bestraft wurde.

Ruhrkampf, **Inflation**, **Separatismus** und **Hitler-Putsch** machten das Jahr **1923** zu einem „**Krisenjahr**". Sie stürzten die Republik in eine Existenz gefährdende Krise, schwächten die demokratischen Kräfte und radikalisierten die politischen Verhältnisse.

Der Rapallo-Vertrag (16. 4. 1922)

Die Konferenz von Genua hatte das Ziel, die UdSSR durch massive Wirtschaftshilfe politisch abhängig zu machen. Dies vereitelten Deutschland und die UdSSR durch den Rapallo-Vertrag.
Inhalt: Intensivierung der Handelsbeziehungen, Aufnahme diplomatischer Beziehungen. **Bedeutung:** Durchbrechen der außenpolitischen Isolation, die UdSSR versprach sich wirtschaftliche und technische Gewinne, Deutschland günstigere Voraussetzung für die Rückgewinnung der Ostgebiete.

Die Bedingungsfaktoren der Außenpolitik

Sie waren sehr kontinuierlich, da die übergeordneten **Ziele** aller Regierungen identisch waren: Revision des Versailler Vertrages; Streichung der Art. 227 und 231 und der Reparationen; Rückgewinnung der Ostgebiete. Hierfür gab es zwei **Wege**: Befreiung aus der außenpolitischen Isolation bzw. Aussöhnung mit Großbritannien und mit Frankreich.

Stresemann, Chamberlain und Briand während der Verhandlungen in Locarno 1925

Die Verträge der Weimarer Republik

Die Locarno-Verträge (16. 10. 1925)

Sie bestanden aus:
Westpakt (= Rhein- oder Sicherheitspakt): Garantie der französischen und belgischen Ostgrenzen durch Großbritannien und Italien; Aufnahme Deutschlands in den Völkerbund.
Schiedsabkommen zwischen Deutschland, Frankreich, Belgien: Regelung von Streitigkeiten in Zukunft durch Schiedsgerichte.
Schiedsverträge zwischen Deutschland, Polen, Tschechoslowakei: Regelung von künftigen Streitigkeiten durch Schiedsgerichte. Sie bezogen sich ausdrücklich nicht auf frühere Streitigkeiten. Dieser zeitliche Vorbehalt ließ also eine Revision der Ostgrenzen offen.
Bedeutung: Die Locarno-Verträge bedeuteten die Anerkennung des Status quo im Westen, hielten jedoch die Revision der Ostgrenzen offen. Deutschland wurde am 10.10.1926 in den Völkerbund aufgenommen, Stresemann erhielt den Friedensnobelpreis.

Der Berliner Vertrag (24. 4. 1926)

Die UdSSR befürchtete eine Abkehr Deutschlands von der Rapallo-Politik. Deshalb schloss sie mit Deutschland einen Vertrag.
Inhalt: Verständigung über politische und wirtschaftliche Fragen, militärische Neutralität, wenn ein Vertragspartner von einem Dritten angegriffen wird. Die Rechtskreise in Deutschland, die den Westpakt vehement abgelehnt hatten, begrüßten den Berliner Vertrag, da sie in ihm ein gegen Polen und die Tschechoslowakei gerichtetes Zweckbündnis sahen.

Die Entwicklung der Reparationen

1919	Spa: Festlegung des Verteilerschlüssels, Frankreich sollte 52 % der Reparationen erhalten, Großbritannien 22 %, Italien 10 %, Belgien 8 % und die restlichen Sieger 8 %.
1920	Boulogne: völlig unrealistische Summe von 269 Mrd. Goldmark
1921	Paris: Reduzierung auf 226 Mrd. Goldmark
1921	London: Deutschland lehnte die Forderungen ab, Besetzung von Düsseldorf, Duisburg und Ruhrort durch französische, britische und belgische Truppen
1924	London: Der Dawes- Plan brachte deutliche Verbesserungen: US-Kredit von 800 Mio. $ für den Wirtschaftsaufbau Deutschlands, keine endgültige Festlegung der Gesamtsumme.
1929	Paris: Der Young-Plan legte die Gesamthöhe der Reparationen auf 126 Mrd. Goldmark fest, zahlbar in 59 Jahren, und die sofortige Räumung des besetzten Rheinlandes. Die Rechtskreise verteufelten den Young-Plan als „feige Erfüllungspolitik" und initiierten ein Volksbegehren, das jedoch fehlschlug.
1931	Der US-Präsident Hoover verkündete angesichts der Weltwirtschaftskrise einen einjährigen Zahlungsaufschub (= Moratorium).
1932	Lausanne: Festlegung der restlichen Reparationen auf 3 Mrd. Goldmark
1934	Endgültige Einstellung der Reparationszahlungen, die Gesamtsumme der geleisteten Reparationszahlungen bezifferten die Alliierten mit 20 Mrd., Deutschland mit 53 Mrd. Mark.

Das Problem der Reparationen

Beurteilung Stresemanns

Stresemann, der von 1923 bis 1929 Außenminister war, wird uneinheitlich beurteilt. Manche betrachten ihn wegen seiner (angeblichen) Friedenspolitik als „großen Europäer" und als „Friedenspolitiker". Andere sehen in ihm zu Recht den nationalen Revisionspolitiker, der aufgrund des Versailler Vertrags und der außenpolitischen Verhältnisse lediglich andere Mittel und Methoden benutzte als z.B. Hitler.

Das Problem der Reparationen

Die Reparationen waren zwischen Siegern und Besiegten, aber auch unter den Siegern selbst von Anfang an heftig umstritten. Die Höhe der Reparationen wurde von den am Krieg beteiligten Nationen als Gradmesser für Sieg bzw. Niederlage angesehen und war deshalb äußerst prestigebeladen. Diese Reparationsproblematik ergab sich aus ihrem finanziellen, politischen und vor allem emotionalen Gehalt. Frankreich z.B. stellte völlig unerfüllbare Reparationsforderungen, um bei Nichterfüllung jederzeit gegen Deutschland vorgehen zu können. Deutschland lehnte die alleinige Kriegsschuld und damit die Reparationsforderungen ab. Die Reparationen wurden in Deutschland als zutiefst ungerechtes Knebelungsinstrument der Sieger vehement zurückgewiesen und dienten den Rechten als wirksames innenpolitisches Propaganda- und Agitationsmittel.

KURZINFO

9 Die Außenpolitik der Weimarer Republik

- Die Außenpolitik der Weimarer Republik war durchgehend revisionistisch.
- Der Rapallo-Vertrag von 1922 brachte den Vertragspartnern Deutschland und UdSSR große Vorteile.
- Die Locarno-Verträge von 1925 lösten (auf dem Papier) ein europäisches Kernproblem (Garantie der französischen und belgischen Ostgrenzen).
- Der Eintritt in den Völkerbund (1926) machte Deutschland zu einem gleichberechtigten europäischen Partner.
- Der Berliner Vertrag zwischen Deutschland und der UdSSR (1926) setzte die Rapallo-Politik fort.
- Die Reparationen belasteten die innenpolitischen Verhältnisse Deutschlands erheblich. Daran änderten auch der Dawes-Plan (1924) und der Young-Plan (1929) nichts, obwohl sie deutliche Verbesserungen brachten.
- Die Weltwirtschaftskrise führte 1934 zur Einstellung der Reparationen.

Bedingungsfaktoren

Bedingungsfaktoren der Weimarer Außenpolitik:

- **Ziele**: Revision des Versailler Vertrags, d.h. Gleichberechtigung Deutschlands, Streichung der Art. 227 und 231, Rückgewinnung der Ostgebiete und Beseitigung des polnischen Korridors, Streichung der Reparationen
- **Wege**: Befreiung aus der außenpolitischen Isolation; Aussöhnung mit Großbritannien und (vor allem) Frankreich

Die Außenpolitik der Weimarer Republik ist durch eine auffallende Kontinuität gekennzeichnet, auch wenn dies aufgrund des Pendelns zwischen Ost- und Westorientierung (Rapallo, Locarno, Berliner Vertrag) auf den ersten Blick nicht deutlich wird. Ausschlaggebend für diese Kontinuität sind folgende **Bedingungsfaktoren** der deutschen Außenpolitik: Die übergeordneten und langfristigen Ziele aller Regierungen bestanden in der Wiedererlangung der politischen Stärke Deutschlands, in der Revision des Versailler Vertrags, vor allem jedoch in der Rückgewinnung der an Polen verlorenen „urdeutschen" Gebiete und der damit verbundenen Korrektur des „unerträglichen" polnischen Korridors.
Bei der Erreichung dieser Ziele mussten bestimmte Faktoren berücksichtigt werden: Die Isolierung Deutschlands, die Feindschaft Frankreichs und dessen extremes Sicherheitsbedürfnis gegenüber Deutschland, das Festhalten Großbritanniens an seiner traditionellen balance-of-power-Politik und die Entstehung des politisch-ideologischen Gegensatzes zwischen den Westmächten und der Sowjetunion.
Es boten sich **zwei Wege** zur Erreichung der Ziele an: 1. Die Gewinnung eines oder mehrerer Bündnispartner, um die außenpolitische Isolation zu durchbrechen; 2. Die Aussöhnung mit Großbritannien und Frankreich, um das Misstrauen der Alliierten zu verringern und ihr teilweise großes Sicherheitsbedürfnis (Frankreich) zu befriedigen.

Der Rapallo-Vertrag

Vorgeschichte: Als das zweite Kabinett Wirth (Okt. 1921–Nov.1922) daran ging, die außenpolitische Isolation zu durchbrechen, bot sich als **einziger Bündnispartner** die ebenfalls isolierte **UdSSR** an. Das Verhältnis der beiden Staaten zueinander war aus politischen, gesellschaftlichen und ideologischen Gründen zwiespältig und entwickelte sich auch in der Folgezeit so. In der konkreten Situation der beginnenden 20er-Jahre überwogen jedoch die **Gemeinsamkeiten** (Isolation, Opposition gegenüber den westlichen Siegermächten, die traditionelle "Beute Polen").

1921 schlug der britische Premierminister Lloyd George ein internationales Wirtschaftskonsortium vor, das den wirtschaftlichen Neuaufbau Mittel- und Osteuropas beschleunigen sollte. Hinter diesem Vorschlag stand die Absicht, die Wirtschaftshilfe für die UdSSR von politischen Zugeständnissen abhängig zu machen, um so Einfluss auf den kommunistischen Staat nehmen zu können. Über die Modalitäten des Lloyd-Plans sollte eine internationale Konferenz zu Genua entscheiden. Im Vorfeld der Konferenz kam es zu einer Verständigung zwischen der UdSSR und Deutschland, die beide außenpolitisch isoliert waren. Sie torpedierten die geplante Konferenz, indem sie vor ihrer Eröffnung zu Rapallo (Vorort von Genua) am 16.4.1922 mit einem Vertrag an die Öffentlichkeit traten.

Inhalt: Die Vertragspartner vereinbarten den Verzicht auf alle Forderungen, die sich aus dem Krieg ergaben, die Intensivierung der Handelsbeziehungen, die Aufnahme diplomatischer Beziehungen und die Absprache eines gemeinsamen Vorgehens bei der Regelung wirtschaftlicher Fragen auf internationaler Ebene. Damit erteilten sie dem Lloyd-Plan bzw. ähnlichen Plänen eine diplomatisch formulierte, aber klare Absage.

Bedeutung: Der Rapallo-Vertrag hatte für beide Vertragspartner eine große Bedeutung: Sie waren nun außenpolitisch nicht mehr isoliert, intensivierten die (heimliche) militärische Zusammenarbeit auf russischem Boden, die UdSSR versprach sich wirtschaftliche und technologische Gewinne, Deutschland günstigere Voraussetzungen für die Rückgewinnung der Ostgebiete.

Der **Vertrag** war nicht nur **im Ausland**, sondern auch **in Deutschland** recht **umstritten**: Einige deutsche Politiker befürchteten erneute Spannungen mit den Westmächten, die Mehrheit begrüßte den Vertrag als Voraussetzung für die Rückgewinnung der Ostgebiete. Die UdSSR sah den Vertrag als Modellvertrag für künftige Beziehungen zu kapitalistischen Mächten, Frankreich bewertete ihn als Beginn der deutschen Revanchepolitik und betrieb eine aggressive Deutschlandpolitik (→ S. 163, Ruhrbesetzung).

Der **Rapallo-Vertrag**

Vorgeschichte: Die von Lloyd George initiierte internationale Wirtschaftskonferenz (April 1922) sollte der UdSSR massive Wirtschaftshilfe gewähren, um so politischen Einfluss auf sie zu nehmen.
Die beiden außenpolitisch isolierten Staaten Deutschland und UdSSR vereitelten diesen Plan durch den Rapallo-Vertrag (16.4.1922).

Inhalt: Intensivierung der Handelsbeziehungen, Aufnahme diplomatischer Beziehungen, gemeinsames Vorgehen in einer ähnlichen Situation

Bedeutung: Durchbrechen der außenpolitischen Isolation, wirtschaftliche und technologische Gewinne (UdSSR), günstigere Voraussetzungen für die Rückgewinnung der verlorenen Ostgebiete (Deutschland)

Die Locarno-Verträge

Die **Locarno-Verträge** bestanden aus:
- Westpakt (= Rhein- oder Sicherheitspakt): Garantie der französischen und belgischen Ostgrenzen, Garantiemächte waren Großbritannien und Italien; Aufnahme Deutschlands in den Völkerbund
- Schiedsabkommen zwischen Deutschland, Frankreich und Belgien
- Schiedsverträge zwischen Deutschland – Polen und Deutschland – CSR; der zeitliche Vorbehalt (die Verträge galten nur für künftige Streitigkeiten) ließ die Revision der Ostgrenzen offen.

Grundlagen und Prinzipien der Stresemann'schen Außenpolitik: Auch bei Gustav Stresemann (Außenminister von 1923–1929 → S. 174) dominierten **nationalistische und revisionistische** außenpolitische **Ziele**. Allerdings versuchte er sie nicht gegen die Westalliierten, sondern mit ihnen zu erreichen. Obwohl die außenpolitische Lage Deutschlands zu Beginn des Jahres 1925 nicht günstig war (Rapallo-Vertrag, aggressive französische Deutschlandpolitik) bot Stresemann Frankreich, Belgien, Großbritannien und Italien einen Sicherheitsvertrag an, der die Ostgrenzen Frankreichs und Belgiens garantieren sollte.

Das Vertragswerk: Die am 16. 10. 1925 unterzeichneten Verträge hatten folgende Inhalte:

- Der **Westpakt** (auch Rhein- oder Sicherheitspakt): Frankreich, Belgien, Großbritannien, Italien und Deutschland vereinbarten die Aufrechterhaltung des territorialen Status quo der deutsch-französischen und der deutsch-belgischen Grenze laut Versailler Vertrag und die Aufnahme Deutschlands in den Völkerbund. Sie verpflichteten sich durch **Schiedsabkommen**, ihre Streitigkeiten in Zukunft durch Schiedsgerichte zu regeln. Der Pakt erhielt für Frankreich eine größere Bedeutung, weil ihn Großbritannien und Italien garantierten.
- **Schiedsverträge** zwischen Deutschland und Polen sowie Deutschland und der Tschechoslowakei (CSR). Beide Schiedsverträge beinhalteten die friedliche Regelung aller Streitfragen, keine gewaltsamen Grenzveränderungen im Osten. Sie implizierten jedoch **keine vertragliche Fixierung der Ostgrenzen**. Sie sollten nämlich keine Anwendung finden „auf Streitfragen, die aus Tatsachen entsprungen sind, die zeitlich vor diesem Abkommen liegen und der Vergangenheit [also dem Versailler Vertrag] angehören". Dieser **zeitliche Vorbehalt** bedeutete in der Praxis, dass sich Deutschland die Revision der Ostgrenzen offen gehalten hatte. Damit entstanden im Osten und Westen Deutschlands **Grenzen unterschiedlicher Qualität**.

Die Aufnahme der Verträge: Stresemanns Angebot wurde im Ausland als „Quadratur des Kreises" angesehen, da es ein wesentliches europäisches Kernproblem entschärfte und den Frieden stabilisierte. In Deutschland wurden die Locarno-Verträge von den Regierungsparteien gelobt; die Rechtskreise geißelten die Locarno-Verträge als „feige Erfüllungspolitik", als „zweites Versailles" und als Landesverrat. Stresemann verfolgten sie mit glühendem Hass (Stresemann, verwese man! [mal]). Die DNVP trat aus der Regierung aus und selbst Stresemanns Partei (DVP) spaltete sich.

Auch die Aufnahme in den Völkerbund (mit ständigem Sitz) am 10.10.1926 stieß auf große Ablehnung, da der Völkerbund immer noch als Knebelungsinstrument der Sieger angesehen wurde und mit den USA und der UdSSR zwei wichtige Staaten nicht in ihm vertreten waren.

Die Bedeutung der Locarno-Verträge: Die Locarno-Verträge bzw. der von den Vertragspartnern immer wieder beschworene „Geist von Locarno" bewirkte **keine dauerhafte Veränderung der europäischen** außenpolitischen **Situation**. Auch für Deutschland brachte er nur kurzfristige Gewinne (Mitgliedschaft im Völkerbund, d.h. Wiedereintritt in den Kreis der europäischen Großmächte, Imagegewinn). Mit der Verschlechterung der wirtschaftlichen und der Radikalisierung der politischen Situation durch die Weltwirtschaftskrise nahm auch die Bereitschaft ab, die europäischen und nationalen Probleme gemeinsam zu lösen. Mit der Kanzlerschaft Hitlers verlor er praktisch seine Bedeutung.

Die **Bedeutung**:
- keine dauerhafte Veränderung der außenpolitischen europäischen Verhältnisse
- kurzfristige Gewinne für Deutschland (Mitgliedschaft im Völkerbund = Wiedereintritt in den Kreis der europäischen Großmächte, Imagegewinn)

Der Berliner Vertrag

Die Locarno-Verträge und den bevorstehenden Eintritt Deutschlands in den Völkerbund sah die UdSSR als Westorientierung Deutschlands und als Aufgabe der Rapallo-Politik an und befürchtete eine erneute Isolation. Sie strebte deshalb einen militärischen Neutralitätsvertrag mit Deutschland an. Weil Stresemanns langfristiges Hauptziel nach wie vor die Revision der Ostgrenzen war und Deutschland dafür die UdSSR brauchte, wurde der Vertrag am 24.4.1926 unterzeichnet. Er hatte eine Laufzeit von fünf Jahren, setzte die zu Rapallo eingeschlagene Linie fort und vereinbarte die Verständigung über politische und wirtschaftliche Fragen sowie die Neutralität, wenn ein Vertragspartner von einem Dritten angegriffen wird.
Von den Rechtskreisen wurde der Vertrag als ein gegen Polen gerichtetes Zweckbündnis begrüßt, da nun eine britisch-französisch-russische Allianz nicht mehr möglich war.

Der von der UdSSR angestrebte Neutralitätsvertrag (Berliner Vertrag) von 1926 setzte Rapallo fort (Verständigung über politische und wirtschaftliche Fragen, militärische Neutralität).

Die Beurteilung Stresemanns

Stresemann verbesserte das deutsch-französische Verhältnis wesentlich, übernahm im Völkerbund in Anlehnung an Bismarcks Politik die Rolle des ehrlichen Maklers, verschaffte Deutschland ein neues Image und machte es zu einem angesehenen und gleichberechtigten Mitglied im Völkerbund. Dafür erhielt er 1926 (zusammen mit seinem französischen Amtskollegen Aristide Briand) den Friedensnobelpreis. Trotzdem erreichte er weder eine Revision des Versailler Vertrags noch die vorzeitige Räumung des Rheinlands. Lediglich die Verbesserung der Reparationsbedingungen durch den Young-Plan stellte einen kleinen Erfolg dar. Deshalb setzte sich bei den national Denkenden in Deutschland die Ansicht durch, dass man die „Ketten von Versailles" gewaltsam sprengen müsse.

Die **Beurteilung Stresemanns** ist bis heute uneinheitlich. Er gilt manchen als „großer Europäer", „deutscher Staatsmann europäischen Formats", „Friedenspolitiker".

Andere sehen in ihm den nationalen Revisionspolitiker, der als Realpolitiker lediglich andere Mittel und Methoden der Außenpolitik benutzte.

Entscheidend: Stresemann war ein nationaler Revisionspolitiker, der sich vor allem durch seine Mittel und Methoden von seinen Vorgängern und Nachfolgern unterschied.

Die Beurteilung Stresemanns war und ist sehr gegensätzlich. Das Ausland würdigte seine politischen Initiativen, die Rechten sahen in ihm einen Landesverräter. In der SPD und der DVP war seine Politik umstritten. Auch heute noch wird Stresemann kontrovers beurteilt. Den einen gilt er als **„Vertreter des europäischen Gedankens"**; als „Vorkämpfer einer überstaatlichen europäischen Ordnung". Andere sehen in ihm den nationalen **Revisionspolitiker**, dessen revisionspolitische Ziele sich von denen Hitlers nicht unterschieden.
Entscheidend ist: Stresemann war weder Demokrat noch Europapolitiker aus Überzeugung. Er war **immer** ein **nationaler Revisionspolitiker**. Was ihn von seinen Amtsvorgängern und Amtsnachfolgern unterschied, waren die Mittel und Methoden zur Erreichung seiner Ziele und der klare Blick für das Machbare.

Das Problem der Reparationen

Die **Reparationsproblematik** ergab sich aus ihrem politischen und emotionalen Gehalt. Deutschland wies die alleinige Kriegsschuld zurück und lehnte Reparationsforderungen deshalb ab; Frankreich stellte völlig unerfüllbare Reparationen, um jederzeit gegen Deutschland vorgehen zu können.

Bedeutung: Die Reparationen waren zwischen Siegern und Besiegten, aber auch unter den Siegern selbst, von Anfang an heftig umstritten. Hierfür gab es zahlreiche Ursachen: Die Höhe der Reparationen wurde von den am Krieg beteiligten Nationen als Gradmesser für Sieg bzw. Niederlage angesehen und war deshalb sehr prestigebelastet. Da die Deutschen die alleinige Kriegsschuld vehement zurückwiesen (→ S. 127, 156), galten die Reparationen als zutiefst ungerechtes Knebelungsinstrument der Sieger. Zudem hatte Frankreich sich durchgesetzt und die Reparationen in unerfüllbare Höhen getrieben, wodurch es sich eine pseudorechtliche Grundlage schuf, jederzeit gegen Deutschland vorzugehen (vgl. Ruhrkampf, → S. 163). Aus diesen Gründen wurden die Reparationen in Deutschland grundsätzlich abgelehnt und dienten den Rechten als wirksames Propaganda- und Agitationsmittel.

Konferenzen, Pläne, Beschlüsse:

- 1919 (Spa): Festlegung des **Verteilerschlüssels**; Frankreich erhielt 52% der gesamten Reparationen, Großbritannien 22%, Italien 10%, Belgien 8% und die restlichen Sieger 8%.
- 1920 (Boulogne): Frankreich erreichte von Großbritannien die Einigung auf die unrealistische Reparationssumme von **269 Mrd. Goldmark**.
- 1921 (Paris): Reduzierung der von Deutschland zu zahlenden Reparationen auf **226 Mrd. Goldmark**.
- 1921 (London): Ablehnung der Forderungen durch die deutsche Delegation. Folge: Besetzung von Düsseldorf, Duisburg und Ruhrort durch französische, britische und belgische Truppen. Reduzierung der Gesamtsumme auf **132 Mrd. Goldmark;**
- 1924 (London): Erstmals behandelte eine Sachverständigenkommission unter der Leitung des amerikanischen Wirtschaftsexperten Charles Dawes das Reparationsproblem. Der **Dawes-Plan** beinhaltete: Wiederherstellung der deutschen Wirtschaft mit Hilfe eines US-Kredits in Höhe von 800 Mio. Goldmark; Sanktionen können nicht mehr von einer Nation verhängt werden; Deutschland zahlt die Reparationen durch steigende Annuitätsraten, die von 1 Mrd. Goldmark (1924) auf 2,5 Mio. (ab 1928) ansteigen sollten; die endgültige Höhe der Reparationssumme und der Zahlungszeitraum werden noch nicht festgelegt.
- 1929 (Paris): Der nach dem amerikanischen Finanzexperten Owen **Young** benannte Plan legte fest: Zahlungszeitraum 59 Jahre, steigende Annuitäten, Gesamtsumme **126 Mrd. Goldmark**, vorzeitige Räumung des Rheinlands (1930 statt 1935). Trotz deutlicher Verbesserungen bewirkte der Young-Plan in Deutschland eine drastische innenpolitische Verschlechterung wegen der maßlosen Agitation der Rechtskreise. Ein von Hitler und Hugenberg (DNVP) initiiertes Volksbegehren gegen den Young-Plan (u.a. Verurteilung der Politiker, die den Young-Plan annehmen wegen Landesverrats) scheiterte.
- 1931: Der US-Präsident Herbert **Hoover** verkündete auf dem Höhepunkt der Weltwirtschaftskrise einen einjährigen Zahlungsaufschub (**Moratorium**) für alle internationalen Kriegsschulden und Reparationszahlungen, dem sich Frankreich widerstrebend anschloss.
- 1932 (Lausanne): Festlegung der **restlichen Reparationen** auf **3 Mrd. Goldmark** (in Devisen);
- 1934: endgültige **Einstellung der Reparationszahlungen**. Die Gesamtsumme der geleisteten Reparationszahlungen wurde von Deutschland mit 53 Mrd. Mark, von den Alliierten mit 20 Mrd. Mark errechnet.

Die **Entwicklung der Reparationen:**

Zunächst waren die Reparationen unerfüllbar hoch (269 Mrd. Goldmark). Erst 1924 setzen sich mit dem **Dawes-Plan** wirtschaftliche Überlegungen durch. Der Dawes-Plan (wirtschaftlicher Aufbau Deutschlands durch einen **amerikanischen Kredit** in Höhe von 800 Mio. Goldmark, keine einseitigen Sanktionen, keine endgültige Festlegung der Gesamtsumme) brachte deutliche Verbesserungen und führte zu einer (kurzfristigen) Entspannung.

Der **Young-Plan** legte als Gesamthöhe der Reparationen 126 Mrd. Goldmark fest, zahlbar in 59 Jahren, und die vorzeitige Räumung des Rheinlands.

Für die Rechtsparteien und Rechtskreise war der Young-Plan „feige Erfüllungspolitik“. Hitler und Hugenberg (DNVP) initiierten ein Volksbegehren gegen den Young-Plan, das jedoch fehlschlug.

1931 setzte der amerikanische Präsident Hoover die Reparationen für ein Jahr aus. 1932 wurden die von Deutschland noch zu zahlenden Reparationen auf 3 Mrd. Goldmark festgesetzt.
1934: **endgültige Einstellung der Reparationen**

PORTRÄT

GUSTAV STRESEMANN
(10.5.1878 – 3.10.1929)

- Volkswirt
- überzeugter Anhänger der Monarchie
- 1907 – 12, 1914 – 18, 1920 – 29 Mitglied des Reichstags
- gründet 1918 die Deutsche Volkspartei (DVP)
- 13.8.1923 – 23.11.1923 Reichskanzler
- 13.8.1923 – 3.10.1929 Reichsaußenminister; in dieser Zeit ist er der angesehenste und erfolgreichste Staatsmann der Weimarer Republik
- 1926: Verleihung des Friedensnobelpreises

Die Außenpolitik der Weimarer Republik

Die **Außenpolitik** der Weimarer Republik war grundsätzlich **revisionistisch** und weist deshalb eine **ausgeprägte Kontinuität** auf.

Mit dem **Rapallo-Vertrag** mit der UdSSR **(1922)** durchbrach das Deutsche Reich die außenpolitische Isolation.

Mit **Stresemann als Außenminister** (1923–1929) änderten sich zwar die Mittel und Methoden, nicht jedoch die Ziele der deutschen Außenpolitik. Für den Realpolitiker Stresemann war der Ausgleich mit den Westmächten, in erster Linie mit Frankreich, die Grundvoraussetzung für seine revisionspolitischen Ziele im Osten. Deshalb initiierte er die **Locarno-Verträge (1925)**. Sie bestanden aus dem Rhein-, Sicherheits- oder Westpakt (Garantie der französischen und belgischen Ostgrenze, Garantiemächte sind Großbritannien und Italien), aus Schiedsabkommen mit Frankreich und Belgien sowie Schiedsverträgen mit Polen und der CSR.

Letztere bezogen sich ausdrücklich nicht auf Streitfälle, die vor Vertragsabschluss entstanden waren, und ließen deshalb die Revision der Ostgrenzen offen. Die **Locarno-Verträge schufen** deshalb im Osten und Westen Deutschlands **Grenzen unterschiedlicher Qualität**.

Die Locarno-Verträge führten zu einer **kurzfristig deutlichen Verbesserung** des deutsch-französischen Verhältnisses und brachten Deutschland als Mitglied des Völkerbundes (1926) wieder in das europäische Konzert der Großmächte zurück.

Während die Locarno-Verträge im **Ausland** als **„Quadratur des Kreises"** gesehen und dementsprechend begrüßt wurden, waren die Meinungen in Deutschland geteilt. Während die Regierungsparteien die Verträge begrüßten, geißelten die **Rechtskreise** sie als **„feige Erfüllungspolitik"**.

Der **Berliner Vertrag**, der **1926** auf Initiative der UdSSR zustande kam, setzte die Rapallo-Politik fort. Er war ein Neutralitätsvertrag und wurde auch von den Rechten als Grundvoraussetzung revisionistischer Politik im Osten begrüßt.

Die Beurteilung **Stresemanns** ist bis heute umstritten. Er wird als **großer Europäer**, als „Friedenspolitiker" und als „deutscher Staatsmann europäischen Formats" gesehen **oder** als **Revisionspolitiker**, der sich nur durch seine politischen Mittel und Methoden von seinen Amtsvorgängern und Amtsnachfolgern unterschied.

Die **Reparationsforderungen vergifteten** das Verhältnis Deutschlands zu den Siegermächten ebenso nachhaltig wie **die innenpolitische Atmosphäre**. Nach zunächst völlig unrealistischen Forderungen, die Frankreich erzwang, setzte mit dem Dawes-Plan 1924 eine sachlichere Behandlung dieses Themas ein. Der Young-Plan 1929 brachte weitere finanzielle und politische Verbesserungen. Die Weltwirtschaftskrise sorgte 1934 für die Einstellung der Reparationen.

Luftschiff Graf Zeppelin

Die „Goldenen Zwanzigerjahre"

Währungsreform und Dawes-Kredite bewirkten zwischen 1924 und 1929 eine deutliche Verbesserung der innenpolitischen Lage.
Wirtschaft: Charakteristika waren rasches Wachstum, Anschluss an die Weltwirtschaft; Entstehung moderner Industriezweige (Flugzeug-, Auto-, Rundfunk-, Filmindustrie, chemische, optische Industrie).
Eine Reihe von wirtschaftlichen Problemen und Risiken überschattete jedoch die positive Entwicklung: Die Arbeitslosigkeit wuchs aufgrund der modernen Produktionsmethoden (Fließband), ein Teil der Landwirtschaft war unrentabel, die Dawes-Kredite waren kurzfristig. Die gute Lage war deshalb letztlich nur eine „Konjunktur auf Pump".
Sozialpolitik: Sie brachte zunächst deutliche Verbesserungen wie den Achtstunden-Arbeitstag, Frauenwahlrecht, Koalitionsfreiheit, Angestelltenversicherung, Arbeits- und Kündigungsschutz für werdende Mütter, Arbeitslosenversicherung, Überstundenzuschläge. Diese Entwicklung stagnierte gegen Ende der 20er-Jahre und wurde in der Zeit der Weltwirtschaftskrise sogar rückläufig.
Technik, Naturwissenschaften, Medizin entwickelten sich besonders stark, erhielten höchste Auszeichnungen, erreichten Weltniveau (Luftschiff „Graf Zeppelin", Großverkehrsflugzeug DO X) oder wurden weltweit führend.
Kulturelle Blütezeit: Kunst und Kultur (Malerei, Literatur, Theater, Musik, Architektur) erreichten einen Höhepunkt und Berlin konnte sich als kulturelles Zentrum mit Paris und London messen.

Die ruhigen Jahre der Weimarer Republik

Die Schwäche des Parlamentarismus

Obwohl mit der positiven Entwicklung eine Abschwächung des Radikalismus einherging, war der Parlamentarismus aus zwei Gründen schwach:
Die breite Parteienlandschaft und die parteipolitische Feindschaft zwischen den staatstragenden und den staatsablehnenden Parteien. Die gemäßigten Parteien verloren Wählerstimmen, Regierungen wechselten öfters, der Reichstag wurde häufiger aufgelöst und bei der Reichspräsidentenwahl 1925 mussten die staatstragenden Parteien den Antidemokraten Hindenburg unterstützen, um Hitler zu vermeiden.

Das Scheitern der Großen Koalition

Die eigentliche Ursache für das Scheitern der Großen Koalition (SPD, DDP, Z, BVP, DVP) am 27.3.1930 war der politische Egoismus der Flügelparteien SPD und DVP, die bei Beibehaltung der „unnatürlichen Koalition" große Wählerverluste befürchteten und sie deshalb beendeten.

10 Die ruhigen Jahre der Weimarer Republik und ihr Untergang

Die Präsidialkabinette (1930 - 1933)

Sie waren ausschließlich vom Vertrauen des Reichspräsidenten abhängig, regierten nicht mehr mit einer Reichstagsmehrheit, sondern nur noch mit Notverordnungen des Reichspräsidenten.
Das Kabinett Brüning (Zentrum, 30.3.1930 - 30.5.1932): Brüning ordnete die Wirtschaftspolitik der Außenpolitik unter, um die Zahlungsunfähigkeit Deutschlands zu beweisen. Maßnahmen: Deflationskurs, Senkung von Löhnen und Gehältern, Kürzung der Renten und Sozialleistungen. Dadurch sanierte er zwar den Staatshaushalt, vergrößerte aber die Not von Millionen Deutschen und verschärfte den Radikalismus.
Das Kabinett von Papen (parteilos, 1.6.-2.12.1932): Ergebnis seiner entschiedenen Rechtspolitik sollte ein autoritärer „neuer Staat" sein, d.h. die Wiederherstellung der politischen Verhältnisse des Kaiserreiches. Als ersten Schritt ließ er die preußische Regierung Braun (SPD) absetzen und übernahm als Reichskommissar die Regierungsgeschäfte („Preußenschlag"). Sein neuer Staat sah vor: Preußischer Ministerpräsident ist der Reichspräsident, dem allein die Reichsregierung verantwortlich ist; Wahlen sind öffentlich, ungleich und indirekt. Papen stürzte, da die Reichswehr die Unterstützung verweigerte.
Das Kabinett von Schleicher (parteilos, 2.12.1932-28.1.1933): Schleicher wollte ein „sozialer General" sein, erreichte jedoch keine Zusammenarbeit mit der SPD und konnte die NSDAP nicht spalten. Einen Staatsstreich verweigerte ihm Hindenburg und entließ ihn.
Das Kabinett Hitler (NSDAP, Ernennung 30.1.1933): Papen empfahl Hitler dem Reichspräsidenten, da er glaubte, ihn mithilfe Hindenburgs durch ein mit seinen Leuten besetztes Kabinett „einrahmen" zu können. Hindenburg ernannte Hitler widerwillig, aber ohne zwingende Notwendigkeit.

Der Untergang

Die Ursachen des Untergangs der Weimarer Republik

Zahlreiche Ursachen, die zusammenwirkten, waren ausschlaggebend für das Scheitern der Weimarer Republik:
Schwäche der demokratischen Tradition und Stärke der obrigkeitsstaatlichen Einstellung: keine demokratische Entwicklung, Übergang von Monarchie zur Republik zu schnel, Volk blieb überwiegend antidemokratisch;
strukturelle Fehler der Weimarer Reichsverfassung;
wirtschaftliche Belastungen: Weltwirtschaftskrise, Brünings Sparpolitik, Reparationen);
außenpolitische Belastungen als Folgen des Ersten Weltkrieges: Art. 228 und Art. 231, Gebietsverluste im Osten, polnischer Korridor, Selbstmitleid der Deutschen, fehlende Bereitschaft, die Gegebenheiten zu akzeptieren.
Versagen bzw. Rolle einzelner Politiker: Hindenburg, Brüning, Papen, Hitler.
Rolle der Parteien und Interessenvertretungen: Spaltung der Arbeiterschaft; destruktives Verhalten der staatsfeindlichen Parteien.
Entscheidend: Die wichtigsten Ursachen für das Scheitern der ersten deutschen Demokratie lagen auf dem Felde der Mentalität, der Einstellungen und des Denkens. Die Bevölkerung war mehrheitlich antidemokratisch und nicht bereit, das neue (aufgezwungene) politische System auf Dauer zu akzeptieren. Parteien und Interessenverbände waren zu zerstritten und den Anforderungen des Parlamentarismus nicht gewachsen.

10 Die ruhigen Jahre der Weimarer Republik und ihr Untergang

KURZINFO

- In den ruhigen Jahren 1924-1929 entwickelte sich die Weimarer Republik positiv: Moderne Industriezweige entstanden, Sozialgesetze verbesserten die Lage der Arbeiterschaft und der Frauen und Technik, Wissenschaft, Kunst und Kultur entfalteten sich in einzigartiger Weise.
- Auch die innenpolitische Situation verbesserte sich deutlich: Der politische Radikalismus schwächte sich ab, die extremen Parteien mussten bei den Reichstagswahlen deutliche Verluste hinnehmen.
- Bei genauerem Hinsehen zeigten sich allerdings auch eine Reihe von Problemen: Auch die gemäßigten bürgerlichen Parteien und die SPD verloren Wählerstimmen, Regierungskoalitionen wurden schwieriger, Regierungen wechselten häufiger und 1925 wurde der Kandidat der Rechtsparteien, Hindenburg, Reichspräsident.
- Die Ende Oktober in den USA ausgebrochene Weltwirtschaftskrise hatte gravierende wirtschaftliche, soziale und politische Auswirkungen. Die steigenden Arbeitslosenzahlen gaben dem politischen Radikalismus starken Auftrieb und bei den Reichstagswahlen von November 1932 entfielen allein auf die Extremparteien KPD und NSDAP zusammen 50% aller Wählerstimmen.
- Das Scheitern der großen Koalition (März 1932) bedeutete den Anfang vom Ende. Die Präsidialkabinette Brüning, Papen und Schleicher waren ausschließlich getragen vom Vertrauen des Reichspräsidenten, regierten außerhalb der Legalität ohne parlamentarische Bindung und standen Republik und Demokratie abschätzig gegenüber.
- Für den Untergang Weimars gibt es eine Reihe von Ursachen. Die entscheidenden sind die Schwäche der demokratischen Tradition und die Stärke der obrigkeitsstaatlichen Einstellungen.

Die ruhigen Jahre der Weimarer Republik

Die "Goldenen Zwanzigerjahre"

Zwischen 1924 und 1929 verbesserte sich die innenpolitische Situation der Weimarer Republik deutlich. Deshalb werden diese fünf Jahre als die **„ruhigen“** oder als die **„goldenen“ Jahre** Weimars bezeichnet.

Die fünf Jahre vom Dawes-Plan (**1924**) **bis** zum Ausbruch der Weltwirtschaftskrise (Ende **1929**) waren eine **Phase der ruhigen Entwicklung**. Die innenpolitische Situation beruhigte sich, **Wirtschaft und Sozialpolitik** verzeichneten deutliche **Fortschritte**, **Kunst und Kultur** erlebten eine **Blütezeit**. Deshalb werden die Jahre 1924 bis 1929 oft als die „Goldenen Zwanzigerjahre“ der Weimarer Republik bezeichnet. Diese verallgemeinernde Bezeichnung kann jedoch nicht darüber hinwegtäuschen, dass diese positive Entwicklung immer wieder durch gegenläufige Tendenzen oder durch Rückschläge in Frage gestellt wurde und dass die wirtschaftlichen und politischen Verhältnisse keineswegs so stabil waren, wie sie auf den ersten Blick aussahen.

Diese Charakterisierung täuscht jedoch, da die wirtschaftlichen und politischen Verhältnisse keineswegs so stabil waren, wie sie auf den ersten Blick aussahen.

Die wirtschaftliche Entwicklung

Bereits 1924 setzte ein rasches Wirtschaftswachstum ein. Die Währungsreform vom November 1923 (→ S. 163) und die Kredite des Dawes-Plans (→ S. 173) bewirkten ein **rasches Wirtschaftswachstum**. Produktion, Konsum und Volkseinkommen wuchsen zwischen 1924 und 1929 kontinuierlich. Die rationalisierte und modernisierte Industrieproduktion sowie die Löhne erreichten am Ende dieses Jahrfünfts wieder das Vorkriegsniveau, der Export war höher als 1913, Deutschland fand den Anschluss an die **Weltwirtschaft** wieder. Moderne Industriezweige (Flugzeug-, Auto-, Rundfunk-, Filmindustrie, elektrotechnische, chemische und optische Industrie) wuchsen. Eine **Reihe von wirtschaftlichen Problemen und Risiken** überschattete jedoch diese Entwicklung: Der Aufschwung wurde weitgehend von teilweise kurzfristigen Krediten des Dawes-Plans bewirkt, die die Banken im Vertrauen auf eine weitere positive Entwicklung in langfristige umwandelten und weitergaben; die Löhne waren relativ hoch, die Arbeitslosigkeit wuchs aufgrund von Rationalisierung nach amerikanischem Vorbild (Fließbandarbeit), ein beträchtlicher Teil der Landwirtschaft in Mittel- und Süddeutschland war unrentabel. Deshalb wird der Aufschwung und die relative Stabilität der Wirtschaft oft als **„Scheinkonjunktur“** oder **„Konjunktur auf Pump“** bezeichnet.

Die **wirtschaftliche Entwicklung** wurde charakterisiert durch:
- rasches Wachstum;
- Anschluss an die Weltwirtschaft;
- Entstehung moderner Industriezweige (Flugzeug-, Auto-, Rundfunk-, Filmindustrie, elektrotechnische, chemische, optische Industrie);
- Probleme: Umwandlung kurzfristiger ausländischer Kredite in langfristige, relativ hohe Löhne, wachsende Arbeitslosigkeit durch Rationalisierung, unrentable Landwirtschaft in Mittel- und Süddeutschland.

Fazit: Die Stabilität der Wirtschaft war relativ, sie war eine **„Konjunktur auf Pump“**.

Die Sozialpolitik

Seit Ende 1918 waren sozialpolitische Verbesserungen eingeführt worden (z. B. Achtstunden-Arbeitstag, Frauenwahlrecht, Koalitionsfreiheit, Jugendwohlfahrtsgesetz). Weitere **Sozialgesetze verbesserten** nach 1924 **die Lage der unteren Schichten** deutlich. Dazu gehörten die Angestelltenversicherung, die staatliche Fürsorge, Arbeitsgerichte, Unterstützungsanspruch bei unverschuldeter Arbeitslosigkeit, Arbeits- und Kündigungsschutz für werdende und stillende Mütter, Arbeitslosenversicherung und Überstundenzuschläge.

Gegen **Ende der Zwanzigerjahre** stagnierte diese Entwicklung. Der wesentliche Grund war, dass die Regierungskoalitionen dieser Zeit meist bürgerlich waren und die Interessenvertretungen des konservativen oder rechtslastigen Besitzbürgertums (DVP, BVP, DNVP) den Kurs bestimmten. Mit Ausbruch der Weltwirtschaftskrise (Oktober 1929) wurde die **soziale Entwicklung** in einzelnen Bereichen sogar **rückläufig** und viele Errungenschaften gingen wieder verloren.

Die Sozialpolitik schuf zunächst deutliche Verbesserungen für die Arbeiterschaft und die Frauen, **stagnierte** jedoch **gegen Ende der 20er-Jahre** und wurde sogar rückläufig.

Technik, Naturwissenschaften und Medizin

Technik, Naturwissenschaften und die Medizin entwickelten sich rasch, gewannen internationale Anerkennung und höchste Auszeichnungen.

In diesen Bereichen entwickelte sich **Deutschland** besonders stark, erreichte Weltniveau oder wurde sogar **weltweit führend**. Technische Großprojekte verdeutlichen dies. Das Luftschiff „Graf Zeppelin" konnte 300 Passagiere über den Atlantik befördern, das Großverkehrsflugzeug Do X (7200 PS, 169 Passagiere) konnte auf dem Wasser landen und das Passagierschiff Bremen (52 000 Bruttoregistertonnen) beförderte 2235 Passagiere. Den außerordentlich hohen wissenschaftlichen Standard belegt die Verleihung von Nobelpreisen. Zwischen 1919 und 1932 wurden insgesamt 74 Nobelpreise vergeben. 17 davon gingen an Deutsche. In der Chemie ging jeder zweite Nobelpreis in diesem Zeitraum an einen Deutschen, in der Physik jeder dritte.

Die kulturelle Blütezeit

Kunst und Kultur erreichten in dieser Phase einen Höhepunkt. Malerei, Architektur, Musik, Literatur, Theater und Film prägten die Vielfalt des geistigen Lebens. Berlin konnte sich als kulturelles Zentrum mit Paris und London messen.

Während die junge Republik ständig um ihre Existenz kämpfen musste, entfaltete sich in vielen Großstädten, vor allem in Berlin, das in kultureller Hinsicht mit Paris und London konkurrierte, eine **einzigartige Vielfalt des geistigen Lebens. Niveauvolle, überregionale Tageszeitungen** und literarisch-politische Zeitschriften („Die Weltbühne", „Neue Rundschau") wurden gegründet. Neue Massenmedien (Zeitungen, Illustrierte, Rundfunk, Schallplatte) traten einen Siegeszug an, Theater, Kabarett und Varieté bestimmten das großstädtische Leben, der deutsche Film gewann Weltgeltung. **Vielfältige Stilrichtungen** und Künstlergruppen suchten und fanden **neue Techniken und Ausdrucksformen** in der Malerei und der Architektur (das „Bauhaus", Kubismus, Futurismus, der „Blaue Reiter"; Klee, Marc, Nolde, Kandinsky, Kollwitz, Barlach, Kokoschka, Corinth). Große Komponisten (z.B. Schönberg, Berg, Egk, Orff) und Literaten (Thomas Mann, Brecht, Hauptmann, Kafka, Hesse, Rilke etc.) trugen zur Vielfalt des geistigen Lebens bei. Berlin konnte sich als kulturelles Zentrum mit Paris und London messen.

Wie aufgrund des politischen und gesellschaftlichen Hintergrunds nicht anders zu erwarten, gab es **zahlreiche politisch engagierte, links- bzw. rechtsorientierte Künstler**, die die bestehenden sozialen und politischen Verhältnisse heftig kritisierten. Zur ersten Gruppe gehörten neben Kurt Tucholsky, Erich Kästner, Werner Finck und Carl von Ossietzky vor allem proletarisch-revolutionär motivierte Künstler wie Bertolt Brecht, Johannes Becher, Anna Seghers und George Grosz. Die Gegengruppe bildeten Literaten und Intellektuelle, die national denkende Anhänger eines konservativen Antimodernismus waren. Die bekanntesten Vertreter dieser Gruppe waren Ernst Jünger, Oswald Spengler, Arthur Moeller van den Bruck, der 1923 die programmatische Zeitschrift „Das Dritte Reich" herausgab. Sie bekämpften die neuen politischen Verhältnisse und verdammten die moderne Kunst als „Amerikanismus".

Die Abschwächung des Radikalismus

Die Reichstagswahl vom Mai 1924 machte die Nachwirkungen der Inflation deutlich: Mit Ausnahme des Zentrums erlitten alle Parteien, die bisher Regierungsverantwortung mitgetragen hatten, deutliche Verluste, die KPD wurde zur Massenpartei und die äußersten Rechtsparteien waren die eindeutigen Wahlsieger. Die NSDAP kam von Null auf 6,5 %, die DNVP steigerte ihren Stimmenanteil um fast ein Drittel. Zusammen mit den zehn Abgeordneten des Landbundes war die DNVP nun die größte Fraktion im Reichstag und stellte den Reichstagspräsidenten.

Als Folge des Krisenjahres 1923 erlitten die staatstragenden Parteien bei der Reichstagswahl vom Mai 1924 deutliche Verluste. Die staatsablehnenden Parteien (KPD, DNVP, NSDAP) erzielten große Gewinne.

Hand in Hand mit der Konsolidierung der Wirtschaft und der Verbesserung des Lebensstandards ging innerhalb von sieben Monaten die Stabilisierung der innenpolitischen Verhältnisse. Dies zeigt das **schwache Abschneiden der links- und rechtsextremen Parteien** in den beiden nächsten Reichstagswahlen (Dezember **1924** und Mai **1928**). Die gemäßigten bürgerlichen Mittelparteien verloren zwar auch Wählerstimmen, aber die SPD konnte kräftig zulegen.

Mit der positiven wirtschaftlichen Entwicklung ging die politische Stabilisierung, die **Abschwächung des Radikalismus,** Hand in Hand.

Ein weiteres deutliches Zeichen der innenpolitischen Stabilisierung war – auf den ersten Blick – die **Beteiligung der DNVP an der** ersten **Regierung** Luther (1925), die sich bezeichnenderweise nicht als Regierungskoalition bezeichnete, sondern als „überparteiliches Kabinett". Die DNVP trat aus Protest gegen Locarno und den Eintritt in den Völkerbund im Januar 1926 wieder aus, beteiligte sich 1927/28 wieder an der (vierten) Regierung Marx und war mit Ausnahme des zweiten Kabinetts Brüning in allen Präsidialkabinetten (→ S. 185) vertreten. Damit gab es keinen starken regierungsfeindlichen Block mehr, da die NSDAP in dieser Zeit allein zu schwach war.

Die extremen Parteien verloren Wähler und zeitweise beteiligte sich sogar die DNVP an der Regierung.

Reichstagswahlen (in %):

Parteien	1924 (Mai)	1924 (Dez.)	1928
KPD	12,6	9,0	10,6
USPD	0,8	0,3	0,1
SPD	20,5	26,0	29,8
Z	13,4	13,7	12,1
DDP	5,7	6,3	4,9
BVP	3,2	3,7	3,1
DVP	9,2	10,1	8,7
DNVP	19,5	20,5	14,2
NSDAP	6,5	3,9	2,6

Die Schwäche des Parlamentarismus

Die latente **Schwäche des Parlamentarismus** zeigten folgende Aspekte:

- Die gemäßigten bürgerlichen Parteien und die SPD verloren Wähler;
- Regierungskoalitionen wurden schwieriger;
- Regierungen wechselten häufig und verfügten nicht immer über eine parlamentarische Mehrheit;
- der Reichstag wurde öfters aufgelöst und konnte seine verfassungsmäßige Rolle nur unvollständig wahrnehmen;
- 1925 wurde der Kandidat der Rechtsparteien Hindenburg zum Reichspräsidenten gewählt.

Diese parlamentarische Entwicklung war nur auf den ersten Blick positiv. Bei genauerem Hinsehen wurden eine **Reihe von Problemen** deutlich: Die breite Parteienlandschaft **und** die parteipolitischen Unverträglichkeiten brachten zahlreiche **Belastungen** für die Republik: Die gemäßigten bürgerlichen Parteien verloren zwischen der zweiten Reichstagswahl von (Dezember) 1924 und der von 1930 kontinuierlich Wählerstimmen und selbst die SPD, die zwischen 1924 und 1928 kräftig zugelegt hatte, verlor zwischen 1928 und 1930 5,3 Prozent. Die Regierungskoalitionen wurden schwieriger, die Regierungen wechselten häufig, hatten nicht immer eine parlamentarische Mehrheit und mussten sich bei grundlegenden innen- und außenpolitischen Fragen zusätzliche Partner suchen, was nicht immer gelang. Obwohl die SPD in dieser Zeit Oppositionspartei war, musste sie den bürgerlichen Regierungen bei wichtigen außenpolitischen Vorhaben (Dawes-Plan, Locarno-Verträge → S. 170, Beitritt zum Völkerbund → S. 171) zu einer Mehrheit verhelfen, damit diese nicht an dem Widerstand der Rechtsparteien und der KPD scheiterten. Als Konsequenz dieser Verhältnisse wurde der Reichstag häufig aufgelöst und konnte seine verfassungsmäßige Rolle nur unvollständig wahrnehmen. Wichtige Fragen blieben ungelöst und notwendige Gesetze kamen nicht oder nur als Kompromisse zustande. Der **parlamentarische „Normalfall“** (dauerhafte Mehrheitsregierung und klare Minderheitsopposition, die ihre Kontrollfunktion wahrnimmt) **trat nicht ein**.

Die Reichspräsidentenwahl von **1925** verdeutlicht die politische Scheinstabilität Weimars. Den staatstragenden Parteien gelang es nicht, die Wahl Hindenburgs (Kandidat der Rechtsparteien) zu verhindern. Damit war die entscheidende Position mit einem erklärten Antidemokraten besetzt, dem der neue Staat wesensfremd war und blieb. Deshalb war die **Wahl Hindenburgs** eine **entscheidende Niederlage der Demokratie**. Dies verdeutlicht der Kommentar des „Nationalen Frontsoldaten“ zur Reichstagswahl: „Hindenburg führt uns wieder! Wir folgen ihm und bereiten uns vor in stiller und zäher Kleinarbeit auf den Tag, der alle deutschen Stammesbrüder wieder einreiht in Sieg wollende Regimenter und Divisionen, in ein neues, großes Volksheer, das dem Reiche zurückgewinnt, was sein ist seit Jahrtausenden, das dem Reiche zurückholt auch das elsässische Land.“ [1]

Der Untergang der Weimarer Republik

Die Weltwirtschaftskrise

Die Weltwirtschaftskrise begann als **Krise der industriellen Überproduktion und** der **hemmungslosen Börsenspekulation** in den USA. Am 24. Oktober 1929, dem „Black Thursday", brach die New Yorker Börse zusammen. Dies bewirkte eine sich rasch ausdehnende Absatzkrise, die zu Konkursen, extremer Arbeitslosigkeit und Armut führte. Sie griff im folgenden Jahr aufgrund der internationalen Finanz- und Wirtschaftsverflechtungen auf Europa über und hatte in allen Industrieländern einschneidende Folgen: Schließung von Banken, drastischer Produktionsrückgang infolge schwindender Kaufkraft, Verringerung der Staatseinnahmen bei gleichzeitig rapid steigenden staatlichen Soziallasten sowie Not und Existenzangst für große Teile der Bevölkerung. Die Weltwirtschaftskrise war damit zu einer tief greifenden strukturellen **Krise der kapitalistischen Wirtschaft** geworden.

Die **Weltwirtschaftskrise** in den USA wurde durch industrielle Überproduktion und hemmungslose Börsenspekulationen ausgelöst.
Sie begann mit dem **Zusammenbruch der New Yorker Börse am 24.10.1929.**
Sie beeinflusste die wirtschaftlichen und innenpolitischen Verhältnisse in den Industrieländern massiv.

Das Scheitern der Großen Koalition

Die Reichstagswahl vom Mai 1928 erzwang eine **Große Koalition** aus SPD, DDP, Z, BVP und DVP (Beginn: 29.6.1928); Reichskanzler wurde Hermann Müller (SPD). Sie war von Anfang an **labil**: Der innenpolitisch heftig umkämpfte Young-Plan (➔ S. 171) bewirkte die politische Radikalisierung. Die Auseinandersetzungen zwischen Arbeitnehmern und Arbeitgebern bzw. ihren politischen Interessenvertretungen SPD und DVP nahmen zu, da beide konträre wirtschaftliche und soziale Vorstellungen hatten. In dieser äußerst kritischen Situation wurden die in vielen Bereichen gegensätzlichen wirtschaftlichen und sozialen Vorstellungen von SPD und DVP offensichtlich, der Handlungsspielraum der Koalition wurde immer geringer. Die Gemeinsamkeiten reduzierten sich auf ein absolutes Minimum an Kompromissen.
Die rasch anwachsende Arbeitslosigkeit machte eine neue Arbeitslosenversicherung nötig. Obwohl innerhalb der Regierungskoalition darüber Einigkeit bestand, konnten sich SPD und DVP nicht über die Höhe der Arbeitslosenversicherung einigen und das Kabinett Müller (SPD) musste am 27. März 1930 zurücktreten. Im Grunde war es gar nicht mehr um die Sache selbst gegangen. Die **eigentliche Ursache des Scheiterns** lag tiefer: Beide Flügelparteien dieser Koalition, SPD und DVP, befürchteten eine Abwanderung ihrer Wähler bei Fortführung der „**widernatürlichen**" **Koalition** und nahmen die Arbeitslosenversicherung nur als Anlass, die Koalition scheitern zu lassen.

Die **Große Koalition** (29.6.1928 – 27.3.1930) bestand aus SPD, DDP, Z, BVP und DVP, Reichskanzler war Müller (SPD).

Sie war aufgrund der Flügelparteien SPD (Arbeitnehmervertretung) und DVP (Arbeitgebervertretung) von Anfang an labil.

Da beide Parteien die Abwanderung ihrer Stammwähler befürchteten, gaben sie die Koalition auf. Offiziell scheiterte die Große Koalition am 27. März 1930 an der Erhöhung der Arbeitslosenversicherung.

Die Präsidialregierungen

Mit der Ernennung Brünings (Z) zum Reichskanzler (30.3.1930) begannen die **Präsidialkabinette**. Sie waren nicht mehr vom Vertrauen des Reichstags, sondern ausschließlich vom Reichspräsidenten abhängig. Sie regierten mit Notverordnungen (Art. 48). An die Stelle der parlamentarischen Demokratie trat nun eine Notverordnungsdiktatur.

Bereits drei Tage nach dem Scheitern der Großen Koalition ernannte Hindenburg am 30. März 1930 den Finanz- und Steuerfachmann Heinrich Brüning (Zentrum) zum Reichskanzler. Mit ihm begann die kurze, aber entscheidende Phase der Präsidialregierungen. Diese beruhten auf der verfassungsrechtlich als Ausnahmefall angesehenen Kombination der Art. 48 (Notverordnungsrecht des Reichspräsidenten) und 25 (Recht des Reichspräsidenten, den Reichstag aufzulösen). Die Präsidialregierungen waren also nicht mehr vom Vertrauen des Reichstags, sondern **ausschließlich vom Reichspräsidenten abhängig**. Sie regierten nicht mehr mit Unterstützung einer Reichstagsmehrheit, sondern mit Notverordnungen. Dies bedeutete das Ende der parlamentarischen Demokratie. An ihre Stelle trat eine Notverordnungsdiktatur, die, sofern das Parlament mitspielte, wenigstens noch halbparlamentarisch war. Entscheidend war, dass es jetzt **keine parlamentarische Kontrolle** der Exekutive mehr gab.

Machtmechanismus der Präsidialregierungen

Die Präsidialregierungen beruhten auf der (letztlich verfassungswidrigen) Kombination der Art. 48 und 25 der Weimarer Verfassung. Durch Androhung und gegebenenfalls Anwendung beider Artikel wurde das Parlament als Entscheidungszentrum ausgeschaltet.

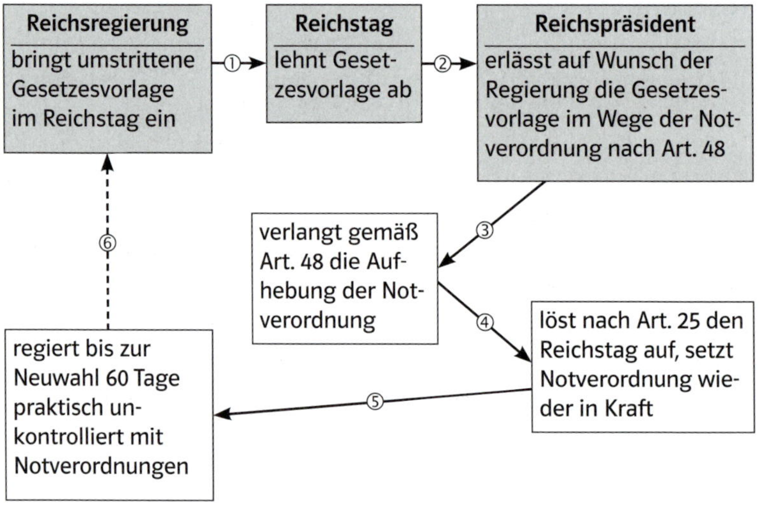

Die Regierung Brüning (30. 3. 1930 – 30. 5. 1932)

In Absprache mit Hindenburg sollte die **Regierung Brüning** (März 1930 – Mai 1932) antiparlamentarisch und antimarxistisch regieren und einen politischen Machtwechsel in Preußen erreichen.

Brünings Regierungsverständnis

Mit dem Amtsantritt Brünings kamen dann folgende, vom Reichspräsidenten gebilligte **Richtlinien der neuen Politik** zum Tragen: Die Regierung sollte **antiparlamentarisch**, also ohne Koalitionsverhandlungen regieren, einen scharfen antimarxistischen Kurs steuern, der sich auch gegen die SPD richtete, und einen grundlegenden Wandel der Verhältnisse im deutschen Kernland Preußen anstreben. Dieses neue Regierungsverständnis verkündete Brüning in seiner Regierungserklärung am 1. April 1930: Er werde notfalls ohne das Parlament über Art. 48 per Notverordnungen und Art. 25 (Auflösung des Reichstags) regieren. Sein Kabinett sei, laut Hindenburgs Auftrag, **an keine Koalition gebunden** und werde „der letzte Versuch sein, die Lösung mit diesem Reichstag durchzuführen".

Die radikalen Parteien, vor allem die NSDAP, waren die Gewinner der Reichstagswahl vom Sept. 1930.
Als Folge musste die SPD die umstrittene Wirtschaftspolitik Brünings mittragen. Sie bestand aus folgenden wesentlichen Maßnahmen:
- scharfer Deflationskurs mit dem Ziel des Ausgleichs des Staatshaushaltes;
- zusätzliche Steuern;
- Senkung von Löhnen und Gehältern von Beamten und Staatsangestellten;
- Kürzung von Renten und Sozialleistungen;
- Senkung der Preise und Löhne.

Brünings Wirtschaftspolitik

Für die Millionen Arbeitslosen und deren Familien bedeutete die **Weltwirtschaftskrise** den täglichen Kampf um die nackte Existenz. Extreme Not, tiefe Hoffnungslosigkeit und wachsende Verbitterung bereiteten den **Nährboden für die links- und** (vor allem) **rechtsradikalen Parteien**.

Die **Reichstagswahl** vom **September 1930** war eine **Katastrophe des Parlamentarismus**, ein „Triumph der Verantwortungslosen". Das Aufgeben der Parteien, die wirtschaftliche Not und die extreme Agitation der radikalen Parteien führten dazu, dass die staatstragenden Parteien deutlich verloren und die radikalen großen Zulauf erhielten. Die NSDAP konnte ihre Sitze im Reichstag fast verneunfachen (1928: 12, 1930: 107). War das **Parlament** bis jetzt weitgehend funktionsunwillig gewesen, so war es jetzt eindeutig **funktionsunfähig**. Parlamentarismus und Demokratie waren damit am Ende.

Die Reichstagswahl hatte auch die paradoxe Folge, dass ausgerechnet die SPD die Notverordnungen Brünings mittragen musste aus Furcht vor den braunen Massen und einem weiteren Rechtsrutsch. Deshalb konnte **Brüning** sein umstrittenes **Wirtschaftsprogramm** mit **folgenden** Maßnahmen durchführen: Scharfer Deflationskurs durch drastische Einschränkung der Staatsausgaben mit dem Ziel des Ausgleichs des Staatshaushaltes; Erhebung zusätzlicher Steuern (z. B. Krisensteuer, Ledigensteuer); Senkung der Löhne und Gehälter von Beamten und staatlichen Angestellten; Kürzung von Renten, der Arbeitslosenunterstützung, der Kinderzuschläge; Senkung der Preise durch niedrigere Löhne und steuerliche Vergünstigungen der Unternehmer, um die Exportfähigkeit der deutschen Industrie zu steigern.

Brüning sanierte den Staatshaushalt, **vergrößerte aber die Not von Millionen Deutschen** und verschärfte den Radikalismus.

Dadurch erreichte Brüning zwar einen ausgeglichenen Staatshaushalt, vergrößerte aber sehenden Auges die Not von Millionen Deutschen. Die **Folgen** waren eine weitere politische Radikalisierung, die Schwächung der Demokratie, große Wahlerfolge (1930 und 1932) für die radikalen Parteien und der Ruf nach dem „starken Mann“.

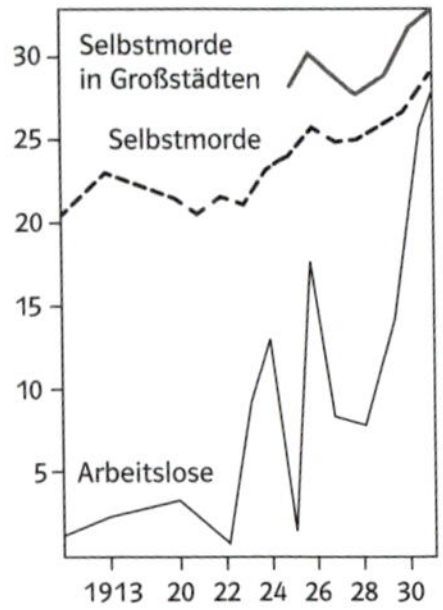

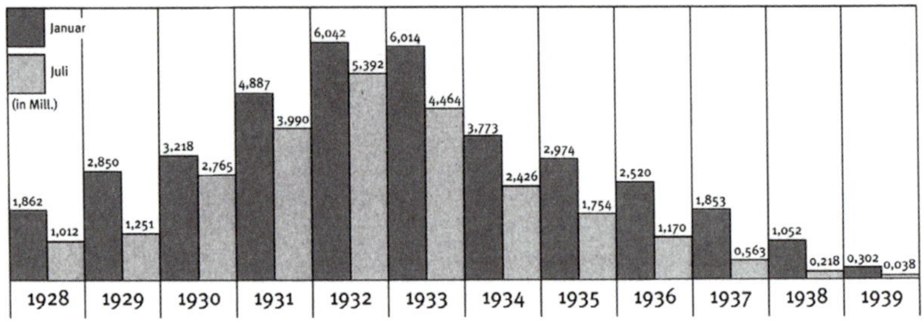

Die Entwicklung der Arbeitslosigkeit in Deutschland von 1928 bis 1939

Außenpolitik

Ziele der **Außenpolitik Brünings**:

- Demonstration der Zahlungsunfähigkeit und Beendigung der Reparationen
- militärische Gleichberechtigung
- machtpolitischer Wiederaufstieg Deutschlands

Erfolge Brünings:
- drastische Verringerung der Reparationen (Lausanne, Juni 1932)
- Revision militärischer Bestimmungen des Versailler Vertrags (Genf, Frühjahr 1932)

Für Brüning war trotz der schlechten wirtschaftlichen Situation die **Außenpolitik vorrangig**. Er wollte den Siegermächten die Zahlungsunfähigkeit Deutschlands demonstrieren und so ein Ende der Reparationen erreichen. Außerdem strebte er die militärische Gleichberechtigung Deutschlands an und dessen machtpolitischen Wiederaufstieg. Diesen Zielen ordnete er die Wirtschaftspolitik unter. Angesichts der katastrophalen wirtschaftlichen und sozialen Verhältnisse in Deutschland trug Brünings rigoroser Sparkurs tatsächlich **außenpolitische Erfolge**. Es gelang ihm, Amerikaner und Briten von der Zahlungsunfähigkeit Deutschlands und der gefährlichen innenpolitischen Situation zu überzeugen. Die Folgen waren das Hoover-Moratorium (1931 → S. 173) und die Einberufung der Konferenz von Lausanne (Juli 1932 → S. 173), die eine abschließende Regelung des Reparationsproblems treffen sollte. Außerdem erreichte er auf der Abrüstungskonferenz von Genf (Frühjahr 1932) die Revision militärischer Bestimmungen des Versailler Vertrags. Damit war das Ziel aller deutschen Regierungen, eine umfassende Revision des Vertrags, zum Greifen nahe.

Brünings Sturz

Brünings Sturz:

Brüning wollte die NSDAP „zähmen“ und „abnutzen“. Dies scheiterte an der Forderung Hitlers, Reichskanzler zu werden.

Die innenpolitischen Auseinandersetzungen führten zu bürgerkriegsähnlichen Zuständen.

Im Oktober 1931 bildete Brüning sein Kabinett mit einer deutlichen Tendenz nach rechts um. Sein **zweites Kabinett** hatte nun dem Wunsche des Reichspräsidenten entsprechend **keinerlei „parteimäßige“ Bindung** mehr. In dieser Situation erwog Brüning die Zusammenarbeit mit der NSDAP, um sie zu „zähmen“ und „abzunutzen“. Dies scheiterte an der kompromisslosen Forderung Hitlers, nur als Reichskanzler in ein Präsidialkabinett einzutreten. Dies lehnten Hindenburg und Brüning ab und die innenpolitische Krise spitzte sich weiter zu. Die Auseinandersetzungen verlagerten sich mehr und mehr auf die Straße und erzeugten **bürgerkriegsähnliche Zustände**, die ihre Höhepunkte in blutigen Saal- und Straßenschlachten fanden. An ihnen waren nahezu alle politischen und paramilitärischen Gruppierungen beteiligt, besonders die SA und der Rote Frontkämpferbund der KPD. Am 11.Oktober 1931 trafen sich in Bad Harzburg alle rechten Feinde der Republik (NSDAP, DNVP, DVP, Stahlhelm, Reichslandbund, Alldeutscher Verband und Prominenz aus Adel und Wirtschaft) und bliesen zum Sturm auf die Regierung Brüning und das verhasste „System" (**„Harzburger Front"**). Als Reaktion auf die Harzburger Front gründeten SPD, ADGB (Allgemeiner Deutscher Gewerkschafts-Bund), AfA-Bund (Allgemeiner freier Angestellten-Bund), Reichsbanner und Arbeitersportorganisationen Mitte Dezember 1931 die militant auftretende **„Eiserne Front"**.

Die Rechten formierten sich im Okt. 1931 zur Harzburger Front (NSDAP, DNVP, DVP, Stahlhelm, Reichslandbund, Alldeutscher Verband, Prominenz aus Adel und Wirtschaft). SPD, Allgemeiner Deutscher Gewerkschaftsbund, Reichsbanner, Arbeitersportorganisationen gründeten die „Eiserne Front".

Ende Mai 1932 entließ Hindenburg Brüning, weil er ihm nicht rechts genug war, sich im Parlament immer noch mit der SPD „abgab" und nicht bereit war, sich ausschließlich auf DNVP und NSDAP zu stützen.

30.5.1932: Entlassung Brünings, da er Hindenburg nicht rechts genug war.

Die Beurteilung Brünings

Außenpolitisch war Brüning **erfolgreich**. Seine der Außenpolitik untergeordnete Wirtschaftspolitik **aber** zeigte eine kalte, erschreckende **Gleichgültigkeit gegenüber der Not von Millionen**. Außerdem plante er eine schrittweise Reduzierung des demokratischen Systems zugunsten der Monarchie. Deshalb ist auch seine Beurteilung unterschiedlich: Manche Historiker sehen in erster Linie die positiven Aspekte seiner langfristigen außenpolitischen Ziele und eine gewisse Tragik darin, dass seine Erfolge (militärische Gleichberechtigung, Begrenzung bzw. Streichung der Reparationen, Räumung des Rheinlands) seinen Nachfolgern in den Schoß fielen. Andere Historiker charakterisieren ihn als ersten Kanzler, der den **Untergang Weimars** betrieben bzw. **verschuldet** habe.

Die **Beurteilung Brünings** ergibt sich aus zwei Aspekten:
- Er war außenpolitisch erfolgreich;
- er vergrößerte aus außenpolitischen Gründen die wirtschaftliche Not von Millionen Menschen, verstärkte den Radikalismus und hat deshalb Schuld am Untergang Weimars.

Die Reichspräsidentenwahl von 1932

Die zweite **Wahl Hindenburgs** im Frühjahr **1932 spiegelte die paradoxen Verhältnisse** der Weimarer Republik **wider**. Ausgerechnet die früheren Gegner Hindenburgs, also SPD, Z und die DDP mussten ihm – wohl oder übel – zu einer zweiten Amtsperiode verhelfen, um das „größere Übel" Hitler als Staatsoberhaupt zu verhindern.

In der Folgezeit erhielt **die Kamarilla**, eine Art Schattenkabinett um den 85-jährigen Hindenburg, immer größeren Einfluss auf den „alten Herrn" und **bestimmte die politischen Geschicke Deutschlands wesentlich**. Zu diesen einflussreichen „Beratern" des Reichspräsidenten gehörten sein Sohn Oskar als

Die **Reichspräsidenten wahl von 1932** verdeutlichte die innenpolitischen Verhältnisse: Die staatstragenden Parteien mussten den Antidemokraten Hindenburg unterstützen, um Hitler zu vermeiden.

Die engen Vertrauten des 85-jährigen Hindenburg nahmen immer stärkeren Einfluss auf den „alten Herrn".

persönlicher Adjutant, der Staatssekretär Meißner, der Chef des Ministeramtes im Reichswehrministerium General Kurt von Schleicher und die Interessenvertreter der ostelbischen Großgrundbesitzer.

Das Kabinett von Papen (1. 6. – 2. 12. 1932)

Das **Kabinett von Papen:**

1. 6. 1932: Ernennung von Papens auf Betreiben Schleichers

Papen bildete das „Kabinett der Barone" und regierte ohne parlamentarische Bindung.

Übergeordnetes Ziel Papens war der autoritäre „neue Staat" (= Wiederherstellung der politischen Verhältnisse des Kaiserreichs).

Das Kabinett der Barone: General von Schleicher empfahl Hindenburg Franz von Papen (Zentrum, seit Sommer 1932 parteilos), der bisher politisch noch nicht sonderlich in Erscheinung getreten war, aus drei Gründen als Reichskanzler: Er „lag" als ehemaliger Berufsoffizier und Adliger dem greisen Hindenburg, er konnte mit der Unterstützung der NSDAP rechnen und Schleicher hielt ihn für „kontrollierbar". **Papen** bildete ein ausschließlich vom Vertrauen des Reichspräsidenten getragenes „Kabinett der nationalen Konzentration". Als einziger Reichskanzler sprach Papen nie vor dem Parlament. Seine Regierung bestand aus konservativen, meist adligen Beamten, die dem Reichstag nicht angehörten. In diesem **„Kabinett der Barone"** übernahm Schleicher als starker Mann das Amt des Reichswehrministers. Papens übergeordnetes Ziel bestand in Übereinstimmung mit Hindenburg in einer entschiedenen **Rechtspolitik**, deren Ergebnis ein autoritärer **„neuer Staat"** sein sollte, also die Widerherstellung der politischen Verhältnisse des Kaiserreichs. Deshalb ließ er unmittelbar nach dem Amtsantritt den Reichstag auflösen und hob das Verbot der SA und SS auf, mit dem sein Vorgänger die bürgerkriegsähnlichen Verhältnisse einzudämmen versucht hatte. Die Folgen dieser Maßnahmen waren blutige Kämpfe und Auseinandersetzungen in ganz Deutschland.

Erster Schritt auf diesem Weg war der **„Preußenschlag"** (20. 7. 1932): Hindenburg verfügte verfassungswidrig die Absetzung der preußischen SPD-Regierung Braun; die Regierungsgeschäfte übernahm als Reichskommissar von Papen.

Der von Braun angerufene Staatsgerichtshof bestätigte die Rechtmäßigkeit des „Preußenschlags", beließ der Regierung Braun jedoch gewisse Amtsbefugnisse. Die tatsächliche Macht blieb bei von Papen.

Die Rechten begrüßten den „Preußenschlag" als „Liquidierung der Novemberherrschaft".

Der Preußenschlag: Als grundlegende Voraussetzung für den „Neuen Staat" sah Papen die Ausschaltung der SPD-geführten preußischen Regierung Braun, die von den Parteien der Weimarer Koalition getragen wurde. Mit Unterstützung des Reichspräsidenten ging Papen im Juli 1932 gegen Preußen vor. Mit Hilfe des Artikels 48 verfügte er die Absetzung der Regierung Braun, da diese ihre Pflichten gegenüber dem Reich verletzt habe, übernahm als Reichskommissar die Regierungsgeschäfte und verhängte über Berlin und Brandenburg den Ausnahmezustand. Dieser „Preußenschlag" hatte keinerlei gesetzliche Berechtigung und war deshalb ein Staatsstreich. Der von Braun angerufene voreingenommene Staatsgerichtshof in Leipzig entschied, dass das Vorgehen Hindenburgs bzw. Papens zur „Aufrechterhaltung der Ordnung und Sicherheit" rechtens gewesen sei, dass die geschäftsführende preußische Regierung jedoch das Recht habe, Preußen im Reichstag und im Reichsrat zu vertreten. Damit blieb die tatsächliche Macht in den Händen Papens.
Von den Rechten wurde der „Preußenschlag" mit Begeisterung aufgenommen, als „Liquidierung der Novemberherrschaft" bejubelt und als Schwäche der Demokratie bewertet.

Die Reichstagswahlen von 1932: Der Wahlkampf der ersten Reichstagswahl vom Juli 1932 war bestimmt von der wirtschaftlichen Misere, der Massenarbeitslosigkeit und dem Gezänk der Parteien und politischen Gruppierungen. Er entwickelte sich zu einem Bürgerkrieg, der alles Bisherige an Brutalität, Diffamierung und Hass übertraf. Die Wahl, die mit 84% die höchste Wahlbeteiligung bisher hatte, wurde eine **katastrophale Niederlage der staatsbejahenden Parteien** (SPD, Z, DDP) und ein **triumphaler Gewinn der antidemokratischen Parteien**, die zusammen mehr als 60% aller Stimmen erhielten. Nahezu 52% aller Stimmen entfielen allein auf die beiden extremsten Parteien KPD und NSDAP. Vor allem die NSDAP konnte sich bei einem Anwachsen ihrer Parlamentssitze von 107 auf 230 als der große Gewinner fühlen. Hitler forderte nun kategorisch die Kanzlerschaft, die Hindenburg dem „böhmischen Gefreiten", wie er ihn fälschlicherweise nannte, unter Hinweis auf die Radikalität seiner Partei verweigerte.

Um eine Wahl Hitlers zum Reichskanzler zu vermeiden, ließ von Papen den Reichstag im Herbst 1932 erneut auflösen. Die **Reichstagswahl vom November** brachte für die extremen Parteien unterschiedliche Ergebnisse: Die **NSDAP** verlor ca. 2 Mio. Wähler bzw. 34 Sitze und erlitt eine **Niederlage**. Offensichtlich hatte das radikale und brutale Auftreten der SA das rechte Bürgertum geschockt. Die **KPD** dagegen erreichte mit 16,9% (+ 11 Sitze) ihr bestes Ergebnis in der Weimarer Republik, wurde **drittgrößte Partei** und war der Wahlgewinner. Zusammen hatten die beiden extremen Parteien exakt 50% erreicht.

Aufgrund der wirtschaftlichen Misere und der innenpolitischen Verhältnisse gewannen die beiden extremen Parteien **die Reichstagswahlen von 1932**. Die NSDAP wurde größte Partei und blieb es, obwohl sie in der zweiten Wahl vom November 1932 mehr als 4% an Wählerstimmen verlor.

Parteien	31. Juli	6. November
KPD	14,5	16,9
SPD	21,6	20,4
DDP	1,0	1,0
Z	12,5	11,9
BVP	3,2	3,1
DVP	1,2	1,9
DNVP	5,9	8,3
NSDAP	37,3	33,1
Sonstige	2,8	3,4

Die Reichstagswahlen von 1932

Außenpolitisch profitierte von Papen von Brüning. In seine Amtszeit fielen die Festlegung der restlichen Reparationssumme von 3 Mrd. Goldmark und die Anerkennung der militärischen Gleichberechtigung Deutschlands.

Papens antizyklische **Wirtschaftspolitik** benachteiligte die unteren Schichten (Verringerung von Sozialleistungen) und förderte die Unternehmer. Sie verbesserte jedoch die Wirtschaftslage insgesamt.

Von Papens Außen- und Wirtschaftspolitik: Außenpolitisch profitierte von Papen von seinem Vorgänger Brüning und „erbte" dessen **Erfolge**: Die Reparationskonferenz von Lausanne (→ S. 173) setzte die restliche Reparationssumme auf 3 Mrd. Goldmark fest, die Genfer Abrüstungskonferenz akzeptierte im Dezember 1932 die grundsätzliche Anerkennung der militärischen Gleichberechtigung Deutschlands. Auch in der Wirtschaftspolitik war von Papen durchaus erfolgreich. Sein Beschäftigungsprogramm benachteiligte zwar die Arbeiterschaft aufgrund erneuter Senkung von Sozialleistungen, kurbelte die Wirtschaft jedoch mit staatlichen Beschaffungsmaßnahmen und mit Steuervergünstigungen und Beschäftigungsprämien für Unternehmer an. Seine für die damalige Zeit sehr moderne antizyklische Konjunkturpolitik verbesserte die Wirtschaftslage spürbar.

Papens „neuer Staat" sah vor:
- Der Reichspräsident ist preußischer Ministerpräsident;
- die Reichsregierung ist nur ihm verantwortlich;
- der Reichstag hat nur noch die Bedeutung des kaiserlichen;
- Wahlen sind öffentlich, ungleich und indirekt.

Der „neue Staat" ließ sich nur per Staatsstreich verwirklichen. Als Schleicher die Unterstützung der Reichswehr verweigerte, stürzte von Papen am 2.12.1932.

Papens Sturz: Nach der Reichstagswahl vom November 1932 ging Papen an die **Schaffung des „neuen Staats"**. Konkret sah dieser Folgendes vor: Der Reichspräsident ist gleichzeitig preußischer Ministerpräsident, die Reichsregierung ist nur ihm verantwortlich, die Rechte des Reichstags sind geringer als die des kaiserlichen Reichstags (→ S. 90) und die Wahlen sollten öffentlich, ungleich und indirekt sein.
Derartige Maßnahmen ließen sich nur **durch einen Staatsstreich** mit Hilfe der Reichswehr erreichen. Papen erreichte zwar die Unterstützung Hindenburgs, doch verweigerte Schleicher die Unterstützung der Reichswehr, da ein derartiges Vorgehen einen Bürgerkrieg mit unsicherem Ausgang bedeutet hätte. Damit war von Papen gescheitert und wurde am 2. 12. 1932 entlassen.

Das Kabinett von Schleicher (3.12.1932 - 28.1.1933)

Um Hitler als Reichskanzler zu vermeiden, musste Hindenburgs „graue Eminenz" **Schleicher** (parteilos) das Amt am 3. Dezember 1932 übernehmen. Er wollte ein **„sozialer General"** sein und sah sein vorrangiges Ziel in der Verbesserung der wirtschaftlichen und sozialen Situation. Deshalb versuchte er, mit den wichtigen Parteien und Verbänden eine Einigung zu erzielen. Er konnte jedoch weder die SPD gewinnen, die mit dem „reaktionären General" nichts zu tun haben wollte, noch konnte er die NSDAP spalten und den nichtrevolutionären Flügel um Gregor Strasser auf seine Seite ziehen. Als er von seinem stark sozialpolitisch bestimmten Programm nicht abwich, wandten sich die einflussreichen konservativen Kreise (um den Kölner Bankier von Schröder) von ihm ab. Sie suchten den „starken Mann" und fanden ihn in Hitler. Als Schleicher schließlich als letzten Weg den **Staatsstreich** (**mit Diktaturermächtigung**) plante, zwang ihn Hindenburg am 28. Januar 1933 zum Rücktritt.

Das **Kabinett von Schleicher**:

Schleicher wollte ein „sozialer General" sein. Er erreichte jedoch keine Zusammenarbeit mit der SPD und konnte die NSDAP nicht spalten. Einen Staatsstreich verweigerte ihm Hindenburg und entließ ihn (28.1.1933).

Die Ernennung Hitlers zum Reichskanzler

Ende Januar 1933 befand sich die NSDAP in einer schlechten Lage: Die Parteikassen waren leer, 2 Mio. Wähler hatten sich im November 1932 von ihr abgewandt, das brutale Auftreten der SA schreckte immer mehr Bürger ab und die endgültige Lösung des Reparationsproblems zeichnete sich ab. In dieser Situation ernannte Hindenburg auf Drängen von Papens widerwillig Hitler, obwohl er noch wenige Tage zuvor Vertrauten versichert hatte, dass der „böhmische Gefreite" – Hindenburg verwechselte das böhmische Braunau mit dem österreichischen – keinesfalls für dieses Amt in Frage komme. Von **Papen** ging davon aus, dass er **Hitler** mit Hindenburgs und Hugenbergs (DNVP) Unterstützung **„einrahmen"** könne. Tatsächlich sah dies zunächst so aus: Vizekanzler wurde von Papen, der das Vertrauen Hindenburgs hatte, die wichtigsten Ressorts lagen in den Händen von Konservativen und neben Hitler gehörten nur noch zwei Nationalsozialisten der Regierung an.

Die **Ernennung Hitlers**:

Papen empfahl Hitler als Reichskanzler, da er glaubte, ihn mit Hilfe Hindenburgs „einrahmen" zu können. 30.1.1933: Hindenburg ernannte widerwillig, aber ohne zwingende Notwendigkeit den „böhmischen Gefreiten" zum Reichskanzler.

Ursachen und Gründe für das Scheitern Weimars

Die Ursachen und Gründe, die den Untergang Weimars herbeiführten, sind zahlreich. Ihre Gewichtung hängt vom jeweiligen Standort des Beurteilenden ab. Die zeitgenössischen deutschen Historiker sehen den **Untergang** Weimars als **Ergebnis eines sehr komplexen Ursachengeflechts**. Die Antwort auf die Frage, woran Weimar letztendlich gescheitert ist, hänge von der Gewichtung der verschiedenen Ursachen ab und lasse sich „nicht mit letzter wissenschaftlicher Präzision" geben. Folgende Ursachen spielten eine wesentliche Rolle:

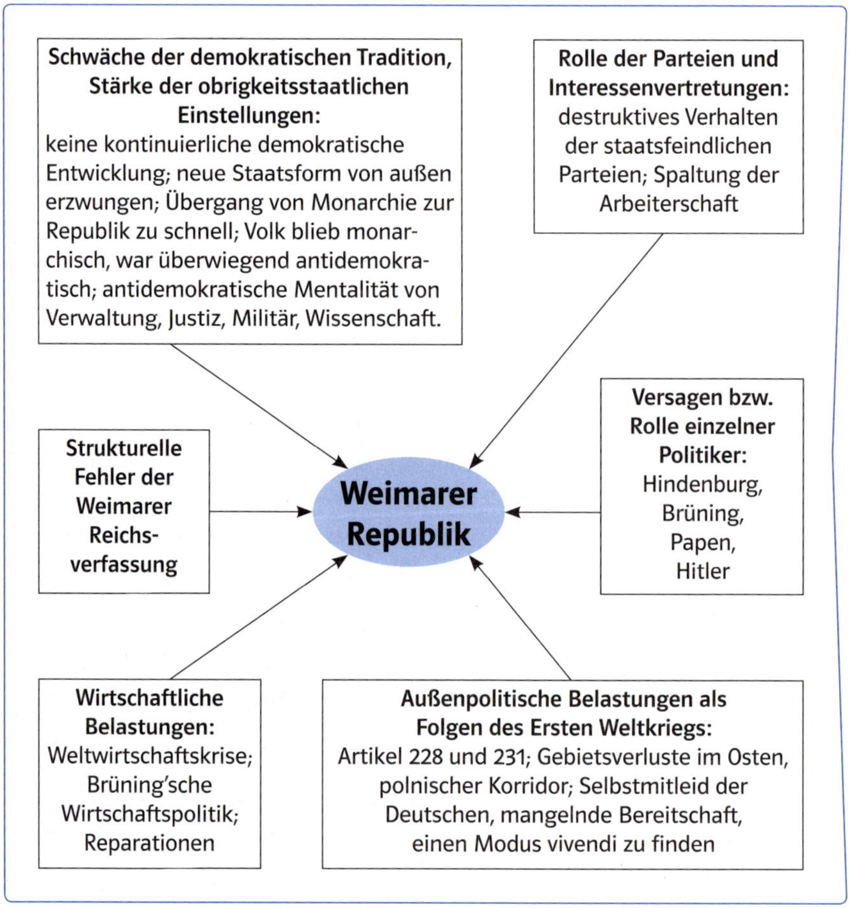

Die **wichtigsten Ursachen** waren sicherlich die aus dem Kaiserreich stammende Mentalität und die traditionell-konservativen politischen Einstellungen. Die Mehrheit der Deutschen war antidemokratisch und nicht bereit, das politische System auf Dauer zu akzeptieren; Parteien und Verbände waren zerstritten und den Anforderungen des Parlamentarismus nicht gewachsen.

Ursachen des Untergangs der Weimarer Republik:

- Schwäche der demokratischen Tradition und Stärke der obrigkeitsstaatlichen Einstellungen
- außenpolitische Belastungen als Folge des Ersten Weltkriegs
- strukturelle Fehler der Verfassung
- wirtschaftliche Belastungen
- Versagen der Parteien und Interessenvertretungen
- die Bedeutung einzelner Politiker (Hindenburg, Brüning, Papen, Hitler)

Die Bedeutung der einzelnen Ursachen ist unterschiedlich. **Entscheidende Ursachen** waren die antidemokratische Einstellung des Großteils der Bevölkerung sowie die aus dem Kaiserreich stammende Mentalität.

PAUL VON BENECKENDORFF UND VON HINDENBURG (2.10.1847–2.8.1934)

- Berufssoldat
- wird aus dem Ruhestand geholt und am 22.8.1914 Oberbefehlshaber der 8. Armee in Ostpreußen, „Sieger" der Schlachten von Tannenberg und an den Masurischen Seen
- volkstümlichster Feldherr des Krieges
- 1916–1918: Chef der Obersten Heeresleitung (OHL)
- 1925: der erklärte Monarchist Hindenburg wird im zweiten Wahlgang als Kandidat der rechten Parteien zum Reichspräsidenten gewählt
- gewinnt 1932 die Wahl zum Reichspräsidenten im zweiten Wahlgang gegen Hitler
- greift nach dem Sturz der Großen Koalition durch die Ernennung der Präsidialregierungen und die häufige Anwendung des Artikels 48 (Notstand) stark in die Politik ein; ist verantwortlich für die Rechtspolitik Brünings und von Papen
- Er ernennt am 30.1.1933 widerstrebend, aber ohne zwingende Notwendigkeit Hitler zum Reichskanzler.

PORTRÄT

Die ruhigen Jahre der Weimarer Republik

Nach dem Krisenjahr 1923 stabilisierten sich die politischen und wirtschaftlichen Verhältnisse, weshalb die Jahre zwischen dem Dawes-Plan und dem Ausbruch der Weltwirtschaftskrise **(1924 bis Ende 1929)** als die **„ruhigen"** oder **„goldenen" Jahre** der Weimarer Republik bezeichnet werden.

Die **Wirtschaft** entwickelte sich positiv und **fand wieder Anschluss an die Weltwirtschaft**. Moderne Industriezweige (Flugzeug-, Auto-, Rundfunk-, Filmindustrie, elektrotechnische, chemische und optische Industrie) entstanden und wurden teilweise sogar führend. Allerdings lebte die deutsche Wirtschaft weitgehend von (teilweise kurzfristigen) Auslandskrediten (Dawes-Plan), die die Banken im Vertrauen auf eine anhaltend positive Entwicklung oft in langfristige umgewandelt und weitergegeben hatten. Deshalb war die **Konsolidierung trügerisch**.

Technik und Wissenschaft entwickelten sich rasch und gewannen internationale Anerkennung. Dies verdeutlichen industrielle Großprojekte und zahlreiche höchste Auszeichnungen für deutsche Wissenschaftler.

Auch die **Sozialpolitik** spiegelte diese **trügerische Stabilität** wider. Zunächst verbesserte sich die soziale Lage der Arbeiterschaft und der Frauen deutlich. Diese Entwicklung stagnierte jedoch gegen Ende der 20er-Jahre und wurde sogar rückläufig, so dass wichtige Errungenschaften wieder verloren gingen.

Kunst und Kultur erreichten in den 20er-Jahren ihre **Blütezeit**. Zahlreiche neue Kunstformen und Stile entwickelten sich. Literatur und Geisteswissenschaften, Musik, Theater und Film sowie die bildenden Künste entfalteten sich in einem bisher nie gekannten Ausmaß.

Der wirtschaftliche Aufschwung bewirkte auch die **Stabilisierung der innenpolitischen Verhältnisse**. Der Radikalismus nahm ab, die extremen Parteien verloren Wähler und sogar die rechts stehende DNVP beteiligte sich an zwei Regierungen.

Allerdings gab es **auch problematische Entwicklungen**: Die gemäßigten bürgerlichen Parteien verloren Wählerstimmen, die parlamentarische Basis wurde kleiner, Regierungskoalitionen dementsprechend schwieriger. Dies führte zu instabilen Regierungen, die sich oft nicht auf eine parlamentarische Mehrheit stützen konnten, sondern auf Tolerierung durch andere oppositionelle Parteien angewiesen waren.

Bei der Reichspräsidentenwahl von 1925 konnten die staatstragenden Parteien die Wahl des Kandidaten der Rechtsparteien Hindenburg nicht verhindern. Damit war die entscheidende Position im Staat mit einem Manne besetzt, dem Republik und Demokratie wesensfremd waren. **Hindenburgs Wahl** war eine **entscheidende Niederlage der Demokratie**.

Der Untergang der Weimarer Republik

Ende Oktober 1929 brach in den USA eine **Wirtschaftskrise** aus, die bald zur Weltwirtschaftskrise wurde. Sie stürzte weite Teile der Bevölkerung in Not und Existenzangst und trug wesentlich zur politischen Radikalisierung bei.

Die SPD-geführte **Große Koalition** (Juni 1928 – März 1930), bestehend aus SPD, DDP, Zentrum, BVP und DVP, war von Anfang an labil. SPD (Arbeitnehmerpartei) und DVP (Arbeitgeberpartei) nahmen die Erhöhung der Arbeitslosenversicherung zum Anlass, die Koalition zu beenden. Tatsächlich wollten sie aus parteitaktischen Erwägungen nicht mehr zusammenarbeiten.

Mit dem Kabinett Brüning begann 1930 die Phase der **Präsidialkabinette**. Sie waren nicht mehr vom Reichstag, sondern ausschließlich vom Reichspräsidenten abhängig und regierten mit Hilfe von Notverordnungen (Art. 48). Damit trat an die Stelle der parlamentarischen Demokratie die **Notverordnungsdiktatur**.

Für **Reichskanzler Brüning** (Zentrum, 30.3.1930 – 30.5.1932) waren außenpolitische Erfolge vorrangig. Seine Wirtschaftspolitik sollte deshalb den Staatshaushalt ausgleichen und damit den Alliierten zeigen, dass Deutschland keine Reparationen zahlen könne. Mit seinen Wirtschaftsmaßnahmen erreichte er dieses Ziel zwar, **vergrößerte** aber **die Not der unteren Schichten** und **verstärkte den politischen Radikalismus**. Die radikalen Parteien verzeichneten 1930 und 1932 große Wahlgewinne, die NSDAP wurde die stärkste Partei, der Ruf nach dem „starken Mann" immer lauter. Bei der Reichspräsidentenwahl 1932 mussten die staatstragenden Parteien Hindenburg unterstützen, um Hitler zu verhindern. Ende Mai 1932 entließ Hindenburg Brüning, da er ihm nicht rechts genug war.

Reichskanzler von Papen (Zentrum, seit Juni 1932 parteilos, 1.6. - 2.12.1932) betrieb eine strikte **Rechtspolitik**. Ihr Ergebnis sollte der **„neue Staat"** sein, d.h. die Wiederherstellung der politischen Verhältnisse des Kaiserreichs. Als ersten Schritt ließ er im Juli 1932 ohne legale Berechtigung die preußische Regierung Braun (SPD) per Notverordnung absetzen und übernahm als Reichskommissar in Preußen die Macht. Der „neue Staat" hätte nur per Staatsstreich erreicht werden können. Da die Reichswehr ihre Unterstützung versagte, scheiterte Papen am 2.12.1932.

Sein Nachfolger General **von Schleicher** (2.12.1932 – 28.1.1933) wollte die Lage der unteren Volksschichten verbessern. Da er die SPD nicht für eine Mitarbeit gewinnen und die NSDAP nicht spalten konnte, scheiterte auch er.

Auf Empfehlung von Papens, der glaubte, Hitler „einrahmen" zu können, ernannte Hindenburg am **30.1.1933** ohne zwingende Notwendigkeit **Hitler** zum **Reichskanzler**.

Die **Ursachen des Untergangs** der Weimarer Republik waren die Schwäche der demokratischen Tradition und der obrigkeitsstaatlichen Einstellungen, außenpolitische Belastungen als Folge des 1. Weltkriegs, Fehler der Verfassung, wirtschaftliche Belastungen, das Versagen der Parteien und Interessenvertretungen und die Bedeutung einzelner Politiker. **Entscheidend** war die zuerst genannte Ursache.

Begriffsverzeichnis (erklärt alle im Text mit blauer Farbe markierten Begriffe)

A

ABSOLUTISMUS Monarchische Herrschaftsform, in der der Monarch absoluter „Diktator" mit uneingeschränkter Machtbefugnis ist. Der Absolutismus fand seine für Europa vorbildhafte Ausprägung in der Herrschaft der französischen Könige im 17. und 18. Jahrhundert. (Ludwig XIV. – Ludwig XVI.)

AGITATION (lat. = anspornen, antreiben): Verbreitung radikaler Ideen bzw. die systematische aggressive Werbung für diese.

AKKUMULATION Im Marxismus Anhäufung von Kapital.

ALLIANZ Völkerrechtlich ein Bündnis zwischen Staaten.

ANNEXION Einfügung eines fremden Staatsgebietes oder Einverleibung eines fremden Staates in das eigene Staatsgebiet. Voraussetzung ist die militärische Besetzung des fremden Staatsgebietes oder die vertragliche Abtretung.

APPROBATION Staatliche Genehmigung zur Berufsausübung bei bestimmten Berufen (v. a. Heilberufe).

ARRONDIERUNG Abrundung, Erweiterung eines Territoriums.

B

BALANCE OF POWER Traditionelles englisches außenpolitisches Ziel seit Ende des 17. Jahrhunderts, das Gleichgewicht der Kräfte unter den europäischen Mächten zu erhalten und die Hegemonie einer Macht auf dem Kontinent zu verhindern.

BALKAN, BALKANPOLITIK, BALKANFRAGE, BALKANKONFLIKT Der Balkan war seit dem Krimkrieg 1856 aus folgenden Gründen ein Krisenherd der internationalen Politik:
- dem Niedergang der Großmacht Türkei („der kranke Mann am Bosporus");
- dem russisch-österreichischen Konflikt, bedingt durch das Expansionsstreben beider Mächte auf dem Balkan;
- der russisch-englischen Rivalität, die auf die Meerengenfrage zurückging.
- dem imperialistischen Panslawismus Russlands auf dem Balkan seit Anfang der siebziger Jahre des 18. Jahrhunderts.

BUDGETRECHT Recht des Parlaments, den Staatshaushalt zu genehmigen. Im 19. Jahrhundert oft das einzige wesentliche Recht der Parlamente.

C

CÄSARISMUS Einzelherrschaft einer charismatischen Herrscherpersönlichkeit (Diktator) ohne monarchische Legitimation.

CHAUVINISMUS Nach einer Figur aus einem frz. Lustspiel, Chauvin, benannter fanatischer und überzogener Nationalismus, verbunden mit militaristischem, rassistischem und imperialistischem Gedankengut, Völkerhass und Völkerhetze.

CODE NAPOLEON (= CODE CIVIL) Von Napoleon 1804 eingeführtes liberales zivilrechtliches Gesetzeswerk mit den Schwerpunkten Freiheit für jeden, Gleichheit vor dem Gesetz, Gewerbefreiheit, Abschaffung des Zunftzwangs, Trennung von Staat und Kirche, Schutz des Privateigentums.

D

DARDANELLEN Siehe Meerengenfrage.

DEPESCHE Telegramm, Eilnachricht.

DESPOTISMUS Despotie bezeichnet die willkürliche, auf Gewalt gegründete Herrschaft einer Person (bzw. mehrerer Personen), in der sich der Despot weder an Gesetze noch an moralische Prinzipien hält. Der Despotismus ist also eine Form der Diktatur, bei der sich die Herrschaftsausübung meist auf Günstlinge stützt und militärisch oft auf landfremde Söldner.

DREIBUND 1882 abgeschlossenes und bis 1914 geltendes Geheimbündnis zwischen dem Deutschen Reich, Österreich-Ungarn und Italien, das eintreten sollte bei einem unprovozierten Angriff Frankreichs oder dem Angriff von zwei und mehr Großmächten. Bei Kriegsbeginn 1914 beendete Italien das Bündnis durch seine Neutralitätserklärung.

DYNASTIE Geschlechterfolge einer Herrscherfamilie.

E

EMPIRE Englische Bezeichnung für das imperiale und koloniale britische Weltreich.

EXEKUTIVE Ausführende Staatsgewalt, Regierungsgewalt.

EXPANSION Erweiterung von Staatsgebiet, Interessensgebiet, Wirtschafts-, Machtmöglichkeiten.

F

FEUDALISMUS, FEUDAL Adelsgesellschaft auf der Grundlage mittelalterlicher Lehentradition (von *feudum* = Lehen).

FISKUS Steuerbehörde, Steuereinnahmestelle.

FÖDERALISMUS, FÖDERALISTISCH Bundesstaatliche Bewegung in Deutschland, im Gegensatz zu den Partikularisten, die einen deutschen Staatenbund begünstigten.

FRAKTION, FRAKTIONSLOS Organisierte Gruppe von Abgeordneten gleicher politischer Anschauungen, Interessen oder Parteizugehörigkeit in einem Parlament.

FREIKOPRS Truppen, die lediglich für die Dauer eines Krieges oder eines Feldzuges meist von einzelnen Führern aufgestellt wurden. Im November 1918 wurden in Deutschland in Absprache zwischen Regierung und Oberster Heeresleitung Freikorps aufgestellt, die aus ehemaligen Frontsoldaten bzw. ehemaligen Berufssoldaten bestanden. In den Freikorps sammelten sich monarchische, antidemokratische, rechtskonservative und rechtsextremistische ehemalige Soldaten, denen der verlorene Krieg die berufliche Existenz und die politische Perspektive genommen hatte. Die ca. 400 000 Mitglieder, organisiert in über 200 Freikorps, unterstanden bis zur Unterzeichnung des Versailler Vertrags der Obersten Heeresleitung, danach der Reichswehrführung, waren aber sehr stark auf ihre Führer fixiert. Im Baltikum und in Oberschlesien schützten sie 1919 bis 1920 die dortige deutsche Bevölkerung gegen die Rote Armee bzw. gegen polnische Truppen. Im Deutschen Reich schlugen sie im Auftrag der Regierung in den unmittelbaren Nachkriegsjahren kommunistische Aufstände oft mit großer Brutalität nieder. Sie agierten jedoch auch gegen die verhasste Republik der „Novemberverbrecher" (vgl. Kapp-Putsch). Sie wurden nach ihrer Auflösung im Jahre 1921 entweder geschlossen in die Reichswehr eingegliedert oder organisierten sich neu in rechtsextremistischen Organisationen und Geheimbünden oder schlossen sich der SA und SS an. Die Freikorps bzw. ihre illegalen Nachfolgeorganisationen blieben aufgrund ihrer rechtsradikalen Einstellung und der von ihnen verübten politischen Morde in der Anfangsphase der Weimarer Republik (bis 1923) ein permanenter Faktor der innenpolitischen Destabilisierung.

FRÜHSOZIALISMUS Der Frühsozialismus wurzelte in den Gleichheitsforderungen der Französischen Revolution und in der Entstehung des Arbeiterelends durch das englisch-französische Manchestertum.

G

GEMENGELAGE Begriff aus der mittelalterlichen Dreifelder-Landwirtschaft, der die gemeinsame freie Nutzung bestimmter Flächen durch mehrere/alle Bauern bezeichnet, also das Nebeneinander von verschiedenen Nutzungsarten innerhalb eines Gebiets.

GENERALSTAB Planungsgruppe einer militärischen Einheit, die Planung wird vom militärischen Kommando ausgeführt.

GESETZES-INITIATIVE Recht, Gesetzesvorschläge zu unterbreiten.

GLORIOUS REVOLUTION 1688 vertrieb das englische Parlament König Jakob II. und ersetzte ihn durch Wilhelm von Oranien. Dafür ließ es sich in den *declarations of rights* 1689 erhebliche Befugnisse zusichern. Dies ist der eigentliche Beginn des Parlamentarismus in Europa.

GRUNDRECHTE / MENSCHENRECHTE Von der aufklärerischen Philosophie formulierter Katalog von elementaren Freiheits- und Unverletzlichkeitsrechten, die jedem Menschen von Natur aus zustehen und unveräußerlich sind.

H

HEGEMONIE – HEGEMONIAL-MACHT Militärische und oft auch wirtschaftliche Vorherrschaft eines Staates über andere Staaten innerhalb eines bestimmten Territoriums.

HEILIGE ALLIANZ Absichtserklärung der Herrscher Russlands, Preußens und Österreichs 1815, der später alle christlichen Staaten Europas außer Großbritannien und dem Vatikan beitraten. Initiator dieser Erklärung war Zar Alexander I. von Russland, der die Allianz einmal als Mittel zur Herrschaftssicherung durch religiöse Erneuerung und zum anderen als Unterstützung der russischen Hegemonialpläne sah.

HEILIGES RÖMISCHES REICH DEUTSCHER NATION Es bestand seit 962 (Otto der Große) bis 1806. Tatsächlich war das Reich nach dem Dreißigjährigen Krieg in zahllose Einzelstaaten zerfallen, die nur noch durch die alte Reichsidee zusammengehörig waren und in der der Kaiser nur noch repräsentative Funktion hatte. Der mittelalterliche Personenverband war im Zeitalter der modernen Territorialstaaten zum Anachronismus geworden.

HOFKAMARILLA Günstlinge am Königshof, die auf die Politik des Herrschers ohne Mandat, Legitimation oder Verantwortung Einfluss ausüben (spanisch *camarilla* = Privatkabinett des Königs).

HYPOTHEK Im historischen Sinne mit der Bedeutung „Belastung“ gebraucht.

I

IDEOLOGIE, IDEOLOGISCH Allgemein Ideenlehre, Gedankensystem und Gesamtheit der Vorstellungen zu einem bestimmtem Aspekt, politisch eine Weltanschauung mit unbedingtem Wahrheitsanspruch.

IMPERIALISMUS (lat. *imperium* = Reich, Weltreich): a) Bestreben eines Staates, sein Staatsgebiet durch Eroberung oder Annexion anderer Gebiete zu vergrößern (direkter Imperialismus) oder seinen politischen, militärischen, wirtschaftlichen und kulturellen Einfluss auf einen anderen, rechtlich selbstständig bleibenden Staat auszudehnen (indirekter Imperialismus); b) Außenpolitik europäischer Staaten, der USA und Japans zwischen ca. 1880 und dem Ersten Weltkrieg; c) Epoche von ca. 1880 bis 1914/18.

INDEMNITÄT (~SVORLAGE) Indemnität bezeichnet eigentlich die Rechtsimmunität eines Parlamentariers, bezeichnet aber auch die nachträgliche Legitimierung nicht rechtskonformer Handlungsweisen der Regierung durch das Parlament (Amnestie).

INTERNATIONALISMUS, SOZIALISTISCHER ODER PROLETARISCHER INTERNATIONALISMUS Sozialistisches Gegenkonzept zum bürgerlichen Nationalismus, der unter anderem auch als bürgerliche Methode zur Spaltung des ausgebeuteten Proletariats betrachtet wurde. Dem entgegengesetzt sollte sich das europäische Proletariat gemeinsam zur Wehr setzen.

J

JUNKER Landadeliger, adeliger Großgrundbesitzer.

K

KADAVERGEHORSAM Der Begriff ist aus einer Passage des früheren Eides der Jesuiten abgeleitet („keinen eigenen Willen haben [...], selbst als Leiche oder Kadaver ..."). Er bezeichnet blinden, gedanken- und willenlosen Gehorsam bis zum Tod.

KLASSE, KLASSENSTAAT Politische Klasse: Bezeichnung für große soziale Gruppen, die sich als Rechts-, Schicksals- oder Interessensgemeinschaft zusammengehörig fühlen und betrachtet werden und die politisch als Gruppe auftreten und behandelt werden. Im Marxismus ist der Klassenbegriff fest umrissen in der Dialektik von herrschenden und unterdrückten Klassen. Die herrschende Klasse kontrolliert die unterdrückten Klassen im Klassenstaat.

KOALITION Politischer Zusammenschluss von Staaten oder Parteien bzw. anderen gesellschaftlichen Institutionen zur Verfolgung gemeinsamer Ziele (Zweckbündnis).

KONSTITUIERUNG Einrichten einer gesellschaftlichen oder politischen Institution, nicht zu verwechseln mit Konstitution = Verfassung.

KONSTITUTIONALISMUS Liberale Verfassungsbewegung französischen Ursprungs, die als Schutz vor staatlicher Willkür (des Absolutismus) für den Bürger eine schriftliche Festlegung seiner Rechte und Pflichten und des Aufbaus der staatlichen Ordnung in Form eines Grundgesetzes (Verfassung) verlangte, unter das alle Staatsangehörigen, auch der Souverän, gestellt sind.

KONTINENTALSPERRE Jeglicher Handel der von Napoleon unterworfenen europäischen Staaten mit England wurde unterbunden. Die Kontinentalsperre sollte als Antwort auf die britische Blockade der französischen Seehäfen England wirtschaftlich in die Knie zwingen. Die britische Wirtschaft wurde zwar geschädigt, doch langfristig brachte die Blockade keinen Erfolg, denn die Kontinentalsperre wurde durch Schmuggel unterlaufen.

KONZESSION Genehmigung, Erlaubnis, Nutzungsrecht.

KRIMKRIEG Krieg zwischen Russland auf der einen und Großbritannien, Frankreich und der Türkei auf der anderen Seite. Ursache war der Angriff Russlands auf die allmählich zerfallende Türkei. Russland erlitt eine schwere Niederlage und musste in der Frage der Durchfahrt durch den Bosporus ins Mittelmeer nachgeben (Entmilitarisierung der Meerengen).

L

LANDFLUCHT Wanderungsbewegung vom Land in die Städte, heute typisch für Länder der Dritten Welt.

LANDSTÄNDISCHE VERFASSUNGEN Im Wiener Kongress geprägter Begriff für die Verfassungen, welche die deutschen Regime ihren Untertanen zugestehen wollten. Der Streit, ob es sich bei den einzurichtenden Volksvertretungen um Ständekammern herkömmlicher Art handeln sollte (jeder Stand eine Stimme) oder um repräsentative Parlamente, wurde dadurch beigelegt, dass der künstliche Begriff „landständisch" verwendet wurde, der im Grunde alles offen ließ.

LANDWEHR „Zweite Linie" des preußischen Militärs (wehrpflichtige Reservisten).

LASSALLE(ANER) Anhänger der Theorie des ehernen Lohngesetzes von Lassalle; gingen in der SPD anteilsmäßig zugunsten der Marxisten ständig zurück.

LEIBEIGENSCHAFT Lehensabhängigkeit mit Schollenbindung, privater Unfreiheit und Unterstellung unter die Rechtsprechung des Leibherren.

M

MAGISTRAT Stadtverwaltung.

MANDAT Abgeordnetensitz im Parlament, politischer Auftrag, heute meist als Wählerauftrag an einen Abgeordneten in der Legislative zu verstehen. Unterschieden werden freies (Handlungsfreiheit des Beauftragten) oder imperatives Mandat (Bindung des Beauftragten an einen bestimmten Auftrag).

MANCHESTERTUM (MANCHESTER-LIBERALISMUS, MANCHESTER-KAPITALISMUS) Freihandelsbewegung, die ihren Ursprung im 19. Jahrhundert in Manchester hatte. Sie forderte z.B. die absolute Ein- und Ausfuhrfreiheit, diente einseitig den Gewinn orientierten, kapitalistischen Interessen der Unternehmer und klammerte die soziale Frage aus.

MANUFAKTUR Vorindustrielle, oft schon an Maschineneinsatz (Wasserkraft) ausgerichtete Massenfabrikation durch Ausnutzung der Rationalisierungseffekte von Mechanisierung, starker Arbeitsteilung und Produktnormung. Die hohe Rendite aus der Massenfabrikation erlaubt hohen Kapitaleinsatz und damit teure Investitionen (Mechanisierung).

MARKTVERSCHIEBUNG Verschiebung der Nachfrage an bestimmten Gütern durch Änderung des Bedarfs oder der Mode etc.

MATRIKULARBEITRÄGE Zahlungen der einzelnen Bundesländer an den Bundesstaat zur Erfüllung seiner Aufgaben.

MEERENGENFRAGE (DARDANELLENFRAGE) Es ging um das Durchfahrtsrecht für Kriegschiffe durch Bosporus und Dardanellen vom Schwarzen Meer ins Mittelmeer. Insbesondere Russland versuchte seine eisfreien Kriegshäfen im Schwarzen Meer weltweit nutzen zu können, was Großbritannien um die Seeherrschaft im Mittelmeer fürchten ließ. Erst 1936 kam es zum Abkommen von Montreux, das bis heute in Kraft ist.

MEHRHEITSWAHLRECHT Wahlrecht, bei dem nur die direkt gewählten Abgeordneten von Wahlkreisen ein Mandat erhalten. Je nach Zuschnitt und Zusammensetzung der Wahlkreise kann das Wahlergebnis manipuliert werden. Im Gegensatz dazu steht das Verhältniswahlrecht.

MERKANTILISMUS Absolutistische Wirtschaftsform als staatlich gelenkte Zentralwirtschaft. Der Handlungsspielraum des wirtschaftenden Bürgertums wird entsprechend den Herrschaftsinteressen eingeschränkt und reglementiert. Staatsziel ist die Erhöhung der Steuereinnahmen zur Finanzierung des teuren absolutistischen Staatsapparates (Steuerstaat). Als Hauptquelle des Reichtums gilt der Außenhandelsüberschuss. Importierte Rohstoffe sollen zu möglichst wertvollen Gütern verarbeitet werden und wieder teuer exportiert werden. Der eigene Markt wird durch hohe Zölle vor Konkurrenz geschützt.

MILITÄRDIKTATUR Uneingeschränkte Ausübung der Staatsgewalt durch das Militär bzw. durch militärische Führer. Die Militärdiktatur kann als verfassungsmäßige Notstandsmaßnahme bei außergewöhnlicher Gefährdung der öffentlichen Sicherheit legitim sein (vgl. Diktaturrecht der Weimarer Reichsverfassung), ist jedoch meist die verfassungswidrige Aneignung der politischen Macht durch die militärische Führung.

MILITARISMUS Überzeugung, dass außenpolitische Konflikte nur mit militärischer Gewalt gelöst werden können und geschichtliche Erfolge einer Nation meist auf militärischen Erfolgen gründen („Krieg als Vater der Geschichte"). Meist steht der Militarismus in Verbindung mit Konkurrenz- und Überlegenheitsdenken gegenüber anderen Nationen (Nationalismus und Chauvinismus).

MISSTRAUENSVOTUM Beschluss der Mehrheit des Parlaments, der Regierung, dem Regierungschef oder einem Regierungsmitglied das Misstrauen auszusprechen. Ein erfolgreiches Misstrauensvotum zwingt zum Rücktritt. In der Weimarer Republik genügte das einfache Misstrauensvotum, d.h. die das Misstrauensvotum einbringenden Parteien mussten sich nicht auf einen gemeinsamen Kanzlerkandidaten festlegen (= destruktives Misstrauensvotum) und konnten deshalb den Kanzler leicht stürzen. In der Bundesrepublik regelt Art. 67 GG das konstruktive Misstrauensvotum. Die das Misstrauensvotum einbringenden Parteien müssen sich auf einen gemeinsamen Kanzlerkandidaten geeinigt haben, der im Falle des erfolgreichen Misstrauensvotums das Kanzleramt übernimmt.

MOBILMACHUNG Herstellung der Kriegsbereitschaft einer Nation, Aufmarsch und Stellung der Truppen an den Grenzen zum Gegner. Die Schnelligkeit der Mobilmachung oder ein zeitlicher Vorsprung konnte, wie der Krieg 1870/71 zeigte, kriegsentscheidend sein. Die Mobilmachung der einen Seite zog deshalb üblicherweise die sofortige Mobilmachung der Gegenseite zwingend nach sich.

MONARCHIE, KONSTITUTIONELLE Regierungsform, in der die Macht des Monarchen durch eine Verfassung beschränkt wird. Charakteristika sind die Beteiligung der Volksvertretung an der Gesetzgebung, die parlamentarische Kontrolle der Exekutive, Ministerverantwortlichkeit, Unabhängigkeit der Judikative und Garantie der Grundrechte.

MONARCHIE, PARLAMENTARISCHE Staatsform, die sich aus der konstitutionellen Monarchie entwickelte. Sie ist aufgrund ihrer Regierungsform eine parlamentarische Demokratie. Charakteristika: 1. Das Staatsoberhaupt ist ein durch Erbfolge auf Lebenszeit bestellter Monarch, der jedoch nur repräsentative Aufgaben wahrnimmt (z.B. die des Staatsoberhauptes, die Ernennung der Regierung und hoher Beamter, die Eröffnung des Parlaments etc.); 2. Träger der Staatsgewalt ist die Volksvertretung (= Parlament); 3. Die Regierung ist allein vom Vertrauen des Parlaments abhängig.

MONOPOL Alleinanbieter oder Nachfrager ohne Wettbewerber auf dem Markt.

N

NATIONALISMUS Übersteigertes Selbstbewusstsein einer Nation bzw. eines Nationalstaats verbunden mit Machtstreben und Überheblichkeit gegenüber anderen Nationen.

NATIONALÖKONOMIE Im 19. Jahrhundert entstehende akademische Lehre über Wirtschaft und Wirtschaftssystem des Staates (Verwissenschaftlichung des wirtschaftlichen Handelns).

NATURRECHTSLEHRE / PHILOSOPHIE Aus der Aufklärung stammende Lehre, nach der Menschen von Natur aus bestimmte unveräußerliche Freiheits- und Unverletzlichkeitsrechte besitzen (Menschenrechte). Zusammen mit der so genannten Vertragslehre, nach der Menschen einen Staat durch einen Gesellschaftsvertrag gründen und den Souverän bestellen, bildet diese Lehre bis heute die Grundlage moderner demokratischer Verfassungen.

P

PANSLAWISMUS a) Im 19. Jahrhundert ursprünglich literarisch-kulturelle Bewegung mit dem Ziel, das Gemeinschaftsbewusstsein aller Slawen zu stärken; b) Seit 1848 auf den politischen Zusammenschluss aller slawischen Völker ausgerichtete Bewegung; c) Russische Politik in der zweiten Hälfte des 19. Jahrhunderts. und zu Beginn des 20. mit folgenden Zielen: Zersetzung des Osmanischen Reichs und des Vielvölkerstaats Österreich-Ungarn, Hegemonie auf dem Balkan. Der Panslawismus scheitert am Misstrauen der Polen, Ukrainer und Kroaten, die ihn als „Panrussismus“ (= unverhüllter russischer Imperialismus) ansehen.

PARTIKULARISMUS Konservative Kleinstaatlerei, die die alten Verhältnisse im zersplitterten deutschen Raum aufrechterhalten wollte. Die politischen Minderheiten der Partikularisten standen im Gegensatz zu den nationalen Kräften, aber auch zur SPD (Republikaner).

PATRIARCHAT, PATRIARCHALISCH „Vaterherrschaft“, Bevorzugung und Privilegierung des männlichen Geschlechts in einer Gesellschaft.

PATRIOTISMUS Liebe zum eigenen Vaterland ohne Abwertung anderer Völker oder Konkurrenzdenken („positiver Nationalismus“).

PAZIFISMUS Philosophisch-politische Denkrichtung, die Krieg und militärische Gewalt als Mittel staatlicher Auseinandersetzungen und der Politik grundsätzlich ablehnt. Als Gegenbewegung zum deutschen Militarismus im 19. Jahrhundert entwickeln sich gleichzeitig neben dem religiösen Pazifismus, wenn auch letztlich wirkungslos, der sozialistische und der bürgerliche Pazifismus.

PERSONALUNION Vereinigung mehrerer Herrschaftsgebiete und -titel unter einer Person.

PERSONENVERBANDSSTAAT Mittelalterlicher Staatsverband gekennzeichnet durch persönliche Abhängigkeiten (Lehensabhängigkeit, d.h. ein Deutscher ist ein Angehöriger der Lehenpyramide, an deren Spitze der deutsche Kaiser steht). Territoriale oder ethnische Zugehörigkeiten spielen keine Rolle.

PLUTOKRATIE Herrschaft der reichen Schichten.

POLNISCHER NATIONALAUFSTAND 1863/64 15 Monate dauernder Partisanenaufstand im russischen Teil Polens. Preußen half dem Zaren, indem auf preußischem Territorium alle Rückhalt- und Rückzugsmöglichkeiten den Partisanen genommen wurden, russische Truppen gegen die Aufständischen auch auf preußischem Territorium operieren durften und geflüchtete Widerstandskämpfer verhaftet und den russischen Behörden ausgeliefert wurden.

PRAGMATISMUS Politischer Pragmatismus: praktisches, frei der Situation angepasstes vorteilsbezogenes Handeln und Denken im Gegensatz zum regelbezogenen dogmatisch prinzipiellen Vorgehen.

PRÄSIDIALREGIERUNG Bezeichnung für die Regierungen der Weimarer Republik 1930 bis 1933, die sich ausschließlich auf das Vertrauen des Reichspräsidenten, nicht jedoch auf das des Parlaments stützten. Die Kabinette Brüning, Papen, Schleicher und Hitler (bis 1934) regierten in der Regel ohne bzw. gegen das Parlament mit Hilfe des Notverordnungsrechts des Reichspräsidenten (Art. 48 Weimarer Verfassung).

PRESTIGE Ansehen.

PRIMAT DER POLITIK Preußische Regel des Vorrangs der Politik vor rein militärischen Interessen (Clausewitz).

PROSPERITÄT Wirtschaftswissenschaftlich: Aufschwung, Gedeihen.

PROTEKTORAT Schutz, Schutzherrschaft.

R

RÄTE, RÄTESYSTEM, RÄTEREPUBLIK In der idealtypischen Form des Rätesystems werden wichtige Entscheidungen von der politischen Basis, den Urwählern getroffen, die auch ihre politische Vertretung (Räte) wählen. Die Räte der untersten Ebene (Betriebs-, Wohnebene) wählen die Räte der nächsthöheren Ebene usw., sodass sich eine hierarchische Struktur ergibt, an deren Spitze ein Zentralrat steht. Alle Räte tagen öffentlich und haben die legislative, exekutive und judikative Macht, die von gewählten Vollzugsausschüssen (Volksbeauftragte, Volkskommissare) ausgeübt wird. Die Räte sind an die Weisungen ihrer Wähler gebunden (imperatives Mandat). Gewaltenteilung existiert nicht. In der Praxis entartet das Rätesystem, da es einen hohen Grad an politischer Mitarbeit aller voraussetzt, weshalb in der Regel nur eine kleine Gruppe die Politik bestimmt. Die fehlende Gewaltenteilung verstärkt diesen Prozess der Machtkonzentration ebenso wie die nicht durchführbare Kontrolle übergeordneter Räte durch die Basis, die Urwähler.
Das Rätesystem ist in der kommunistischen politischen Theorie das Regierungssystem, das in der Revolutions- und Übergangszeit (vom Kapitalismus zum Sozialismus) die Diktatur des Proletariats sichern soll.

RATIFIKATION, RATIFIZIERUNG Inkraftsetzung eines Vertrages durch die dazu berechtigte Institution.

REALTEILUNG Verteilung des Erbes unter alle Erbberechtigten bei jedem Erbfall (im Gegensatz zum Anerbenrecht).

REICHSFREIHEIT Unmittelbare Unterstellung unter den Kaiser (Umgehung der Lehenpyramide).

REPUBLIK (lat. *res publica* = Sache der Allgemeinheit, der Öffentlichkeit): Staatsform, in der das Staatsoberhaupt (im Gegensatz zur Monarchie) ein durch Wahl für eine bestimmte Zeit bestellter Staatspräsident ist. Über das Herrschafts- bzw. Regierungssystem sagt die Staatsform nichts aus. Eine Republik kann eine Demokratie westlicher Prägung sein, eine Volksdemokratie (wie in den früheren Ostblockstaaten) oder eine Diktatur.

RESSOURCEN Materielle oder personelle Mittel.

REVANCHEPOLITIK Politik, die darauf abzielt, eine militärisch oder vertraglich aufgezwungene politische Veränderung wieder rückgängig zu machen.

REVISION Im historischen Sprachgebrauch Rücknahme, Wiederherstellung des Alten (oder Behauptung des Gegenteils).

S

SEKTOREN, WIRTSCHAFTSSEKTOREN In der Wirtschaft werden die drei Sektoren Landwirtschaft, Gewerbe und Dienstleistung unterschieden.

SEZESSIONSSTAATEN Abtrünnige Staaten.

SONDERKLAUSEL Sonderbestimmung in einem Vertrag.

SOUVERÄN Legitimer Inhaber der Staatsgewalt, in der Demokratie das Volk, in der Monarchie der König.

SPERRMINORITÄT In abstimmungsberechtigten Gremien der festgelegte Mindeststimmanteil, der eine Entscheidung verhindern kann.

STAATSFORM Form, in der in einem Staat die staatliche Herrschaft organisiert ist. Es gibt zwei Arten der Staatsformen, die abhängig sind von der Bestellung und der Amtszeit des Staatsoberhauptes: 1. Die Monarchie mit einem durch Erbfolge bestellten und auf Lebenszeit amtierenden Monarchen; 2. Die Republik, deren Staatsoberhaupt ein für eine bestimmte Zeit gewählter Staatspräsident ist.

STANDESSCHRANKEN Einschränkungen der vertikalen sozialen Mobilität aufgrund Standeszugehörigkeit.

STÄNDE, STÄNDISCH Mittelalterliche gesellschaftliche Ordnungsvorstellung in drei oder vier Gruppen: Adel, Klerus, dritter Stand (Stadtbürger und Bauern).

STRATEGIE Methodische Planung, Vorgehensweise, Methode.

T

TERRITORIALSTAAT Modernes Staatsverständnis, das am Ende des Mittelalters entsteht (Gegensatz: Personenverbandsstaat). Die Staatsgewalt erstreckt sich auf die Menschen (Staatsvolk), die innerhalb eines durch Grenzen abgesteckten Gebietes leben.

THEOKRATIE Vereinigung von Herrscher- und Priesteramt in einer Person oder Institution, Priesterkönigtum, geistliche oder Kirchenherrschaft.

TOTALER KRIEG

Neuartige, im 19. Jahrhundert sich entwickelnde Form des Kriegs (Vernichtungskrieg) mit folgenden Charakteristika: 1. Ziel ist nicht nur die militärische Unterwerfung des Gegners, sondern dessen physische und moralische Vernichtung; 2. Unterordnung aller militärischen, wirtschaftlichen und politischen Belange unter dieses Ziel; 3. Einsetzung aller ideologischen und propagandistischen Mittel zur Diskriminierung des Gegners; 4. Uneingeschränkte massive Gewaltanwendung auch gegenüber der Zivilbevölkerung; 5. Einsatz von Massenvernichtungsmitteln und Zerstörung ganzer Landstriche.

U

ULTIMATUM

In der Diplomatie förmliche Androhung von Sanktionen oder Gewalt bei Nichterfüllung einer Forderung.

UNITARISMUS

Einheitsbewegung (z. B. deutsche Einheitsbewegung).

V

VERLAGSSYSTEM

Extrem kapitalistisches Produktionssystem der frühen Neuzeit. Die Rohstoffe und oft auch die Produktionsmittel (z.B. Baumwolle, Webstühle) wurden den in Heimarbeit Produzierenden vom Verleger (Unternehmer) "vorgelegt" und mit dem Lohn verrechnet. Der ausschließlich Gewinn orientierte Verleger, von dem die Heimarbeiter völlig abhängig waren, vertrieb die Produkte zentral mit großem Gewinn (vgl. Gerhart Hauptmanns Drama "Die Weber").

VETO(RECHT)

Zu unterscheiden ist zwischen dem absoluten Veto, das eine geplante Maßnahme verhindert und dem aufschiebenden Veto, das eine Maßnahme nur für eine bestimmte Zeit aufschiebt.

VOLKSSOUVERÄNITÄT

Republikanisches Prinzip der Legitimation zur politischen Macht nach Rousseau: Alle Macht liegt beim Volk oder geht zumindest von ihm aus.

W

WILSON, 14-PUNKTE

Januar 1918 vom amerikanischen Präsidenten Woodrow Wilson verkündetes Programm einer künftigen Weltfriedensordnung. Programmpunkte waren u. a. die freie und öffentliche Diplomatie, die Freiheit der Meere und der Wirtschaft, Abrüstung, Selbstbestimmungsrecht der Völker und ein Völkerbund als Garant für politische Unabhängigkeit, territoriale Unverletzlichkeit, Gerechtigkeit, Frieden und Freiheit.

Z

ZENSUSWAHL

Frühliberale Wahlrechtsform des Besitzbürgertums. Das Recht zu wählen oder das Gewicht der Stimme ist an den Nachweis eines bestimmten Besitzes, Einkommens oder Steueraufkommens gebunden. Eine Spielart des Zensuswahlrechts war das preußische Dreiklassenwahlrecht, das bis 1918 galt. Die gesamte wahlberechtigte Bevölkerung wurde in drei Wahlklassen aufgeteilt, die nach dem Steueraufkommen bemessen waren: Die jeweilige Wahlklasse erbrachte ein Drittel der Steuern in Preußen. Jede Wahlklasse wählte ein Drittel der Abgeordneten. Wenige sehr Reiche hatten also über ebenso viele Abgeordnetensitze zu bestimmen, wie das zahllose Heer der Armen.

ZÜNFTE

Mittelalterliche Zusammenschlüsse von städtischen Handwerkern nach Produktionssparten zur Sozialversorgung und wirtschaftlichen und politischen Interessenvertretung.

ZWEIBUND

1879 zwischen dem deutschen Reich und Österreich-Ungarn abgeschlossenes Defensivbündnis. Inhalt: Gegenseitiger Beistand bei einem Angriff Russlands oder bei dessen Unterstützung einer anderen angreifenden Macht (z. B. Frankreich). Bei alleinigem Angriff einer anderen Macht sind die Vertragspartner zur wohlwollenden Neutralität verpflichtet.

ZWEIKAMMERSYSTEM

Parlamentarisches System mit zwei parlamentarischen Institutionen (Kammern), die sich gegenseitig kontrollieren.

Literaturnachweis

Kapitel 2: 1 Grab, Walter: Die Revolution 1848/49. Eine Dokumentation. München, 1980, S. 25; **Kapitel 6: 1** Schmidt, Rainer: Revanche pour Sedan – Militärische und bündnispolitische Vorbereitung des Ersten Weltkriegs. Historische Zeitschrift, 2/2016; **Kapitel 8: 1** Zit. nach: Stammen, Theo: Die Weimarer Republik. Bd. 1: Das schwere Erbe. Bayerische Landeszentrale für politische Bildungsarbeit. München, 1987, S. 290; **Kapitel 10: 1** Zit. nach: Holtmann, Eberhard: Die Weimarer Republik. Der brüchige Frieden. Bd. 2: 1924–1928. Hg. Bayerische Landeszentrale für politische Bildungsarbeit. München, 1994, S. 44

Abbildungsnachweis

Cover Thinkstock (Ibrix), München; **9** akg-images (akg-images), Berlin; **11** Shutterstock (Georgios Kollidas), New York; **12** Fotolia (Juulijs), New York; **18** Klett-Archiv, Stuttgart; **22** ullstein bild (Archiv Gerstenberg), Berlin; **23** Wikimedia Commons (Coloured Drawing by Ludwig von Elliott, 1848 Historic Museum Frankfurt a.M.), San Francisco; **34** akg-images (akg-images), Berlin; **35** Shutterstock (Morphart Creation), New York; **38** "Kladderadatsch", 1848; **41** Klett-Archiv (Klett-Archiv-RF-HF), Stuttgart; **52** Historisches Archiv Krupp (Franz Lohe), Essen; **53** Historisches Archiv Krupp (A. Ritscher), Essen; **65.1** Bergmoser & Höller Verlag AG, Aachen; **65.2** Bergmoser & Höller Verlag AG, Aachen; **70** Fotolia (Georgios Kollidas), New York; **74** Wikimedia Commons (Anton von Werner [Public domain], via Wikimedia Commons), San Francisco; **77** Shutterstock (Everett Historical), New York; **81** Shutterstock (Georgios Kollidas), New York; **87** Oehler Sandra, Remseck; **91** Bergmoser & Höller Verlag AG, Aachen; **108** Shutterstock (Everett Historical), New York; **109.1** Von Unbekannt - Das Brandenburger Tor 1791-1991, Gemeinfrei; **109.2** Shutterstock (Everett - Art), New York; **109.3** akg-images (akg-images), Berlin; **114** Oehler Sandra, Remseck; **115** akg-images (akg images), Berlin; **123** Shutterstock (Everett Historical), New York; **133** Shutterstock (Everett Historical), New York; **136** von Bundesarchiv, Bild 146-1987-127-09A / CC-BY-SA 3.0; **144** Bergmoser & Höller Verlag AG, Aachen; **151** Shutterstock (Everett Historical), New York; **155** Bergmoser & Höller Verlag AG, Aachen; **164** Wikimedia Commons (von Bundesarchiv, Bild 183-R03618 / CC-BY-SA 3.0), San Francisco; **172** Wikimedia Commons (von Bundesarchiv, Bild 146-1989-040-27 / CC-BY-SA 3.0), San Francisco; **174** Fotolia (Juulijs), New York; **184.1** Klett-Archiv, Stuttgart; **191** Wikimedia Commons (von Bundesarchiv, Bild 183-S51620 / CC BY-SA 3.0), San Francisco

Sicher im Abi

Weitere Bücher der Reihe:

Der komplette Oberstufen-Stoff – umfassend und ausführlich erklärt!

- Sicher werden in jedem Fach dank gründlicher und intensiver Vorbereitung, die Basis für eine gute bis sehr gute Note!
- Auf-einen-Blick-Seiten helfen, Zusammenhänge zu verstehen.
- Zusammenfassungen am Kapitel-Ende bringen das Wichtigste auf den Punkt.
- Lernvideos erklären online wichtige Themen, Schnellzugriff mit QR-Codes.

978-3-12-949473-8

978-3-12-949474-5

978-3-12-949476-9

978-3-12-949472-1

978-3-12-949469-1

978-3-12-949471-4

www.klett-lerntraining.de